创新性网络与新媒体专业“十四五”精品教材

新媒体概论

主　编　李修远　张　毅　吕灵凤
副主编　牛伟华　刘亚奇　王　波

哈爾濱工程大學出版社
Harbin Engineering University Press

内容简介

本书循序渐进地介绍了新媒体理论和平台运营方法及技巧。本书共 11 章，主要包括新媒体基本知识、新媒体内容与用户、新媒体工具与管理、新媒体舆论、新媒体法规与公关、新媒体图文平台、新媒体音频平台、新媒体视频平台、新媒体直播平台、新媒体内容写作和新媒体实战操作。

本书内容全面，主线突出，强调实践，注重对学生综合能力及职业素质的培养，可作为各类院校新媒体相关专业的教材，也可作为新媒体从业人员的自学用书。

图书在版编目（CIP）数据

新媒体概论 / 李修远，张毅，吕灵凤主编. —哈尔滨：哈尔滨工程大学出版社，2021.8

ISBN 978-7-5661-3244-4

Ⅰ. ①新… Ⅱ. ①李… ②张… ③吕… Ⅲ. ①传播媒介—概论 Ⅳ. ①G206.2

中国版本图书馆 CIP 数据核字（2021）第 170976 号

新媒体概论
XINMEITI GAILUN

责任编辑 张林峰
封面设计 赵俊红

出版发行 哈尔滨工程大学出版社
社　　址 哈尔滨市南岗区南通大街 145 号
邮政编码 150001
发行电话 0451-82519328
传　　真 0451-82519699
经　　销 新华书店
印　　刷 唐山唐文印刷有限公司
开　　本 787 mm×1 092 mm　1/16
印　　张 14.5
字　　数 371 千字
版　　次 2021 年 8 月第 1 版
印　　次 2021 年 8 月第 1 次印刷
定　　价 68.00 元
http：//www.hrbeupress.com
E-mail：heupress@hrbeu.edu.cn

前 言

本书是一本以新媒体为核心，以新媒体理论为根本出发点的教材。本书以通俗易懂的方式深度剖析新媒体的概念特点、技巧、策略、模式、平台、作用等，系统地向读者讲解如何有效地进行新媒体平台的运营。

本书共11章，涉及多个热门的新媒体领域，涵盖多个新媒体平台运营的技巧和方法。第1章至第5章介绍了新媒体的本质，分析了新媒体的概念，还对新媒体内容管理、新媒体内容定位、新媒体用户定位、新媒体用户管理、新媒体工具管理、新媒体舆论、新媒体法律以及新媒体公关进行了详细阐述。第6章至第9章通过对新媒体图文平台、新媒体音频平台、新媒体视频平台、新媒体直播平台进行分析，具体展示了这些平台的运营、吸粉以及盈利方法和技巧。第10章至第11章介绍了新媒体内容写作和实战操作技巧，帮新媒体人提升自身能力。本书主要特点如下。

（1）案例为主，讲解精辟。全书通过八十多个精彩案例展示，从新媒体运营的各个角度进行全方位解析，帮助新媒体从业人员从新手快速成为行家里手。

（2）营销高手，经验丰富。本书作者从事新媒体运营、微信公众号运营多年，深谙新媒体之道，特别是在理论、扩大受众和流量、营销等方面经验丰富。

（3）原创内容，独家放送。书中许多内容是编者深度研究新媒体运营后提炼出来的，原创内容打造全书亮点，在同类书中均没出现过，可谓“人无我有，人有我优”。

（4）实战心得，亲身体验。本书中每一个知识点都是编者亲自总结，是一本匠心之作。

本书由李修远（沈阳大学）、张毅（四川文轩职业学院）和吕灵凤（咸阳职业技术学院）担任主编，由牛伟华（广州城市职业技术学院）、刘亚奇（河南财政金融学院）和王波（四川兴科城市交通技工学校）担任副主编。本书的相关资料和售后服务可扫封底微信二维码或通过登录 www.bjzzwh.com 下载获得。

特别提示，书中的截图仅代表当时的操作界面，但书籍从编写到出版需要一段的时间，公众号和 APP 界面可能会随版本迭代而发生改变，这并无大碍，只需参考书中介绍的相关方法，并结合平台的提示信息，找到对应的菜单和选项，逐步操作即可。

由于编者水平有限，书中难免有疏漏之处，恳请广大读者批评指正。

编 者

2021 年 7 月

目　录

第 1 章　新媒体基本知识

第 2 章　新媒体内容与用户

第 3 章 新媒体工具与管理

第 4 章 新媒体舆论

第 5 章 新媒体法规与公关

第 6 章 新媒体图文平台

第 7 章 新媒体音频平台

第 8 章 新媒体视频平台

第 9 章 新媒体直播平台

第 10 章 新媒体内容写作

第 11 章 新媒体实战操作

第 1 章　新媒体基本知识

本章导读

移动互联网的发展让新媒体应运而生，这种新型的媒体形式催生了新的营销模式，也让各大行业纷纷利用新媒体平台提升自身的行业竞争力。本章主要讲述新媒体的实质与概念，让读者更深刻地了解新媒体的相关内容。

本章重点

- 揭秘新媒体本质
- 展望新媒体前景
- 新媒体运营基础
- 新媒体操作准备
- 新媒体工作解析

1.1 揭秘新媒体本质

在移动互联网迅速发展的当下，新媒体给传统媒体带来了很大的冲击，为许多行业的发展提供了新的营销平台。

1.1.1 新媒体是什么

由于对新媒体的划分标准不一，业界对新媒体还没有做出完全强制性的分类规定。因此，新媒体的定义主要包括以下两个方面。

（1）狭义上，新媒体是继报纸、广播、电视等传统媒体之后，近几年发展起来的一种新媒体形态，主要包括网络媒体、手机媒体和数字电视等，它是相对于传统媒体而言的。

（2）广义上，新媒体指的是在各种数字技术和网络技术的支持下，通过电脑、手机、数字电视机等各种网络终端，向用户提供信息和服务的传播形态，它表现出来的是一种数字化的媒体形态。

新媒体相比传统媒体来说，更偏重于为受众提供个性化的服务。当然，在注重个性化的同时，它也为新媒体人和受众提供了一个可以交流的平台。例如，微博与微信等，都属于新媒体的具体表现形态。

1.1.2 新媒体营销是什么

新媒体营销是利用新媒体平台进行营销的模式，就当下行业发展状况来说，最具代表性的新媒体营销方式当属科技博客、手机媒体、微信、IPTV、数字电视、移动电视、微博和短视频平台这八大类。其中，微信与短视频平台在新媒体营销方面发展形势最可喜。

1．科技博客

科技博客是发展较早的一类新媒体，属于博客的一个比较强大的分支，博客里的文章大多是由一些从业者或行业专家凭兴趣撰写的。因此，科技博客里的文章特点是以业余形式展现专业知识。其中，科技博客最具代表性的是 IT 之家。如图 1-1 所示为 IT 之家官方网站首页。

2．手机媒体

在如今这个新时代，手机早已不只是一个通信工具，它还是人们认识世界、了解世界和发现世界的新通道，被称之为“第五媒介”。手机用户除了用它与他人联系外，还会订阅手机报、书刊和杂志等，因而各种电子书籍成为人们获取知识的重要来源。

很多人会认为手机报、电子书刊早已过时，但是它依然存在，并刺激着消费市场。如图 1-2 所示为 2016—2020 年新闻客户端用户规模图，从图中可以清楚地看到，手机报纸类新媒体用户数量呈逐年上涨的趋势。

图 1-1　IT 之家官方网站首页

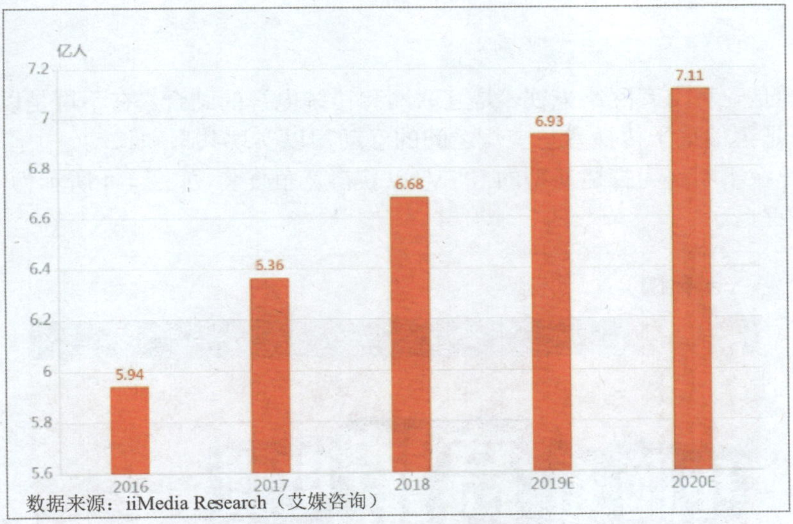

图 1-2　2016—2020 年新闻客户端用户规模图

3．微信

微信虽然是一款社交应用软件，但它已远远超越了社交媒体和交流平台的定义。从免费短信聊天功能，到语音交流体验，再到摇一摇、扫一扫、附近的人等功能，以及微信公众号和新推出的视频号，它为广大用户创造了更多的信息传播渠道，带来了全方位和高品质的服务体验。

如图 1-3 所示为微信的部分功能，如朋友圈、视频号、扫一扫、摇一摇、看一看、搜一搜、附近的人、购物、游戏、小程序和公众号，它们不仅是微信生态的重要组成部分，同时也是新媒体营销的重要渠道。对于新媒体人来说，善于利用微信良好的生态，有利于为账号扩大受众群体，增加流量。

图 1-3　微信的部分功能

4．IPTV

IPTV 指的是一种交互网络电视，是互联网和传统电视的结合。它不再是以固有的受众定位来传播，而是更偏重于传播者与受众之间的互动，以实现共享和移动。中国移动、中国联通、中国电信都在不断努力打造新型的 IPTV，以获得竞争优势。如图 1-4 所示为中国电信 IPTV（广东）网站首页。

图 1-4　中国电信 IPTV（广东）网站首页

5．数字电视

数字电视是新媒体的重要代表之一，随着数字电视用户的不断增加，数字电视的产业链也在不断地发展与完善。如今，虽然年轻人更偏向于网络平台，但并不妨碍他们将高清电视或大尺寸电视视为时髦产品。因此，商家在销售数字电视时应该把握好年轻人心理。如图 1-5 所示为数字电视界面。

图 1-5　数字电视界面

6. 移动电视

移动电视作为一种新兴的媒体形态，它覆盖面广、移动性强，受众不仅可以欣赏娱乐节目，还可以从中获取城市信息。移动电视一般出现在公交车或地铁上，如图 1-6 所示。

图 1-6　公交车上的移动电视

7. 微博

微博是新媒体发展中新兴的一种媒体形态，它通过一对多的互动交流方式及快速广泛传播的特性，为企业提供了一个良好的推广平台。如图 1-7 所示为新浪微博界面。

图 1-7　新浪微博界面

8．短视频

短视频是近年最火的视频形式，它以短小精悍的内容、丰富而又可塑性强的表演形式，承载着广告商的期盼和平台用户的喜怒哀乐。近年流量巨大的短视频平台，莫过于抖音和快手，它们一跃成为相对活跃的新媒体平台，如图 1-8 所示。

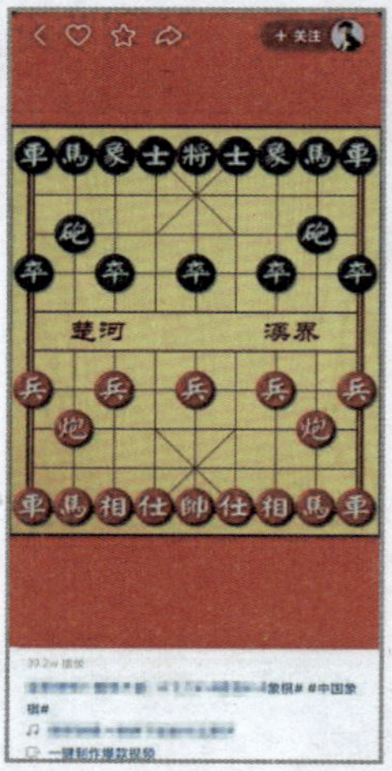

图 1-8　快手短视频

1.1.3　新媒体营销的性质

新媒体营销多偏向于新媒体方面的运营发展，从现在主要的新媒体营销表现形式来看，新媒体营销具有以下几个性质。

（1）体验性：新媒体营销改变了传统媒体“传播者单向发布”和“受众被动接受”的状态，每个用户既是信息的接受者，同时又扮演着传播者的角色。此外，它还摆脱了固定场所的限制，提高了消费者的参与体验，达到了更好的传播效果。

（2）沟通性：新媒体的信息传播速度相比传统媒体更迅速，消费者可以实时接收信息，及时做出相应的反馈。

（3）差异性：新媒体营销与传统媒体营销方式有着天壤之别，在进行内容传播时，它可以做到将文字、图片和视频等内容同时传播。这样一来，它不仅增加了传播内容的信息量，也在一定程度上扩大了传播内容的深度和广度。

（4）创造性：新媒体营销可以创造舆论热点，信息竞争力远超传统媒体。

（5）关联性：新媒体营销更注重“关系”与“情感”，其影响偏向于“深度卷入”，而不是“生拉硬拽”，使广告产生真正的影响力。

1.2　展望新媒体前景

当下，随着新媒体的不断发展，很多企业都会利用这类平台进行营销。那么，新媒体是如何发展的呢？

1.2.1　移动新媒体的发展

随着互联网用户的不断增加，移动新媒体也进入了新的发展时期，走向了发展的新巅峰，它开启了“智能移动终端＋APP”的新模式。新媒体人以打通微信、微博和短视频平台的方式，打造全媒体的发展战略，进一步满足受众的个性化需求。如图 1-9 所示为国内网民对移动新媒体的认知分布图，可以看出，许多网民已经认识到了移动新媒体和传统媒体的区别。

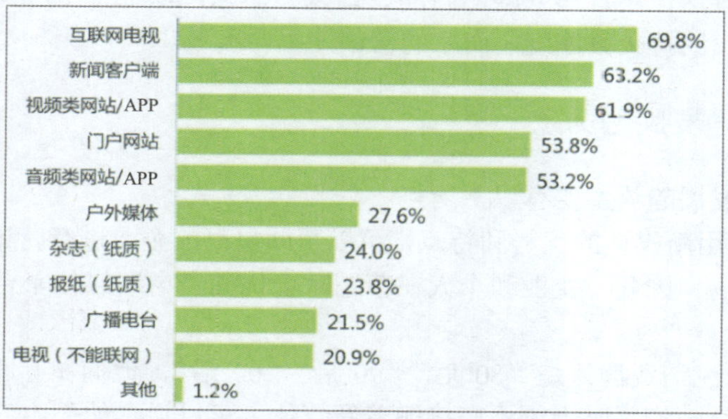

图 1-9　国内网民对移动新媒体的认知分布图

1.2.2　新媒体未来发展趋势

新媒体未来的发展趋势主要有以下几点。

1．发展渠道

新媒体一直是业界人士讨论的热点，很大一部分人说新媒体会取代传统媒体成为未来移动媒体的第一市场。从电商平台就能明显地看出来，移动电商平台不仅打破了人们对网购的成见，更是影响着大部分年轻人的生活方式。因此，新媒体可以借助移动电商和短视频这一发展渠道，打开未来营销市场。

2．关系的价值

传统媒体的信息媒介是电视、报纸和海报等，而当今新媒体的信息媒介是微信、微博和抖音等新媒体平台。尤其是微信朋友圈，商家可以通过朋友、同事和家人之间的关系进行营销，这充分地表明了“关系”在移动互联网中的营销价值。

3．专一细致

细分受众的兴趣爱好是新媒体的一大优势及亮点，它不再像传统媒体一样只顾推广和传播，只追求广泛的范围和全面的人群。它反而是在缩小领域，专一地做自己领域的营销，让受众关注度更加持久，并且可以在同领域中创造更大的价值。

4．时代变化

俗话说："长江后浪推前浪，一浪更比一浪强。"时代和人群的变化是新媒体快速发展的主因。例如，现在大部分人都是在互联网上看视频、直播和影视剧，借助这种新媒体发展趋势，电视媒体创新了自己的传播方式，获得了新时代主流人群的欢迎。

5．信息精选

在信息庞大繁杂的时代，个性化的新媒体是有生存优势的。例如，今日头条会根据用户关注的订阅和兴趣推送该用户感兴趣的新闻、话题和信息，以维持用户持久的关注度，这就说明只有保证了用户的持久关注度，商家的营销才不会脱节。

1.2.3　新媒体营销发展趋势

新媒体营销的发展趋势主要有以下两点。

（1）企业家利用新媒体的优势和特点，可以帮助自己的企业进行营销整合、扩大品牌知名度和拓展营销市场。因此，企业和个人在营销时会优先考虑新媒体平台，从新媒体入手，打开企业营销之路。

（2）我国的主流消费群体是"80 后""90 后""00 后"，他们在互联网时代中成长，智能手机的普及更是让他们无时无刻不在接触着新媒体。可以说，他们中的大部分人在生活、工作、学习和娱乐上，绝大部分信息都是从新媒体上获取的。甚至可以说，他们无时无刻都与新媒体产生联系，并且新媒体对他们的影响越来越重要。

例如，某公司为了销售产品，在微信公众号平台上创建了一个名为"手机摄影构图大全"的微信公众号。它利用微信的"关系"营销，在微信公众号上发布精美的文案，吸引对该产品感兴趣的人群，从而达到销售产品的目的，如图 1-10 所示。

图 1-10　"手机摄影构图大全"微信公众号上的营销内容

从上文可以看出，新媒体营销还在持续发展，且热度依旧，越来越多的企业愿意用这样的方式营销自己的产品。

1.3　新媒体运营基础

在移动互联网时代，新媒体的发展最重要的就是新媒体营销思维的运用。对于商家或企业来说，要想在新媒体营销上取得一定效果，就要创造有价值的内容。只有这样，这个媒体平台才能更好地运营。总之，新媒体营销常用的思维主要包括粉丝思维、平台思维、营销思维和“病毒式”传播思维。

1.3.1　粉丝思维

粉丝思维主要体现在新媒体平台与粉丝之间的互动上。从传统意义上讲，互动指的是一群人聚集在一起，通过脑力去解决某个问题。而移动互联网时代，互动却是指网络信息的双向互通。网络的特殊性改变了传统单向的信息流动方式，网络舆论的生成让商家可以看到用户内心的想法。也就是说，每个人都是互动链条上的主体，每个人都有属于自己的不同观点和意见，这些观点之间相互交流或交融，能够为新媒体营销带来全新的面貌。

1.3.2　平台思维

平台思维其实是一种“打造精品内容”的思维，即通过优质的、对用户有价值的内容吸引和留住用户。商家打造一个好的平台，除了要在内容上下功夫之外，还需要在排版、图片、视频和文字等细节上下功夫，通过舒适的版面、高清的图片、简短的视频和有料的文字来吸引用户。

同时，推动平台内的资源运作也是平台思维的手段之一。资源运作就是当一个平台的粉丝量达到一定程度时，这些粉丝就可以成为一种资源，与平台成为利益共同体。这样的平台不仅能够留住粉丝，还能实现平台和粉丝的利益最大化。因此，对于从事网络营销的商家来说，平台思维是相当重要的。

1.3.3　营销思维

新媒体营销思维很大程度上体现在内容的娱乐性上。在移动互联网时代，消费者喜欢具备娱乐化性质的事物，商家在营销时要抓住这个要点，打造一套娱乐化的新媒体营销策略。

娱乐化的新媒体营销方式是一种传播手段，它主要指商家或企业在进行新媒体营销的过程中，使用各种娱乐化元素，吸引消费者的目光，达到信息传播的目的。娱乐化的新媒体营销策略主要表现在以下两个方面。

1．娱乐精神

商家在营销过程中要充分发挥娱乐精神，用创意思维为用户营造轻松的氛围，打造具备娱乐精神的营销活动。

2．制造好玩的事件

在内容上，商家不要以严肃乏味的说教形式进行营销，而要制造好玩的事件，让用户狂欢起来。

1.3.4 “病毒式”传播思维

“病毒式”传播思维是由受众自发产生的一种发散式、激荡式和扩散式的传播方式，这种病毒式传播思维本质上说就是一种“病毒式”营销思维。这种思维方式，有利于扩大营销辐射面和影响力，进而提高企业或商家的知名度和美誉度。“病毒式”营销需要注意以下几点。

（1）长篇文章更容易被分享，转发量也更大，应多发表一些篇幅较长、质量较高的文章。

（2）商家可以利用激动和愤怒等情绪进行“病毒式”营销，当然这种手段要适可而止，免做得过火而威胁到自身的营销，败坏商品口碑。例如，某手机厂商宣扬拼搏精神的营销方案，让用户产生共鸣，从而完成产品营销，如图 1-11 所示。

图 1-11　某手机厂商的营销文案

（3）对于商家而言，充满感情的内容更容易实现“病毒式”传播，这不仅可以让受众产生共鸣以获得情感体验，同时也是一种不错的营销方式。

1.4　新媒体操作准备

运营新媒体的准备工作是做好新媒体操作准备，其中包括平台、人脉和推广的准备。“万事俱备，只欠东风”，这些基本操作准备决定了新媒体今后的长效发展。在人人都可以运营新媒体的时代，运营新媒体需要的不是热血，而是谋划，新媒体人可以结合自身的优势条件，做好打一场硬仗的准备。

1.4.1　选择可靠平台

新媒体人应该多向发展，每个平台都可以申请一个账号。新媒体人在主要平台上把内容做好，然后可以借助辅助平台拓展传播渠道，这样既不浪费精力，还能网罗更多粉丝。不同的新媒体平台如图 1-12 所示。

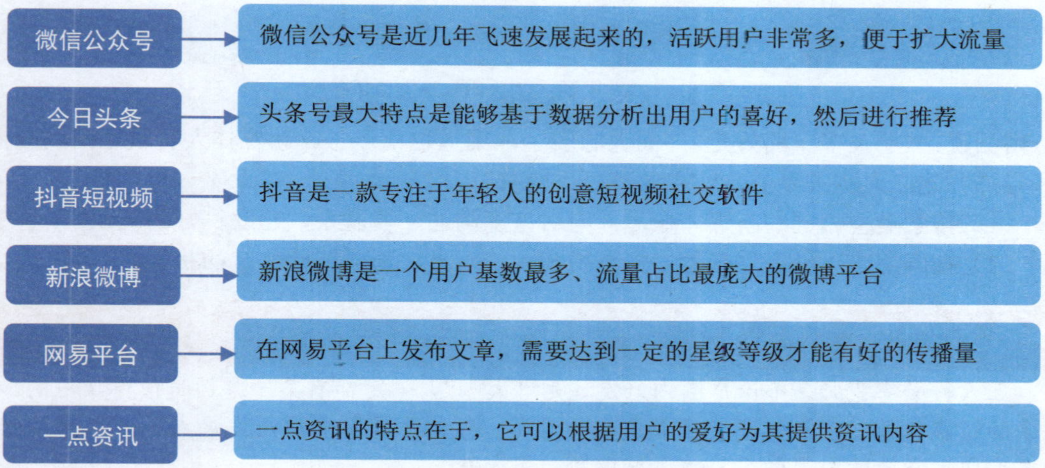

图 1-12　不同的新媒体平台

1.4.2　掌握大量人脉

人脉是资源，是朋友，是导师，是方向，同时也是途径。人脉是一种优势，或者说人脉可以给你想要的帮助，这样一个道理放在任何一个行业里都是适用的，在商业化的新媒体运营中更是如此。

新媒体人找到自己的定位之后，可以与兴趣相投或志向相同的同行结成好友，这些站在同一高度的朋友可以成为彼此的人脉。发展圈内好友的好处如图 1-13 所示。

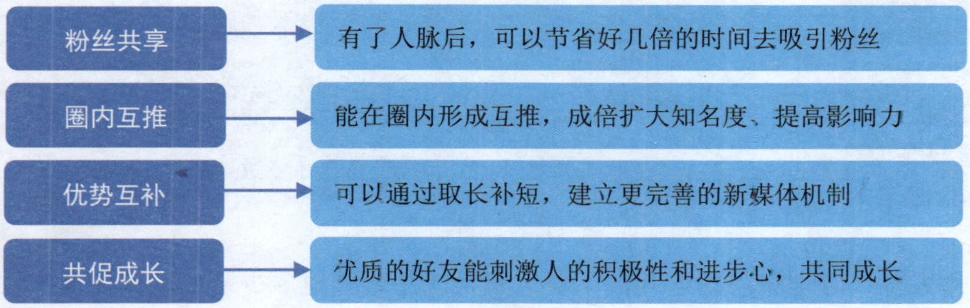

图 1-13　发展圈内好友的好处

新媒体人要多向业内的成功人士请教和学习，要学会站在巨人的肩膀上去看待和解决问题，这样运营新媒体才会达到事半功倍的效果。而对于新媒体新手而言，有一个新媒体“大咖”朋友是很有激励作用的。发展圈内“大咖”人脉的好处如图 1-14 所示。

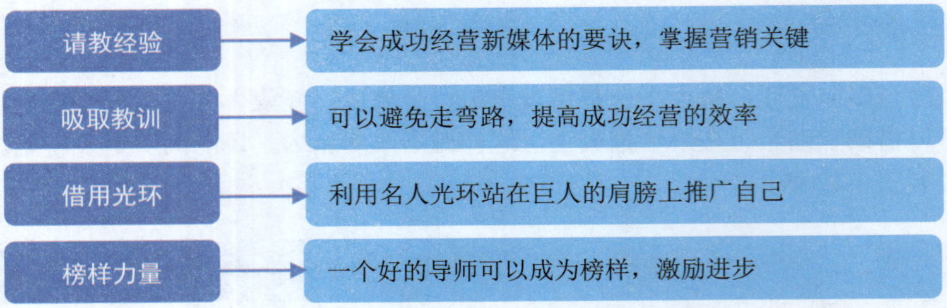

图 1-14　发展圈内“大咖”人脉的好处

俗话说：“朋友多了路好走。”而人脉多了，渠道也就多了。新媒体人有效地找到圈内朋友和导师并建立人脉关系的方法主要有以下两种。

（1）搜索类型相同的新媒体账号，与对方多沟通、多联系，建立良好的关系。

（2）搜索圈内“红人”账号，多点赞和评论对方，形成彼此欣赏的状态。

▶ 专家指点

三人行必有我师。不论是圈内好友还是“大咖”，一定都有某一方面是值得学习的。人脉多的新媒体前辈在一定程度上就是人生导师。新媒体人需要广泛发展人脉，并保持谦虚的态度向人脉多的前辈学习，将人脉的价值最大化。

1.4.3　进行自我推广

推广是新媒体运营的核心要素之一，也是新媒体运营中所有操作准备的攻坚阶段。推广就像是一个水瓶的瓶盖，之前的平台积累和人脉积累都可以看成是水瓶里的水，推广做不好，瓶盖打不开，水就无法倒出来，一切准备全都成了无用功。新媒体推广的重要性如图 1-15 所示。

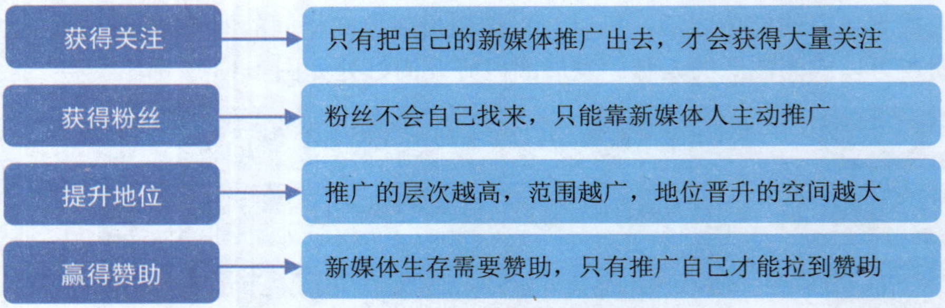

图 1-15　新媒体推广的重要性

初级新媒体人推广时切忌急功近利，不要一开始就想着能拉多少赞助，商业合作性质的推广需要等到账号运营成熟和有一定知名度之后才能考虑。此外，不论是初级新媒体人，还是高级新媒体人，其原始资本都是粉丝。因此，初级新媒体人推广的目的就要锁定在粉丝上，获得粉丝的推广方法主要有以下两种。

（1）自己推广：自己在多个平台上做宣传，主动请求别人互当粉丝。

（2）他人推广：请朋友帮忙做推广，或者请名人为自己做宣传。

1.5 新媒体工作解析

一个企业不能没有运营部门，就好比一个人不能没有心脏，其中运营的重要性可想而知。除了产品之外，运营人员也是运营中的一大重点。因此，如何让新媒体人或运营人员有条不紊地进行运营工作，也是商家必须要考虑的问题。

1.5.1 新媒体人的能力要求

通常，新媒体人或运营人员需具备以下三项基本能力。

1．看整体，增强大局观

运营是整体的运营，运营人员必须从大局出发，从高处着眼，把整体考虑进去，才能让运营效果更好。此外，内容运营作为运营的重要部分，与其他类型的运营联系更紧密。因此，新媒体运营团队招聘内容运营人员时，必须要求应聘者具备大局意识。从具体的运营工作来说，内容运营人员在编写文案时，他们的考虑对象首先是用户和渠道，然后才是内容运营的价值。

内容运营人员若是具备大局意识，则需要考虑内容、用户和渠道等众多方面，而不能只单纯针对一个角度去做没多大成效的工作，如图 1-16 所示。

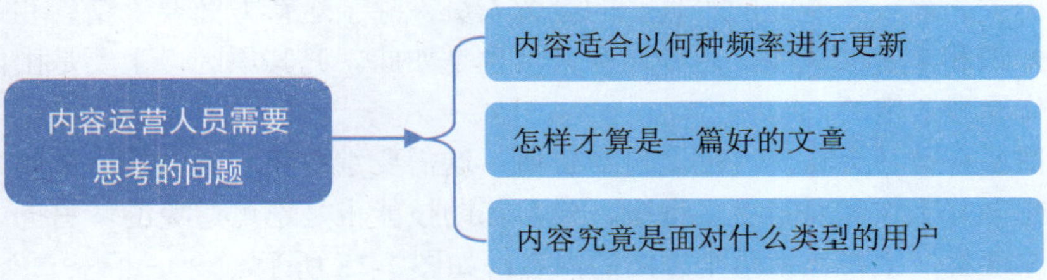

图 1-16 内容运营人员需要思考的问题

图 1-16 中的三个问题，看起来与文案编写关系不大，其实不然，它们是内容运营人员在编写文案时要思考的问题。甚至在写好之后，他们更需要仔细斟酌这些问题，只有这样，内容运营这一体系才能盘活。换句话说，它们是培养内容运营人员大局意识的必要条件。

此外，这里谈到的大局意识更多指的是运营人员具备全面思考、注重细节和深谋远虑的素质。

2．做文案，触动用户内心

很多内容运营者认为文案能力指的就是文笔好，其实文案能力不单单只是文笔好，还需要文案质量能满足运营要求，且更重要的是，针对不同的运营目的内容运营者要策划出不同的内容。

在新媒体运营过程中，每篇文案都被要求具备比较高的质量，这种高质量体现在能打动用户、真正产生价值和真正吸引流量。文案编写必须与内容运营结合起来，因而好的文案能力也就变得不简单了，它需要根据运营效果来衡量。所以需要内容运营者在编写文案时不能只为写而写，否则再优美华丽的文案也只能弃置一旁，万一被采用了，其效果也可能是平平无奇。

总的来说，文案的编写不能只看文字能力，而是要看运营协调能力，就好比大船在海上航行，不仅要看船的质量好不好，而关键要看船长是否能掌控船舵的方向。

针对运营而创作的文案要围绕用户展开，具体而言是围绕用户的思维习惯、阅读习惯和鉴赏习惯进行展开。不仅如此，文案内容也需要进行改变，无论是什么风格，接地气或是文艺小清新，重要的是文案需要从用户与价值相结合的角度进行创作，如图 1-17 所示。

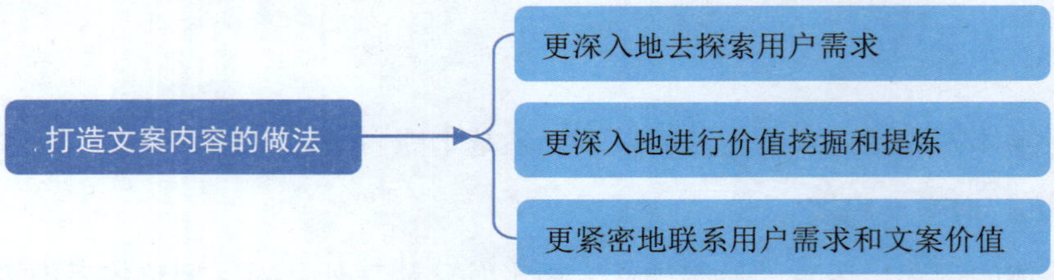

图 1-17　打造文案内容的做法

3．加技能，全方位发展

无论是大局意识，还是强大的文案能力，对于内容运营人员来说，这些都是必须具备的。除了这两种必备的能力外，掌握一些与内容运营相关的辅助技能，同样也是必不可少的。

一些人认为，运营人员要做的仅仅只是运营。在他们的认知里，运营是独立的个体，完全与其他技能无关。而一个专业的、真正的运营人员，除了运营方面要“精”和“深”外，还需要渊博的知识和丰富的技能，内容运营人员也是如此。究其原因，主要是由内容运营的要求和价值运作原理决定的。

一方面，需要获得社会认可，创造自身价值，这需要掌握相应的技能。从基本的物质生活需求看，要想做好工作和获得更多报酬，学习辅助技能也是不可避免的。另一方面，从内容运营的运作原理看，主要包括两个方面的内容，如图 1-18 所示。

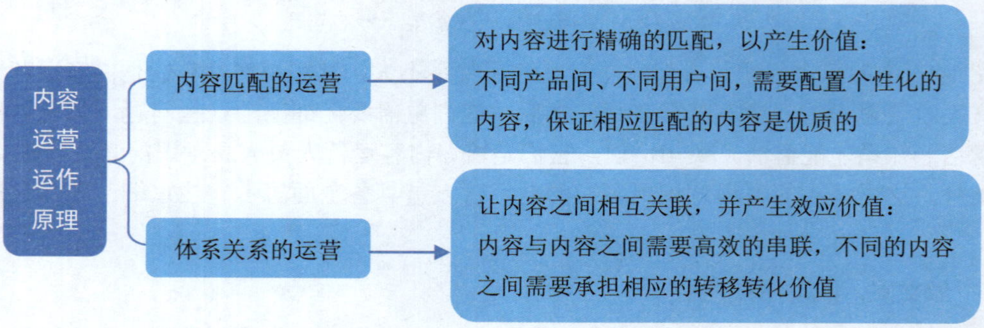

图 1-18　内容运营的运作原理解析

综上所述，在做新媒体运营时，就必须干一行，专一行，对涉及工作的各种辅助技能都要掌握，这样工作起来才能得心应手。例如，照片后期处理、各种软件和平台的功能探索等，都是在内容运营中需要的辅助关联技能。

1.5.2　新媒体运营三大职责

新媒体之所以称为“新”，就在于它是与传统媒体相区别的，是一种新的媒体形态。从严格意义上来说，它更应该称为“数字化新媒体”，具体的种类包括以手机为载体的手机媒体、以互联网为平台的网络媒体和主要依赖于电视的数字电视。

更具体地讲，在新媒体的范畴内，它还应该包括新媒体平台。随着互联网和移动互联网的迅速发展，新媒体平台层出不穷，其中比较典型的新媒体平台如图 1-19 所示。

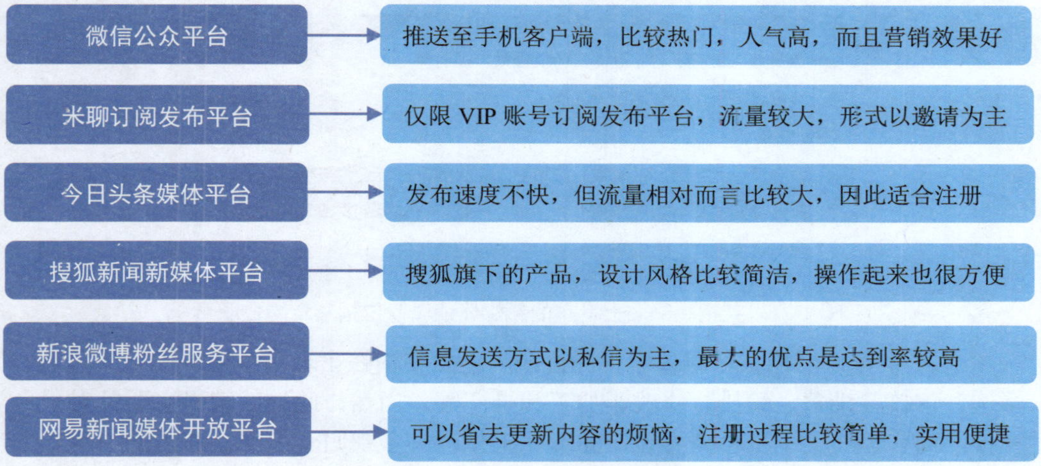

图 1-19　典型的新媒体平台

新媒体账号运营的工作职责如图 1-20 所示。

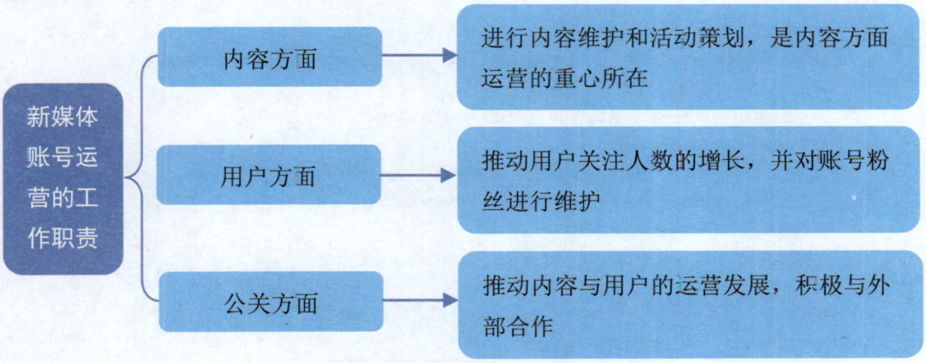

图 1-20　新媒体账号运营的工作职责

1.5.3　新媒体编辑两大工作

从传统的出版学角度来说，“编辑”这一概念是指对出版物进行后期制作的一系列工作和承担这些工作的人。而随着互联网和移动互联网的发展，它所涉及的工作范围和人群有了明显的扩大迹象，所有与内容（包括各种形式的内容）直接相关和间接相关的工作和工作人员都被视为“编辑”。

相对于其他运营岗位来说，新媒体编辑是大家比较熟悉的。特别是在招聘网站上，新媒体编辑职位比较常见，且在职责上有着明确分配和定位。如图 1-21 所示为某招聘网站上发布的新媒体编辑职位招聘及岗位职责。

职位信息

岗位职责：

1. 负责事务所网站、微信公众号等产品方案策划、内容编辑、推广；
2. 负责事务所新闻报道、宣传稿等软文写作及发布推广；
3. 负责编写事务所对外宣传资料及相关产品资料；
4. 负责事务所企业文化宣传工作。

任职资格：

1. 大专及以上学历，新闻学、广告学、中文等相关专业优先考虑；
2. 具备良好的文字功底及独立的创意性思维，有较强的文案写作能力；
3. 具有渠道推广、文案策划等相关工作经验者优先。

图 1-21　某招聘网站上发布的新媒体编辑职位招聘及岗位职责

从图 1-21 中可以看出，新媒体编辑岗位职责主要集中在平台内容生产的全流程上，如策划、筛选、审核、推荐、编排、修改、加工和推广等。当然，此处的编辑主要针对平台内容产生和推广而言，而关于平台内容设计和美化工作，大多都归于编辑范畴内的“美工”这一岗位。

美工编辑是一个需要精通一个或多个设计软件的技术性工种，需对平面、色彩、基调和创意等进行布局。如图 1-22 所示为某网站上的美工编辑招聘及职位要求。

工作职责：

1) 负责网站页面的整体美工创意、设计和页面的实现；负责公司网站活动专题的版面策划、设计以及制作上传；
2) 主要负责新媒体广告创意、广告文案创作，协助团队完成阶段策略制定；
3) 各种图片制作处理，多种模版的设计；
4) 负责对公司的产品卖点、创意进行挖掘和提炼，撰写产品推广文案，产品介绍等资料；
5) 负责公司形象展示宣传、产品图册设计、宣传册设计等平面类设计工作；
6) 协助其他部门人员对设计及美学方面的工作顺利完成；
7) 参与项目方案建构中的活动创意产出，并负责进行创意部分的方案支持。

任职资格：

1) 专科以上学历，中文、美术或设计专业毕业；
2) 擅长文案编辑、写作，文笔优美，能够撰写企业新闻稿、产品宣传的广告文案；
3) 熟练使用设计类软件 photoshop /reamweaver/ash/Illustrato etc.；
4) 良好的视觉体验和设计创意能力，能独立设计、制作网页和专题页面；
5) 具有良好的执业道德、执业素质和沟通能力，有责任感，具有团队精神；
6) 有扎实的书面写作和口头表达能力;
7) 有网站设计成功经验优先，请写明已发表作品网址。

图 1-22　某招聘网站上的美工编辑岗位职责

按照美工编辑的工作内容来看，它主要包括三种类型，即平面美工、网页美工和三维美工等，如图 1-23 所示。

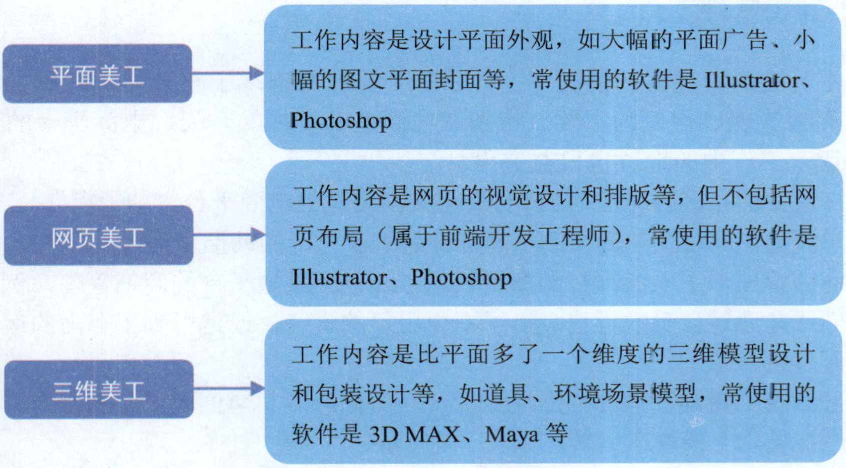

图 1-23　美工编辑的主要类别

除此之外，还有一个与网页美工有着相似之处的工作——网店美工。不同的是，网店美工是网店的网页视觉设计，除了必要的网页设计，还需要岗位人员掌握多个方面的内容，即熟悉产品特征、用户需求和熟悉超文本标记语言（Hyper Text Markup Language，HTML）代码等。因此，网店美工使用软件比较多，如 Photoshop、Dreamweaver、Ccr、Illustrator 等软件都可能用到。

有时美工编辑的工作内容还会涉及生产和推广平台内容的编辑工作，特别是在某些平台上，内容以图片方式呈现时，美工编辑需要担当内容编辑的职责。

1.5.4　广告投放的两大标准

关于运营的广告投放岗位，其最终目的和职责要求是以更少的广告投放费用，获取更多的流量和用户。从这一点出发，广告投放岗位需要做三个方面的工作，且这三个方面的工作在时间上有前后承接的关系，如图 1-24 所示。

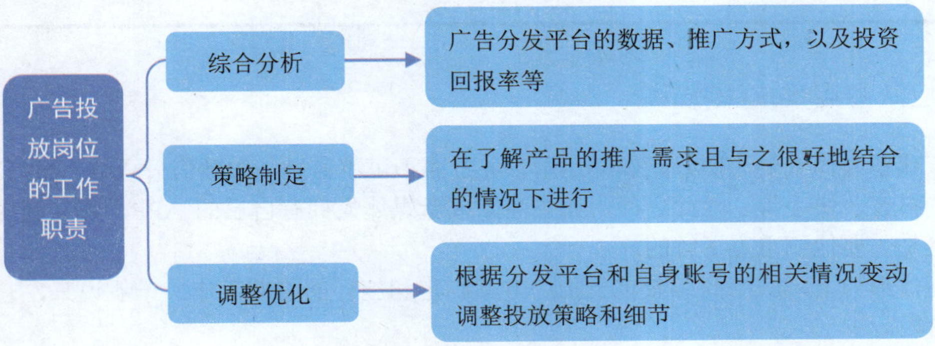

图 1-24　广告投放岗位的工作职责

1.5.5 线上商铺管理工作

在电商平台跨内容发展的情况下，几乎每个平台都出现了与之相关的各种链接，从而使得新媒体商铺管理显得尤为重要。特别在电商蓬勃发展的今天，电商平台的运营体系建设在新媒体运营工作中的地位也日益突出。

例如，打造女性社区的美柚 APP 与淘宝共同搭建的电商平台“柚子街”，它既有效利用了美柚的用户流量，同时又对淘宝的功能延伸起到了一定的助推作用。

新媒体商铺管理除了电商平台的商铺管理，还包括其他平台的商铺管理，例如微店和微商城等，它们或是通过自身的价值吸引了不少用户的青睐，或是得到了有力的运营的帮助，或是二者兼而有之。

其实，虽然线上商铺管理的范围发生了一些变化，但其岗位职责和工作内容却没有大的改变，还是围绕着六个模块在运转，如表 1-1 所示。

表 1-1 线上商铺管理岗位职责

模块	具体职责
商品品类管理	（1）主要推荐的是什么商品 （2）重点打造的有哪些爆款
商品上架与下架	（1）商品什么时候上架和下架 （2）哪些商品上架或下架
商品包装设计	（1）商品的基础包装 （2）商品图片文案的设计
商品的具体推广	（1）商品推广方案的制定 （2）商品推广方案的实施
营销活动申请	（1）促销活动：“双 11”“520”等 （2）专题活动：聚划算、拍卖等
商铺在线客服	（1）商品问题解答 （2）商品售后服务

1.5.6 应用商店推广工作

商家或新媒体人要想做好新媒体运营，各方面不可不兼顾，如微信公众号、微信小程序、视频号、抖音、快手等。除此之外，如果商家或新媒体人拥有自己的 APP，那么应用商店推广岗位也是需要他们重点了解的。

在当前形势下，应用商店着重于推广方案制定和施行的前期工作。一般说来，它包括以下两个阶段。

（1）APP 发布和发布之前的阶段。商家或新媒体人可以联系各个应用商店，完成 APP 的发布和上架流程，重点把 APP 投入市场和新媒体网络中。

（2）APP 发布之后的维护与熟悉阶段。让 APP 被更多的人搜索到，这就需要从内外两个层面来全面履行好岗位职责，其主要内容如图 1-25 所示。

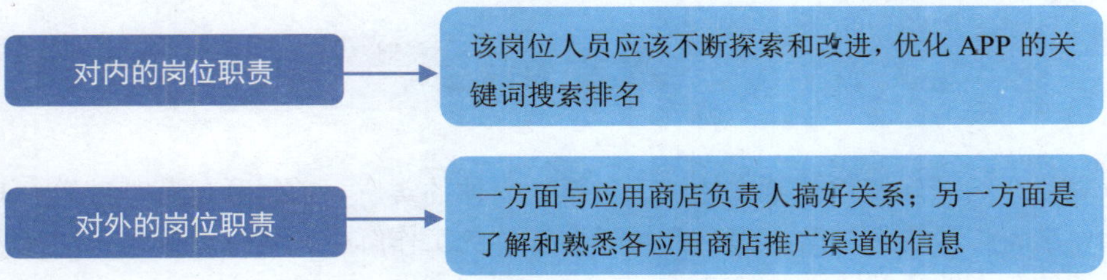

图 1-25　对内和对外的主要岗位职责

> ▶ 专家指点
>
> 对外工作是不可忽视的，应该引起新媒体人的重视，因为只有做好了相关准备，才能使得将来的广告投放获得事半功倍的效果。

1.5.7　群组运营与管理工作

群组主要是指由多人组成的线上群组，主要包括 QQ 群、微信群和多闪群等。在商家或新媒体人眼中，群组成员是需要细心维护的忠诚粉丝。因此，商家或新媒体人进行群组运营无疑是必要的，同时也是运营工作的重要组成部分。

当然，在现实的运营环境中，该运营岗位可能是没有特定的或单一的运营人员负责，而是由其他运营岗位人员兼任，如上面所说的新媒体账号运营人员和广告投放人员都有可能是其他运营人员兼任的。

群组运营工作除了需要配合运营岗位人员的工作外，还有一些有别于其他岗位的特定工作，如图 1-26 所示。

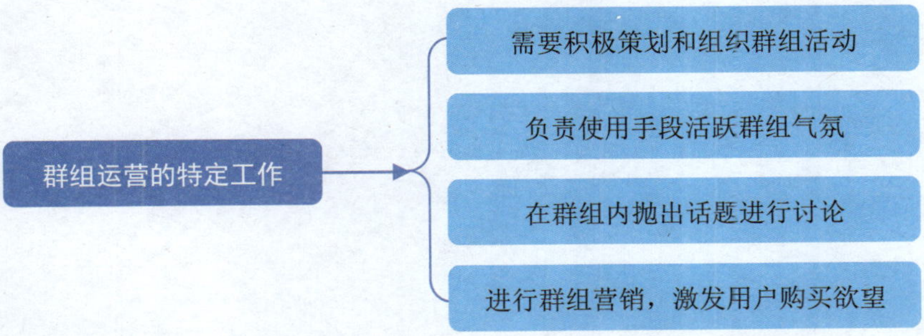

图 1-26　群组运营的特定工作

以微信群为例，为了吸引并留住用户，运营人员需要一直关注群内动态，并主动组织活动。此外，运营人员还可以通过发送“早安”等方式，努力活跃群组内的气氛。这样是为了增强用户的黏性，让他们感受到人性的关怀，从而使得他们继续留在社群中，为活跃度奉献一己之力。

群组运营的重点在于时刻关注粉丝动态，特别是那些黏性比较强的粉丝。运营人员在努力活跃群组气氛的同时，可以通过发送优惠券、限量名额以及小福利等方式来达成目标，从而保持社群整体状态良好，尽可能地减少用户的流失，吸引更多新用户加入群组。

本章小结

本章主要介绍了新媒体的基本知识，包括新媒体的实质、前景和运营基础等；其次对新媒体的操作准备作了详细讲解；最后介绍了新媒体的工作解析，包括新媒体人的能力要求和新媒体运营的三大职责等。

本章习题

1. 新媒体的实质是什么?
2. 新媒体营销具有哪些方面的性质？

第 2 章　新媒体内容与用户

本章导读

在正式运营账号之前，需要弄清楚自己到底想要做哪方面的内容，也就是先对账号进行定位。有了明确的定位之后，才能更好地选择和制作内容，从而吸引更多的精准粉丝，达到变现的目的。而且最好是做自己擅长的领域，这样制作内容时会更方便、更轻松。

本章重点

- 新媒体内容定位
- 新媒体内容分类
- 新媒体用户定位
- 新媒体用户管理

2.1 新媒体内容定位

不论新媒体人运营的是哪一个新媒体平台，内容定位都是他们需要面对的一个问题。首先，需要清楚自己账号的内容定位是什么，一个好的内容定位是账号运营成功的基础；其次，需要想到自己应该选择什么样的内容；最后，需要思考内容素材从哪里获取，是自己撰写图文或拍摄视频，还是搬运其他人的图文或视频进行加工？

2.1.1 定位方式

互联网作为一种新的信息传播媒介，它对内容定位的要求很严格，它不仅要求内容要包罗万象，还要通过多种信息载体和媒体形式来传达信息。在网络上，商家展示内容的方式包括文本、图片和视频等。然而，很多商家不知如何对内容进行定位，也不知什么样的内容才能吸引人。

商家想要做好新媒体的内容定位，首先要选择内容表现形式，如果商家只用文本、图片和视频等方式展示内容是完全不够的，想要通过更独特的方式去展示内容，就要对展示平台有一定的了解。

例如，某些商家就通过炫酷有趣的 HTML5 等方式来展示内容，还有的企业通过语音方式，每天推送一段带有关键信息的语音内容。如图 2-1 所示为某公众号推送的语音内容，该公众号就是通过这种形式的内容，来维系与粉丝的关系。

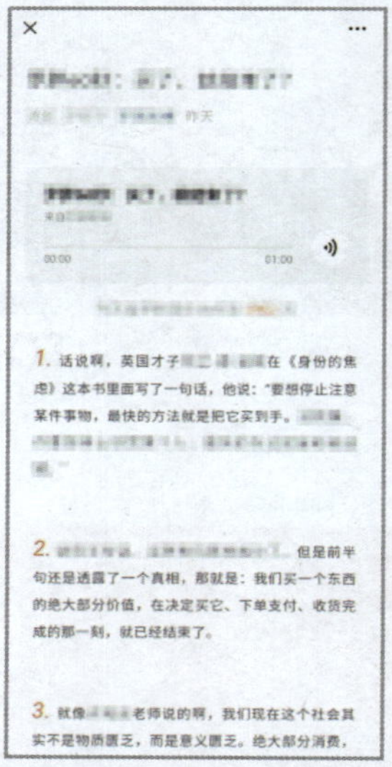

图 2-1　某公众号推送的语音内容

2.1.2 素材来源

对于商家或新媒体人来说，不可能每一条图文消息都是纯原创的，那样既浪费时间，又浪费精力。因此，商家如果要获得更多的素材的话，那么就必须了解几个素材网站。

1．TOPYS.

TOPYS.是一个顶尖的创意分享平台，在该平台上，新媒体人可以看到同行发布的优秀作品和创意文案，从而在自己脑海中生成一个想法，为新媒体内容创作提供一个方向。此外，TOPYS.还时不时推出一系列课程，涵盖品牌、设计、建筑、思维、营销和消费等，能有针对性地提高新媒体人的能力，如图 2-2 所示。

图 2-2　TOPYS.官网首页

2．数英网

数英网是一个新媒体社交平台，其内容涵盖非常广泛，主要有新媒体资讯、新媒体招聘、广告传媒、创意文案和电商等。可以说，它整合了新媒体界的诸多内容，是新媒体人的一个灵感库，如图 2-3 所示。

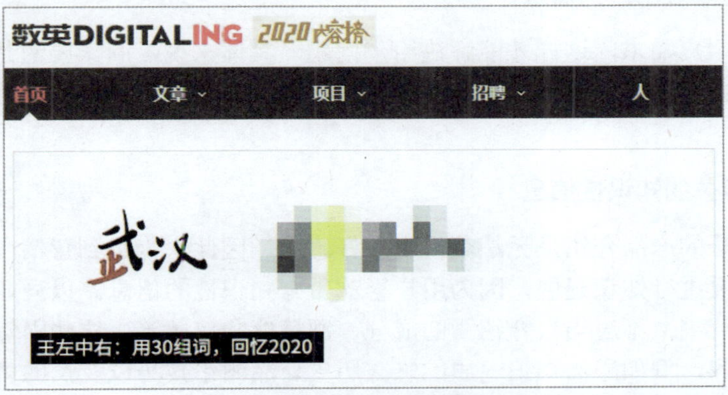

图 2-3　数英网官网首页

2.1.3　内容收集渠道

商家或新媒体人想要获取内容，除了要注意从相关网站上获取素材外，还应该注意从多个渠道获取内容。也就是说，商家或新媒体人在编辑内容之前需要先明白内容从哪里来。

新媒体内容可以从以下三个渠道收集，如图 2-4 所示。

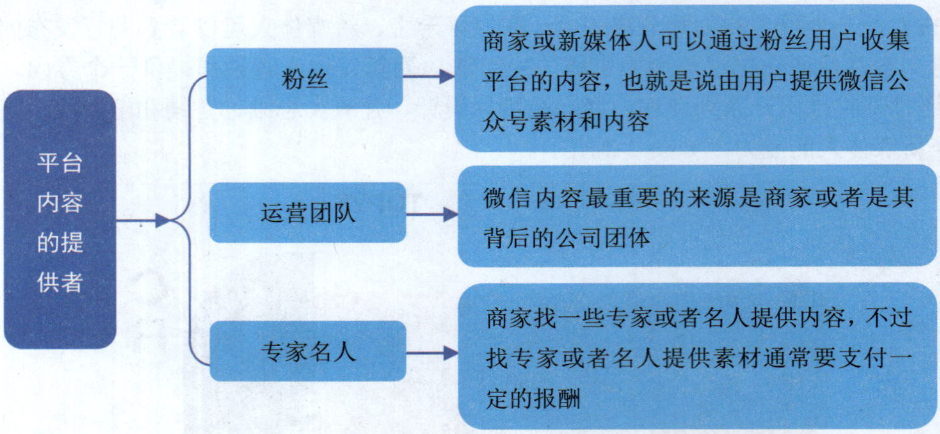

图 2-4　平台内容的提供者

很多商家对新媒体账号运营不太了解，基本上就是注册一个账号，然后发一些与自己产品有关的广告内容。通常这种纯广告式的新媒体营销是没有太大的价值的，用户的关注度也不会很高。

商家发布的内容必须满足用户需求，这样才能达到预想的营销效果。收集平台内容的方法主要有以下几种。

1．用户反映出来的有关感受

很多用户会通过微信和 QQ 等社交平台表达他们的不满，也有很多用户通过它们表达赞美，商家千万不能忽视这个环节，完全可以大加利用。

2．用户行为体现出来的需求

商家要了解用户需求，这样才能解决用户问题。具体来说，商家要清楚用户在说什么，要留意用户搜索什么产品，并把用户关注的这些问题按类整理，然后针对这些问题设计新媒体平台内容。

3．与产品有关的知识性信息

一段毫无趣味的产品介绍是无法获得用户好感的。因此，为达到营销产品的目的，商家对所推销的产品要进行知识延展，因为用户喜欢带有知识性的信息。以酒业为例，商家如果要对某种酒进行营销，不应当只介绍酒的成分、酒精度和口感等。这些固然重要，但是用户更喜欢生动的内容，例如酿酒知识、酒的悠久历史、品酒小技巧以及酒的窖藏方法等。不少商家就深谙此道，因而在新媒体平台内容编辑上大获成功。

4．带给人优待感的优惠信息

很多用户都是冲着折扣信息关注品牌信息的，但商家如果把促销信息一次性全发出来，并不会有显著的宣传效果。对于用户来说，这种内容就像街头路边派发的小广告，他们并不会过多关注，甚至会感到厌恶。

商家应该尽量避免这种误区，为自己的粉丝推出优惠活动，让他们感受到一种不同于他人的优待感。这样，粉丝才会有一种被重视的感觉，对新媒体账号和商家也会越来越依赖和喜欢。如图 2-5 所示为商家在微信朋友圈发布的优惠活动。

图 2-5　商家在微信朋友圈发布的优惠活动

5. 搬运用户喜欢的他人资源

商家要善于运用手中的资源，也可以利用他人的现有资源。因此，商家可以从网上摘录一些名言名句，在自己的新媒体账号上分享；或者收集一些最新、最热门的网络段子，以此迎合部分用户的喜好。但是，商家在将这些内容或段子搬运到自己平台上时，一定要记得注明其来源。如图 2-6 所示为哔哩哔哩（bilibili，B 站）的搬运视频，它们的播放量都超过了 10 万，且都注明了“搬运”字样。

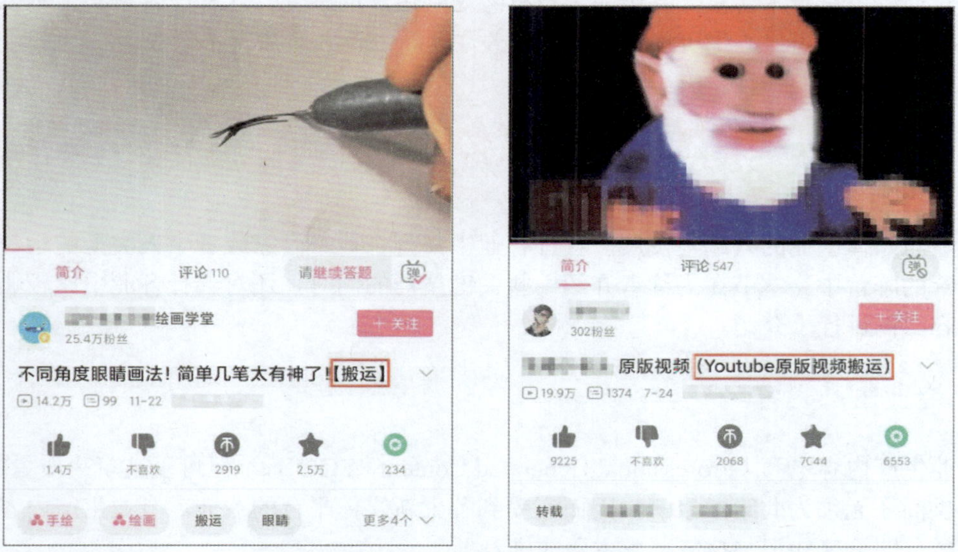

图 2-6　注明了“搬运”字样的短视频

2.1.4 内容创作误区

随着移动互联网时代的到来，各种营销信息也随之泛滥，太多垃圾信息混杂了进来，占据大众的视线和时间。新媒体人要想让自己的内容能吸引读者阅读或观看，避开内容创作中的误区是关键。平台内容创作需避开以下三大误区。

1．无创新——内容千篇一律

新媒体人创作内容的目的其实只有一个，那就是为了获取更多粉丝的关注，在平台文章当中植入广告也是为了借助粉丝推销产品。据了解，诸多商家把自己的内容无意中编写成了路边的宣传单。

如果新媒体内容都是千篇一律，没有新意，没有趣味，没有实用价值，用户群体是不会关注的，新媒体人的预定宣传效果也就无法实现了。

2．太烦琐——信息推送过多

新媒体平台推送信息的达到率还是很高的，特别是微信公众号，它的推送信息达到率几乎可以达到百分之百。因此，新媒体人乐此不疲，推送过多的信息，造成轰炸之势，以为这样能博取用户的眼球。实际上，这种新媒体人忽略了阅读率，用户群体虽然收到了这些平台的消息，但他们并不会点开查看。

相反的是，过多的信息只会让用户心烦，他们甚至可能产生逆反心理，不去翻阅，或者干脆取消关注。因此，新媒体人的很多消息并没有真正地被接受。

3．无技巧——广告硬性植入

不少新媒体人的粉丝众多，于是在平台信息中植入硬性广告。硬性广告对技巧和内容要求相对较低，没有技术含量，甚至完全没有考虑到用户的感受。这种广告事实上难以收到明显的效果，只会让用户心生厌烦，甚至取消关注，新媒体人最后得不偿失。

2.2 新媒体内容分类

随着新媒体创业的兴起与发展，各行各业中都有企业、商家或者个人类型的运营者加入内容运营的阵营中。本节在为读者介绍一些关键技巧的同时，还对各行各业中比较典型的新媒体内容案例进行了介绍。

2.2.1 专业生产内容

专业生产内容电商（Professional Generated Content，PGC），不但可以共享高质量的内容，而且提供商还无须为此给予报酬，因而它受到各大新媒体平台的欢迎。专业生产内容又可以分为两类，即分享知识与技能型、主题式推荐型。

1．分享知识与技能

分享知识与技能类型的新媒体账号一般带有“优集品”“清单”“好物”等字眼，它们有一个共同特点，即在某些细分领域深挖内容，使自身的知识储备和技能高人一筹，并以此为基础产生更多更专业的优质内容。如图 2-7 所示为视频号上名为“××清单”的新媒体账号，其发布的内容既有趣，又专业。

图 2-7　“××清单”视频号

对于这种内容形式来说，专业度不但是评价其成功的标准，同时也是让用户产生好感和信任的内容基础。例如，某商家推销的是美食，那么其专业度首先就体现在美食上——懂得如何制作各种美食或菜肴。又如，在某新媒体平台上，其彩妆分类下有很多文章。如图 2-8 所示为某文章的部分内容。用户在阅读该篇文章的同时，还可以获知相关产品的信息，这样就能够让用户在阅读该篇文章的同时，去购买相关的产品。

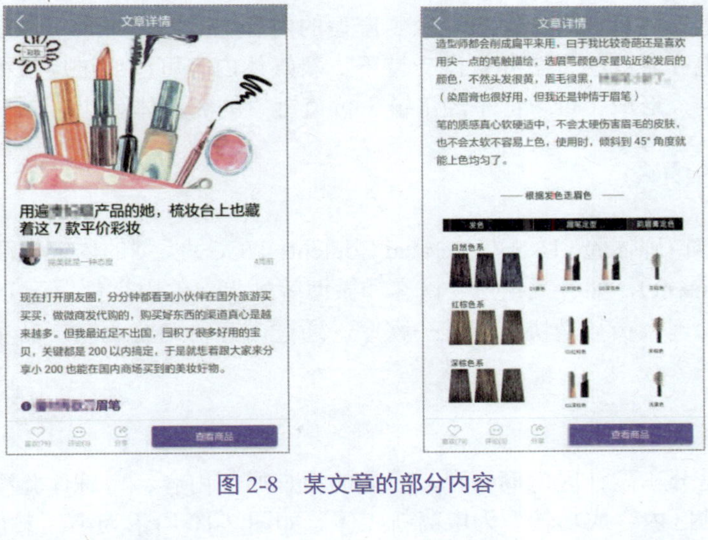

图 2-8　某文章的部分内容

其实，这些新媒体内容形式与传统媒体的性质比较类似，通过从各个领域的细分市场来纵向深挖内容，为消费者带来真正有价值的内容。

2．主题式推荐

主题式推荐型账号代表是美妆和零食品牌的新媒体账号，它们属于一种比较小众的新媒体账号，通过小而美的内容来吸引那些有相同需求的用户，更加强调归属感和共鸣感。

例如，在某服装品牌公众号上，可以看到它的页面排版非常精致，文案也写得比较讨人喜欢，给人的感觉就像是翻阅一本杂志，如图 2-9 所示。

图 2-9　某服装品牌公众号

该品牌的目标是成为年轻女性的“专业买手”，并且在全球各地大量招募专职买手来收集海外小众品牌服饰。在微信公众号平台上，该品牌运营者通过各种风格的文案来使得商品“场景化”，通过内容来激起消费者的购买诉求。

从该品牌的运营中可以看出，在专业生产型的内容电商中，平台可以通过内容来获得用户。在广告主和电商企业的资金和资源支持下，新媒体内容可以通过广告植入、商业衍生贡献等方式实现盈利，形成“供求链＋经济链＋价值链”的商业体系。

2.2.2　用户原创内容

用户原创内容口碑体验（User Generated Content，UGC）类型的内容电商，也被称为 UCC（User-created Content），如各大论坛、博客和微博等站点上的内容都属于 UGC。由用户自行创作内容，网站管理人员只是协调和维护秩序，通过内容协助企业或产品实现口碑营销，其典型代表有小红书。

1．小红书

“小红书”是分享型社区电商平台。海量的用户原创内容、口碑体验型内容是其最大优势，并通过深耕社区内容成功转型为电商新媒体。如图 2-10 所示为小红书官网。

图 2-10　小红书官网

从小红书官网可以发现，其功能定位主要包括以下两个方面。

（1）UGC 模式的海外购物分享社区：这是其他平台很难复制的地方，这种模式极有可能进化为移动电商的终极形态。

（2）跨境电商“福利社”：小红书通过海外直接采购商品，并建立多个自营保税仓来备货，通过电商平台“福利社”上架商品，省去了多层代理，让利给消费者。

对于小红书来说，这种真实用户的 UGC 口碑分享为其带来了极高的转化率，而且整个社区电商平台形成了一个巨大的用户口碑数据库。同时，小红书也将这些数据进行分析处理，将其作为采购商品的依据，从而形成一种良性循环，提高销售额。

2. B 站

此外，短视频新媒体中也有主打 UGC 的平台——B 站。根据相关数据显示，B 站已经形成 200 万个文化圈层、7 000 多个核心文化圈，成为中国二次元最大的发源地。值得一提的是，虽然现在 B 站的内容开始变得多样化，但是 B 站赖以生存的依然是高质量的 UGC。如图 2-11 所示为 B 站的用户原创内容。

图 2-11　B 站的用户原创内容

截至 2020 年上半年，B 站通过答题的正式用户高达 3 850 万，他们在 B 站几乎每个月产生 6.4 亿次的互动，而这种互动也成为 B 站的内容创作方式。

2.2.3 知识类内容

某财经作家推出一档音频类节目——《每天听见×××》节目，该档节目采用会员收费制，一年费用 180 元。该节目全年预计有 280 期左右。订阅了该节目的会员，可在节目播出的每周一至周五的 7 点，准时收听该节目。

在该作家的微信公众号上也预留了一个入口——《每天听见×××》来宣传这档节目，如图 2-12 所示。而图中可以看出，该作家在自己的微信公众号上，是采用开通会员的方式去推广自己《每天听见×××》节目的。

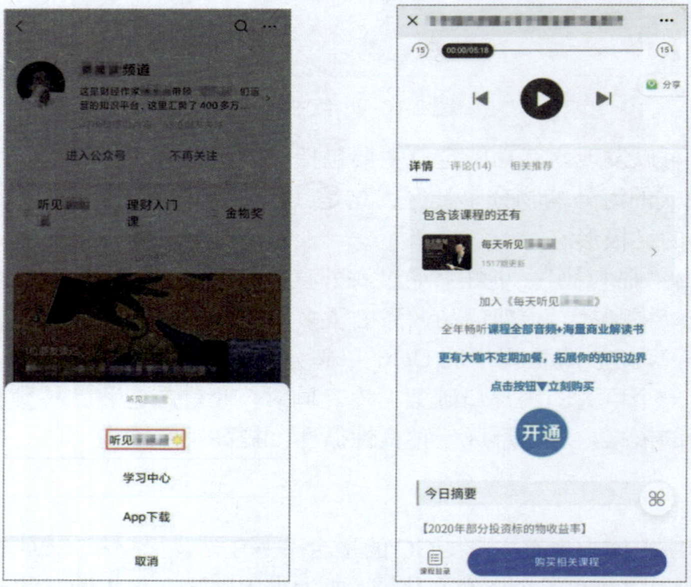

图 2-12 微信公众号上的节目入口与推广方式

2.2.4 时尚类内容

某奢侈品品牌在自己的微信服务号上，宣布了新推出的一款限量版手袋。如图 2-13 为该奢侈品品牌官方微信服务号推送的限量版手袋的文章。

该奢侈品品牌推出的这款产品，其销售渠道仅限于微信公众号订购，并且只能在它的服务号和某时尚博主的微信公众号上预订和购买。如图 2-14 为某时尚博主微信公众号推送的限量版手袋的文章。

该时尚博主的微信公众号拥有数百万粉丝，推送的头条文章通常都是爆文，阅读量经常超过 10 万。此次，凭借该奢侈品品牌的知名度，以及其官方服务号、某时尚博主微信公众号的粉丝量和影响力，据相关信息显示，这款限量版手袋一经推出，在短短的 10 多分钟就宣告售罄。

该奢侈品品牌此次与时尚知名博主合作，借助对方优质的爆款内容，以及微信的强互动性，进行新媒体营销，为其开通了一条更好的销售渠道。

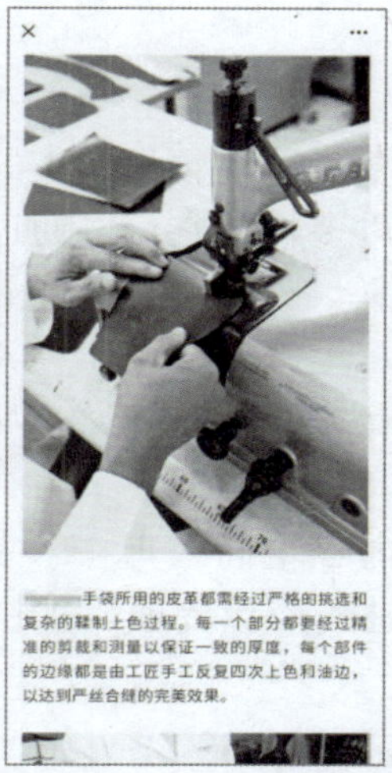

图 2-13　某品牌官方公众号推送的文章

图 2-14　某时尚博主公众号推送的文章

2.2.5　母婴类内容

某母婴类微信公众号主张科学育儿，其创建的时间较早，为 2014 年。随着微信公众号不断地发展与壮大，该平台已经拥有了上千万的粉丝。毋庸置疑，它已经是母婴内容运营中的佼佼者。

对于该母婴类微信公众号来说，优质的内容输出是使其不断发展与壮大的根本原因。在该母婴类微信公众号上，运营者为粉丝分享和传递了许多靠谱、实用的育儿知识，内容十分全面。正如其公众号功能介绍：“宝宝的喂养护理、早教启蒙、育儿知识这里都有。”同时，该母婴类微信公众号搭载了内容电商服务入口——“××优选”。在“××优选”电商平台里，有各种母婴类相关的产品。如图 2-15 所示为该母婴类微信公众号推广的相关信息以及“××优选”主界面。

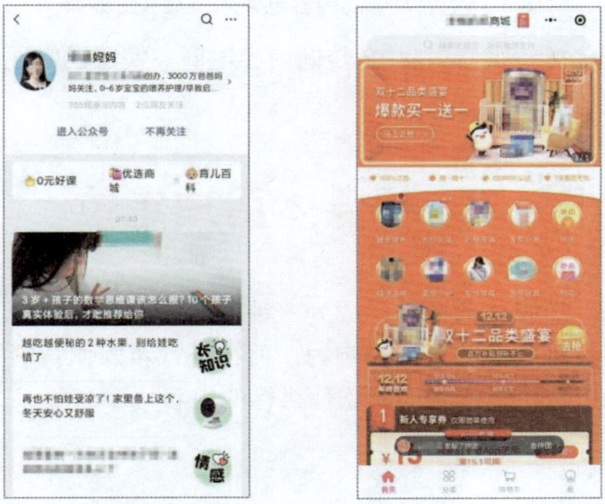

图 2-15　某母婴类微信公众号推广的相关信息以及“××优选”主界面

2.2.6 生活类内容

某生活类微信公众号是一个分享美食的账号，它主要是以视频与图文的内容形式向用户分享美食烹饪方法。该微信公众号传递内容的渠道多种多样，它可以通过微信公众号、自己的 APP 以及美食节目等渠道，搭建一个内容输出矩阵，对美食内容进行全方位传播，将自己塑造成一个美食类 IP，并积累大量的粉丝。

在粉丝积累到一定数量之后，该公众号不再满足于新媒体内容，开始向内容电商领域进军，借助内容电商进行商业盈利。

在该微信公众号上可以发现，其平台搭载了两个内容电商入口——品牌+商城。粉丝只要点击“帮你煮”栏目中的“品牌+商城”，就可进入购买界面。如图 2-16 所示为其公众号“品牌+商城”入口及其主界面。

图 2-16 公众号的内容电商入口及其主界面

该公众号选择从美食类新媒体内容 IP 转向内容电商，使自己实现了商业盈利，也完成了爆款内容向爆款产品的转变。

2.3 新媒体用户定位

在移动互联网时代，新媒体营销推广成为一种新的营销方式，它能为企业带来巨大的利益，这种利益包括直接经济效益和无形影响力。而在进行新媒体营销推广前，商家首先需要对新媒体账号进行定位，分析用户到底喜欢什么样的内容。

2.3.1 定位关键

在做账号定位之前，商家或新媒体人首先需要明确账号定位的几个关键点。只有明确了定位的关键点之后，在给账号定位时思路才会更清晰。所以，定位之前，商家或新媒体人需要认真思考几个问题，如图 2-17 所示。

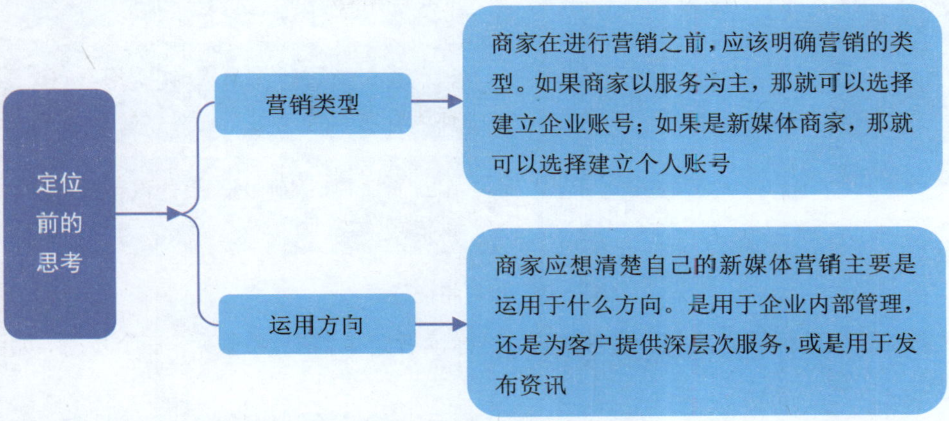

图 2-17　定位前的思考

除了要明确自己营销的类型和方向之外，新媒体人需要明确目的，需要清楚自己通过营销能够得到什么，因为新媒体人只有清楚自己想要得到的东西，才能有选择的依据和方向。

2.3.2　用户定位

在新媒体运营过程中，用户定位是至关重要的。新媒体人只有了解自己的目标用户，才能根据用户需求创作相应的内容，以达到绝佳的营销效果。目标用户定位主要做好以下两件事。

（1）了解自己的目标用户是谁。

（2）了解目标群体的主要特征。

如果新媒体人能够做好这两件事，那么对其后续服务定位和平台定位将大有裨益。商家在对目标群体特征进行分析时，可以从以下两个方面入手，如图 2-18 所示。

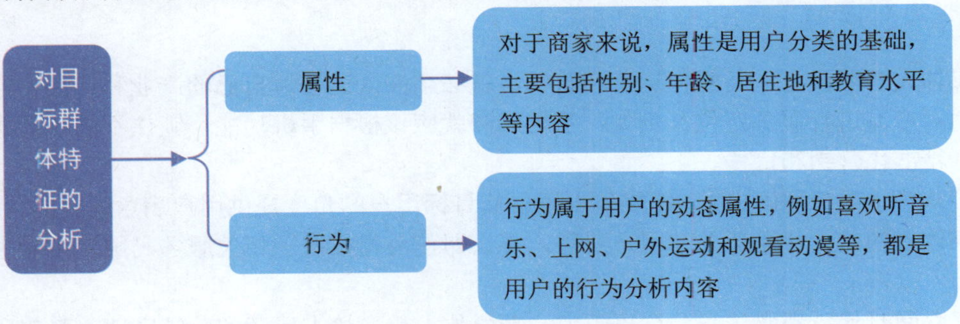

图 2-18　对目标群体特征分析要从两方面入手

一个优秀的新媒体人，还需要对目标用户进行群体特征分析。群体特征分析主要有以下几个方面，如图 2-19 所示。

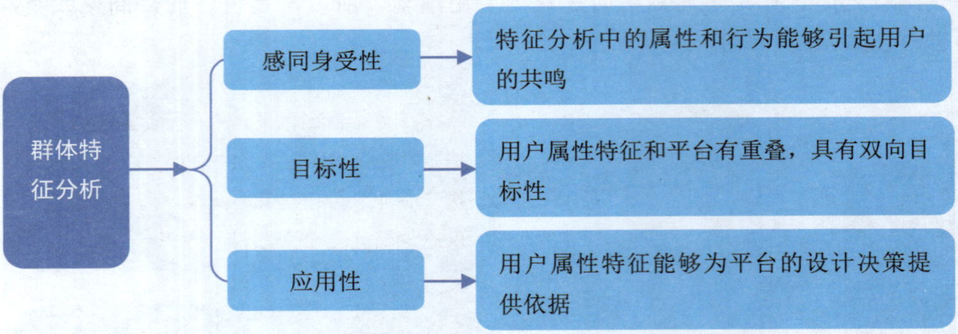

图 2-19　群体特征分析

接下来需进行目标读者定位。通常来说，目标读者定位需要经过以下三个步骤，如图 2-20 所示。

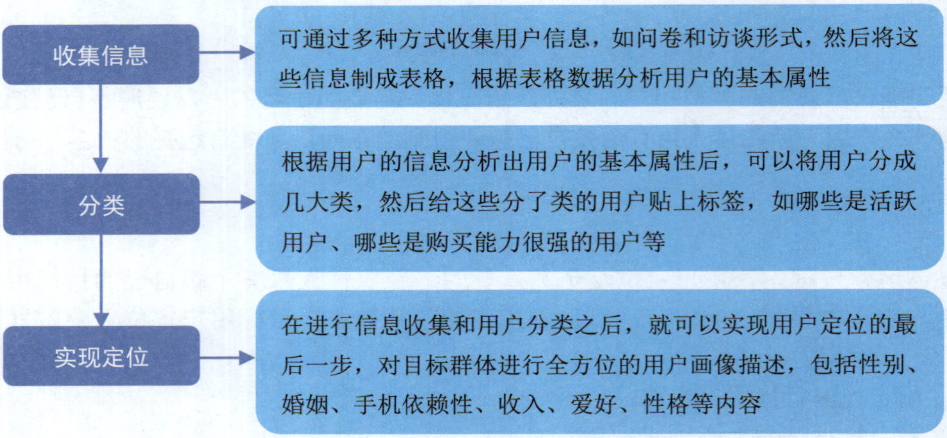

图 2-20　对目标读者定位经过的三个步骤

2.3.3　服务定位

新媒体人想要投身于新媒体运营和营销，就必须深入地了解自己的产业和产品特色，有针对性地对产品进行服务定位。例如，手机厂商就应该根据手机功能，锁住不同年龄层的用户，进行精准化营销和宣传。

除了从竞争对手角度出发，新媒体人还要从目标用户的角度提供用户满意的差异化服务。如果新媒体人的差异化服务并非用户所需，那么即使公司推出了相关服务，用户可能也不会接受。

在互联网时代，新媒体平台层出不穷，新媒体人想要抢占运营和营销高地，希望所运营的账号在新媒体平台上脱颖而出，就必须打造出独具特色的新媒体账号。新媒体人可以给自己的新媒体账号和产品进行差异化的产品和服务定位。差异化的产品和服务定位首先需要对竞争对手有一定的了解，然后分析自己与竞争对手之间的差异和优势，最终分析出属于自己的特色服务。

如某手机品牌的宣传抛弃了“广撒网”的方针，并巧妙地避开自己的竞争劣势，集中宣传自己的优势，例如像素和闪充等。将目标客户瞄准到年轻人身上，很好地把握了年轻人的心理特征，打造出属于自己品牌的产品服务特色。如图 2-21 所示为该手机品牌的微信公众号和微商城，通过微信公众号推出新款手机，以及限时降价活动，受到了不少用户的喜爱。

图 2-21　某手机品牌微信公众平台的相关服务和微商城

2.3.4　平台定位

在新媒体运营中，商家需要确定的是运营的平台是一个什么类型的平台，以此来决定账号基调。账号基调主要包括五种类型，分别是学术型、媒体型、服务型、创意型以及搞笑型。商家或新媒体人在做平台定位时，应该根据自身条件的差异选择具有不同优势和特点的账号类型，如图 2-22 所示。

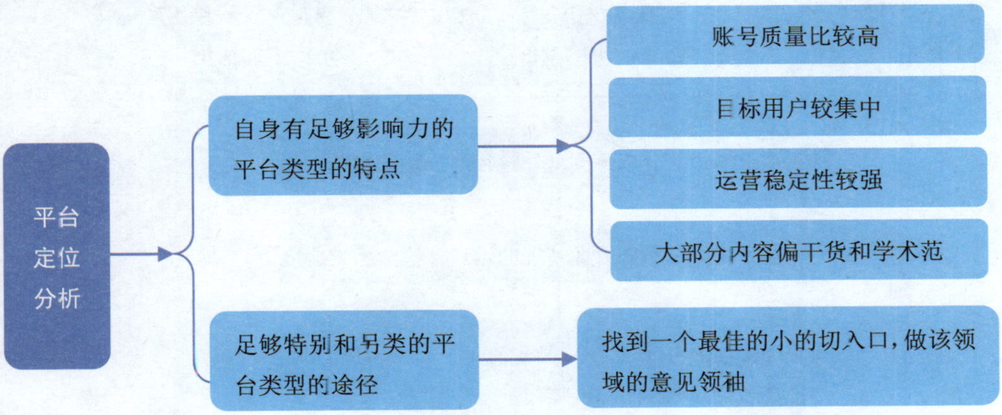

图 2-22　平台定位分析

在新媒体运营中，商家、机构和个人平台运营者主要可通过创业奇才、行业意见领袖（Key

Opinion Leader，KOL)、BAT（B 指“百度”、A 指“阿里巴巴”、T 指“腾讯”）背景等途径更好地实现新媒体账号的运营。

在定位平台和选择平台类型的同时，新媒体人还应该规划平台的自定义菜单，以便能够清楚地告诉用户“平台有什么”。规划自定义菜单，就是规划平台功能，新媒体人可以从四个维度进行思考，分别是目标用户、用户使用场景、用户需求和平台特性。

新媒体人做好平台定位是非常重要的，要慎重对待，因为只有做好了平台的定位，并确定了基调，才能做好用户运营和内容运营，最终促成平台更好地发展。

2.4　新媒体用户管理

在新媒体用户运营中，新媒体人具体应该怎么做呢？说到底就是了解用户需求，引导用户关注自身平台，让用户长期留存下来。本章就从筛选目标用户、匹配用户需求、总结用户属性、关联用户喜好、做好用户分级管理和让满意度少打折扣这六个方面，帮助新媒体人快速成为大号。

2.4.1　筛选目标用户

一个互联网产品在面对极其广阔的网络空间时，其可发展的潜在用户数量极多，而商家或新媒体人要做的是筛选出目标用户，并将他们作为互联网产品推广和宣传的主要目标。至于如何确定目标用户，就需要商家或新媒体人通过以下步骤确定，如图 2-23 所示。

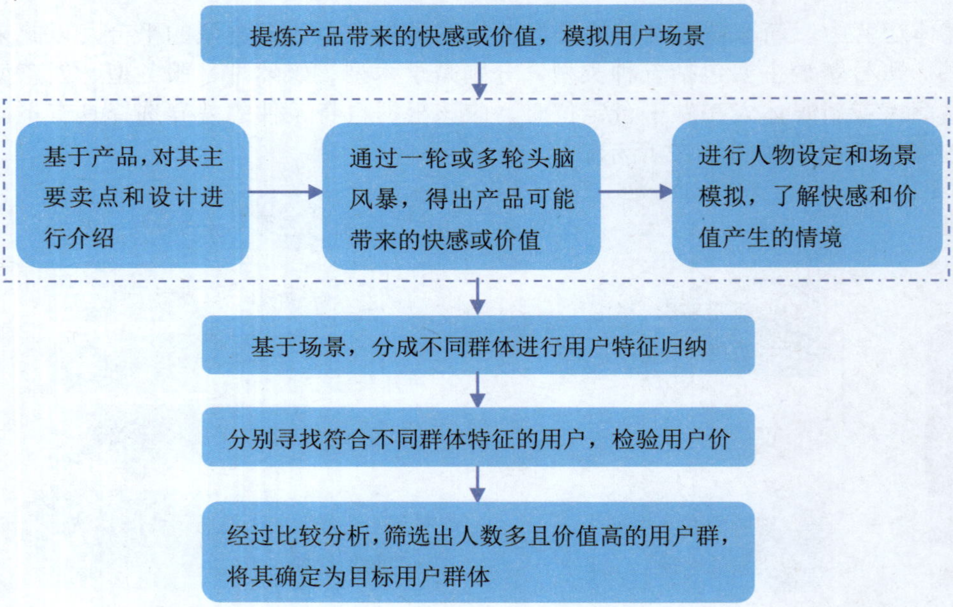

图 2-23　确定目标用户

要注意的是，在最后进行用户群体筛选时，商家或新媒体人要注意筛选角度，可从以下三个方面来考虑。

（1）对自身平台推出的产品是否有足够强烈的需求欲望。

（2）是否在群体大小、消费能力和传播力方面占有优势。

（3）获取这一群体的难度如何？成本是多少？

2.4.2　匹配用户需求

在有了明确的目标群体后，商家就需要了解他们的具体需求是什么，以便进行内容运营和准备具体产品。

用户需求源自人的根本需求。根据马斯洛需求层次理论，可将人的需求分为五个等级，分别是生理需求、安全需求、社交需求（爱和归属感）、尊重需求和自我实现需求。用户需求便是在一段时间内上述五种需求的一种或者几种混合后的结果。当用户描述自身需求时，往往会出现自身也不清楚的状况，这时就需要运营者尽最大的努力，去挖掘用户的真实需求。

在进行目标用户需求定位时，商家还需要结合具体场景，这样才能把目标用户群体与相应的场景和需求进行匹配，才能初步了解用户需求，如图 2-24 所示。至此，新媒体人就完成了用户需求定位的第一步。

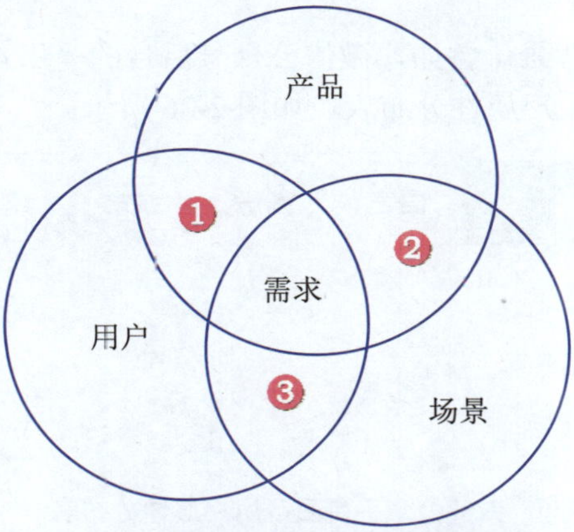

图 2-24　初步定位用户需求

（1）产品用户：处于产品与用户的相交部分，把产品与用户相匹配，可以很清晰地展现目标用户群体。

（2）产品场景：处于产品与场景的相交部分，把产品与使用场景相匹配，可以很清晰地展现出产品功能。

（3）用户场景：处于用户与场景的相交部分，把用户与使用场景相匹配，可以清晰地展现相应场景的用户需求。

把上述三者结合起来，用户、产品和场景串联在一起，就形成了在某一场景下关于某产品的某一用户群体的需求。如果把所有筛选出来的用户群体按照不同场景的产品，一一进行匹配，就可以把所有类型的用户群体的需求分析出来。这样，用户需求的初步定位也就完成了。最后，商家对整理和分析出来的用户需求进行需求优先级定义，如图 2-25 所示。

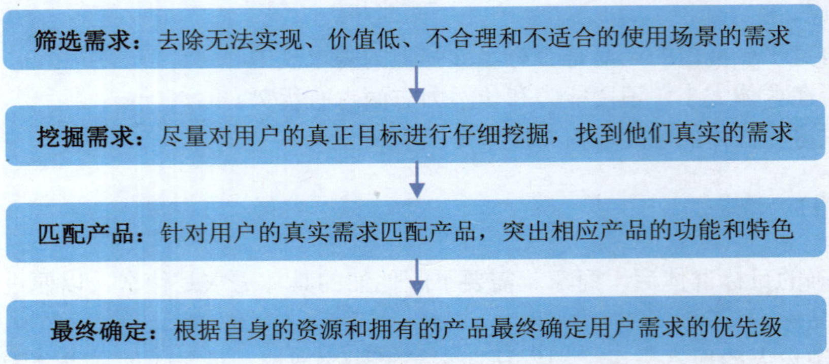

图 2-25　确定需求的优先级的过程分析

2.4.3　总结用户属性

新媒体人完成了目标用户定位和用户需求定位之后，接下来就是用户运营，即围绕具体的已确定的目标用户展开工作。首先是了解目标用户本身，也就是对用户的属性进行总结，以便更精准地进行宣传推广。

用户属性就是用户的身份背景。譬如，微信公众号后台的“用户分析”就包括了“用户属性”的统计分析，其中还有用户属性分布表，如图 2-26 所示。

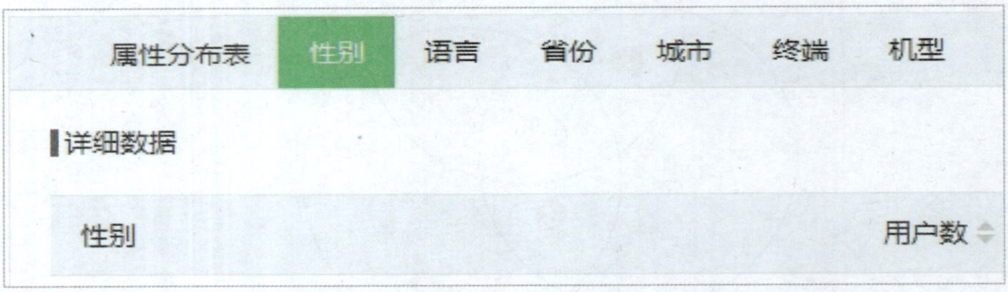

图 2-26　微信公众平台后台用户属性分布表

除了图 2-26 提及的性别、语言、省份、城市、终端和机型六项内容外，用户属性还包括其他方面的内容。当然，在进行用户运营时，并不是所有的用户属性价值是一样的和必需的。商家可以根据自身需求，对与产品有关的用户属性进行总结，制作表述清晰的表格。这样，能帮助运营者更准确地了解用户和找准方向，提升运营效果。

2.4.4　关联用户喜好

新媒体人把用户的行为用一条条虚拟的线连接起来，就可以形成用户的行为路径。用户的行为路径可以非常真实地体现出用户的喜好和需求，也可反映出商家的新媒体运营推广能力和效果。

对用户路径进行探索，让用户运营脉络更清晰，方向更准确。因此，需要清晰地探索推广行为路径和引导行为路径，如图 2-27 所示。

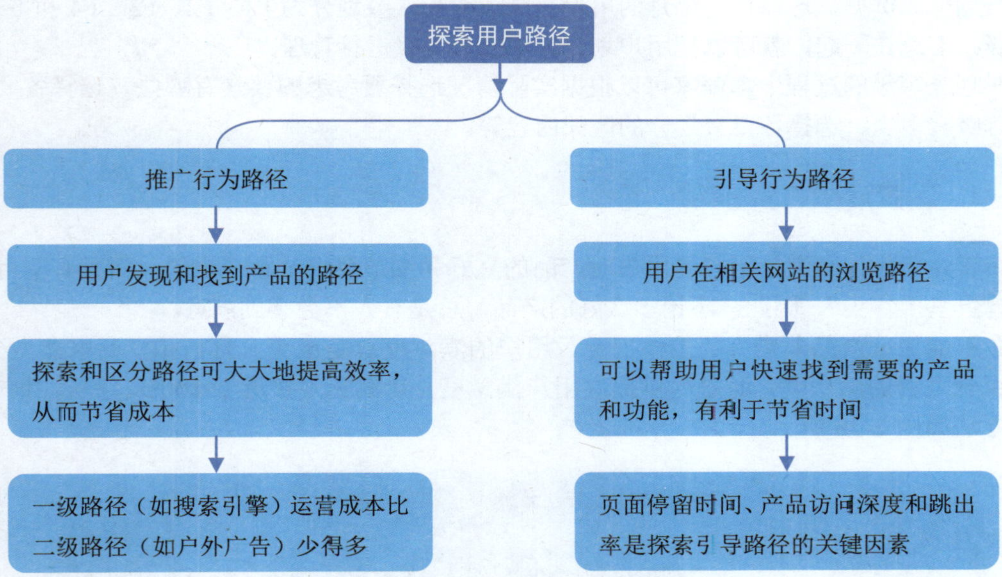

图 2-27　用户路径分析

2.4.5　做好用户分级管理

平台扩大受众和流量是商家进行用户运营的目标，而当这一目标快实现时，商家可能会发现，运营过程出现了新的问题：用户增长太快或用户数量太大。如果用户管理及其与平台关系的维护无法达到预期的效果，就需要进行用户分级管理。

用户分级管理是商家运营过程中必须进行的工作。其原因在于运营人员的能力和精力是有限的，新媒体人的资源和精力也是有限的，而其能投入运营中的资源和精力更是有限的。

商家对用户进行分级管理，是提升用户运营效率、更好地进行宣传推广的有效途径。既然如此，用户分级管理是必需的，又是有着重大价值的，那么商家应该如何对用户进行分级呢？可以把传统商业的用户管理 RFM 模型引入到用户运营中来，并定义其为：R（recency）为最近一次登录和关注；F（frequency）为特定时间内的登录次数和天数；M（monetary）为产生内容或评论内容的数量。运用这一模型进行的用户分级管理，具体含义和依据，如表 2-1 所示。

表 2-1　运用 RFM 模型进行用户分级管理的依据

要素	具体含义和依据
R	最近一次登录和关注的时间越近越好，用户的敏感度更高，运营效果将更好
F	特定时间内的登录次数和天数越多越好，说明用户的满意度很高，愿意关注
M	产生内容或评论内容的数量越多越好，说明用户的价值很高，是很好的运营目标

在具体的用户分级管理中，新媒体人可以基于表 2-1 中的三个要素，对用户行为分别进

行层级划分。例如，可以把一个月的用户登录天数和次数划分为 F1、F2、F3、F4 和 F5 等 5 个等级，汇总在一起，就可以把用户划分为 125 个等级进行管理。

在划分等级的过程中，商家可以根据实际情况选择要考虑的要素有哪些、选择各要素划分的等级有多少、选择各要素划分的区间内容等。

2.4.6 让满意度少打折扣

新媒体人应该知道，不同的用户对产品的喜好和细节要求是不一样的，而且有些用户喜欢“鸡蛋里挑骨头”。因此，不论多么好的产品，总是有人不会感到满意。

在不能保证产品非常完美的情况下，用户的满意度总是难免大打折扣，商家能做到的，不是百分之百的满意度，而是尽量提高用户满意度，让其无限接近于 100%。提高用户满意度的方法如图 2-28 所示。

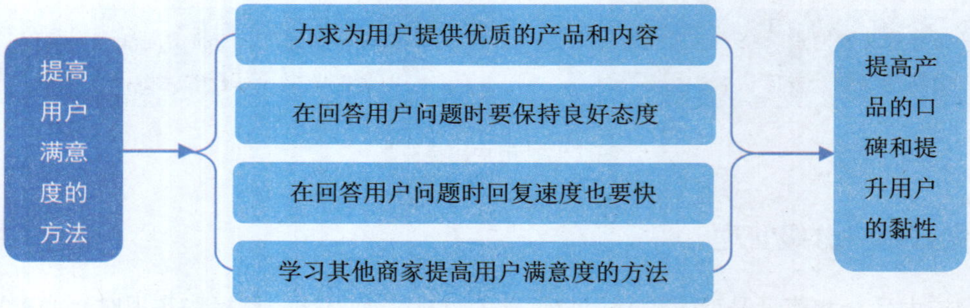

图 2-28 提高用户满意度的方法

本章小结

本章首先介绍了新媒体的内容定位和分类；然后通过对新媒体的用户定位和管理进行详细分析，让运营者彻底地了解用户的需求，做好用户管理，尽可能地实现让用户长期留存的目的。

本章习题

1．在做账号定位之前，商家或新媒体人首先需要明确账号定位的几个关键点？
2．提高用户满意度的方法有哪些？

第 3 章　新媒体工具与管理

本章导读

俗话说："工欲善其事，必先利其器。"在新媒体运营过程中，将会用到很多工具。这些工具不但能美化设计，还能提高效率，只有熟练掌握了这些常用工具，才能更好地进行新媒体运营。本章主要介绍两种常用工具和一种数据管理方式，分别是运营工具、数据工具和图表管理。

本章重点

➢ 新媒体运营工具
➢ 新媒体数据工具
➢ 新媒体图表管理

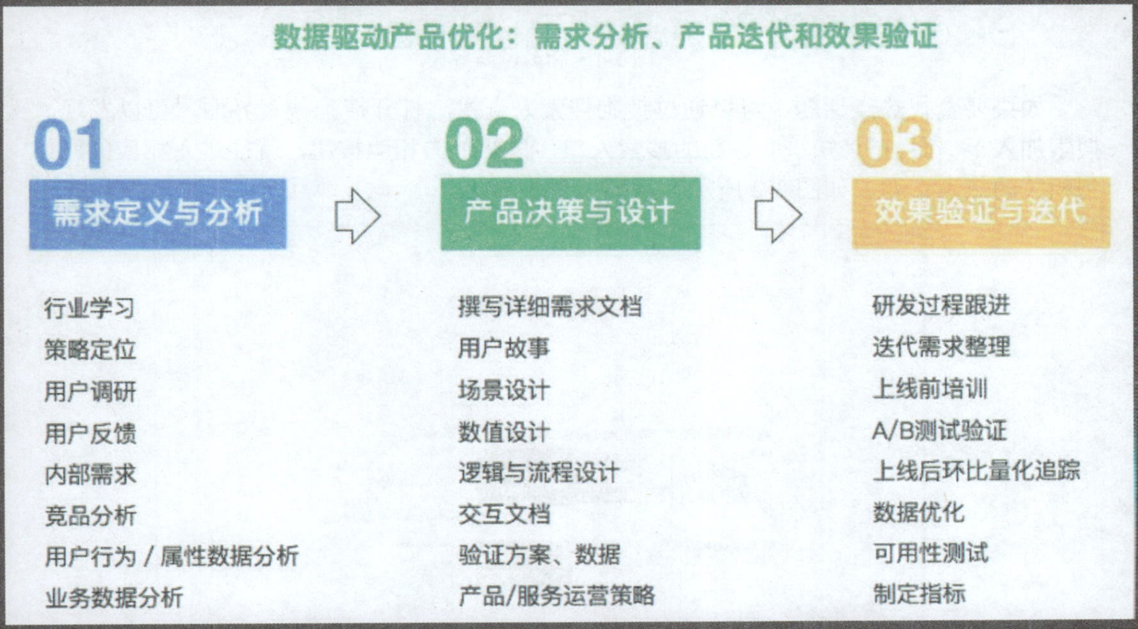

3.1 新媒体运营工具

随着新媒体的不断发展，如今从事新媒体行业的人蜂拥而至，由此可见，新媒体发展前景不可估量。在运营新媒体时，需要各种各样的工具进行辅助。本章主要从工具运用出发对新媒体运营和营销做进一步的讲解。

3.1.1 话题找寻工具

对商家或新媒体人来说，查找内容应该是相当头疼的事情。在新媒体平台上，其中受欢迎的内容包括了热点话题。各大新闻门户网站是商家或新媒体人寻找热点的首选，如搜狐新闻、今日头条和新浪微博等平台。例如，新媒体运营者想了解某个事件的动态，可以进入新浪微博查看相关新闻，如图 3-1 所示。

图 3-1　新浪微博界面

如果要查找热点话题，可以通过搜狗搜索来查找。打开搜狗搜索界面，可以发现，搜狗搜索加入了“微信”“知乎”等新的搜索入口，只要单击相应按钮，就能进入相应的网站，找到相关的热点话题。如图 3-2 所示为搜狗搜索主界面。

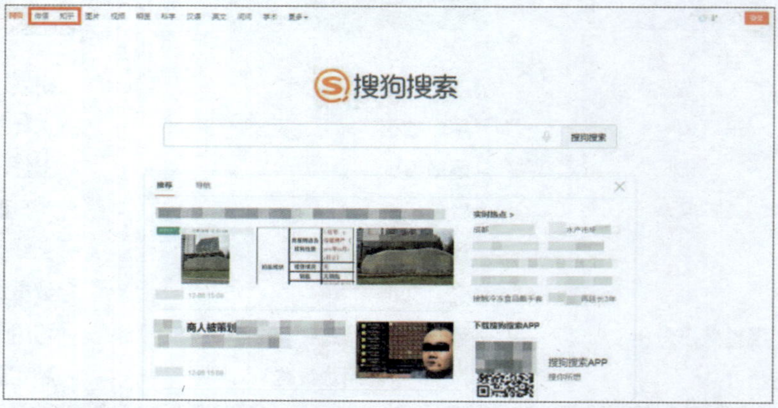

图 3-2　搜狗搜索主界面

3.1.2　文案策划工具

一篇优秀的营销文案所能起到的作用是巨大的。常用的文案策划工具和网站有如下几个。

1．第一范文网：实用的范文资料

第一范文网是一家专门提供范文参考的网站，它以提供各种实用性资料为主，受到广大师生以及新媒体从业人员的喜爱。

2．爱墨：好用的文本复制功能

爱墨是一款好用的文案采集软件之一，在进行文案采集时，只要将剪切板上的内容复制到爱墨的文本编辑框中，然后单击保存即可。爱墨还有一个好处，就是在复制文本时，可以直接保存文字为文档，并且可以同步到印象笔记。

3．Office：必备的文案策划工具

Office 软件是一个常用的办公软件，它主要由 Word、Excel 和 PowerPoint 等组成。熟练使用 Office 软件是这个职业必备的要求，也是所有的职场办公人员需要掌握的一项基本技能。

4．PopClip：强大的文本扩展功能

PopClip 是一个强大的文本扩展工具，该软件的基本操作方法是：将所有文本操作归结到一个对话框中，在选择相应文本时，可以在对话框内进行拷贝、剪切、粘贴、搜索、校正、进入超链、写邮件和查看辞典等操作。

5．Paste：高效率的复制粘贴工具

Paste 是一个方便人们进行复制和粘贴的工具，它的主要特点是可以进行重复粘贴，以节省时间。运行 Paste 之后，只要按【Ctrl＋C】组合键，对文章的多处内容进行复制，然后将光标放到需要粘贴的地方，按【Ctrl＋V】组合键，即可对复制的内容循环地进行粘贴操作，提高编辑文档的工作效率。

3.1.3　活动策划工具

对新媒体人而言，平台与粉丝之间的互动是非常重要的。其中，平台在线上进行的一系列活动，是加强粉丝互动的重要方式之一。因此，做好线上的活动策划，对新媒体工作人员来说，是必不可少的工作内容之一。下面主要介绍几种常见的活动策划工具。

1．LiveAPP：APP 场景应用模板汇集

LiveAPP 是一个移动 APP 的场景应用平台，它汇集了众多的可以展示手机 APP 场景应用模版的网站，这不仅提供了一个可以展示自己作品的平台，也为企业购买适合的场景提供了便利。

在官网完成注册之后，可以获得一个免费的 LiveAPP 模板。拥有这个模板之后，可以根据自身的具体情况设计模板，运用模板内容。

2．Vxplo：多种交互方式的设计平台

Vxplo 是一个在线交互媒体设计平台，其主要特点是交互效果好、显示速度快以及制作流程方便，融入了众多的新媒体元素。可以在线完成交互媒体设计，不需要写任何代码。并且，在完成设计之后，可以快速将其分享到其他平台。

Vxplo 的在线交互设计主要体现在对视频、音频、图片以及文字等的集合上。其实，对 Vxplo 来说，这些东西都是具有交互性的。正是因为 Vxplo 制作的作品具有多种交互方式，才能使用户与网页之间实现了直接互动。

3．易企秀：主打手机网页 DIY 制作

易企秀是一款针对移动互联网营销的手机工具，它主打的是手机网页 DIY，如图 3-3 所示。只要在易企秀 APP 上完成注册，就可以在这个 APP 上制作相册、贺卡、恋爱笔记、美食记忆、旅行记忆、精美简历和生日祝福等。

图 3-3　易企秀 APP

商家可以在易企秀 APP 上制作邀请函、招聘海报、促销海报、名片设计和活动推广设计等。通过易企秀，商家或新媒体人不需要学习那些复杂的编程技术，就可以直接编辑手机网页和制作精美的手机幻灯片。此外，还可以将网页和手机幻灯片分享到社交网络。

3.1.4　内容编辑工具

在寻找到热点选题之后，就要考虑自己想要编辑的具体内容了。本节主要对 135 编辑器和快站微信编辑器进行简单介绍。

1．135 编辑器：实现微信文章的美化

135 编辑器是一个为微信文章进行美化的工具。它不仅操作简单，而且样式繁多、模板精美。利用 135 编辑器进行图文排版之后，可以产生优质的效果，同时也能让读者赏心悦目。

2．快站微信编辑器：庞大的站点用户群

快站微信编辑器主要为用户提供的是多图文编辑、一键同步的功能。它拥有搜狐快站庞大的站点用户群，界面也很清新简洁。同时，它为用户提供了多图文编辑、一键同步的特色功能。只要回复“笑话”“听歌”“天气”等关键字就可以弹出相应对话框，实现自己的需求。

在利用快站微信编辑器进行多图文编辑时，首先应该将需要编辑的图片上传到图片素材库。图片上传完之后，就可以对图文进行编辑。此外，还要填写好标题和摘要，并且上传封面图。最后，单击“保存并同步”按钮，即可将多条图文信息同步到微信公众号后台。

3.1.5 图片处理工具

在编辑完主要内容之后，就该进行图文设计了。本节主要以截图工具、美图秀秀和 Photoshop 为例介绍一些图文处理的方法。

1．截图工具：快速截取捕获区域

一般来说，运营者都是利用 QQ 进行截图的。其实，在 Windows 的“附件”中就自带“截图工具”。运营者只需在“截图工具”界面单击“新建”按钮，然后拖动光标选取要捕获的区域即可截取图片。

▶ 专家指点

可以利用各种快捷键进行截屏。例如，【PrtSc】键可以截取整个电脑屏幕；【Alt + PrtSc】键可以截取当前的活动程序窗口。Windows 自带的这些截图方式，用户在进行电脑操作时提供很大的便利。

2．美图秀秀：受欢迎的美图工具

美图秀秀是大众普遍使用的修图工具，尤其在年轻群体中，非常受欢迎。它最大的特点就是简单易上手，操作方式灵活方便，而且它还为用户提供了很多有用的素材。

美图秀秀的用途很广泛，其美图功能对非专业人士非常有用，受到许多用户的赞赏与青睐。特别对那些爱自拍的女性来说，更是一款手机的必备软件。

3．Photoshop：专业图片处理工具

Photoshop 是一款专业的图片编辑工具，主要是对由像素构成的数字图像进行处理，具有非常强大的功能，涉及图像、图形、文字和视频等方面。

在 Photoshop 工作界面中，单击“图像” →“调整”菜单，弹出菜单列表，其中有很多修图功能，包括亮度/对比度、色阶、曲线、曝光度、饱和度、色彩平衡、照片滤镜、阴影/高光和色调均化等，可以通过这些功能完成对图片的编辑与精修。

3.1.6 视频、音频工具

为了进一步美化并丰富新媒体推送内容，可以在内容中加入视频或音频。这不仅体现内

容的多样化，也更加符合受众的观看习惯，是满足受众诉求的一种表现。而编辑视频、音频内容需要借助一定的工具才能完成，因此也需要了解和学习一些基本的视频音频软件。

1．屏幕录制：两大终端的视频编辑工具

在录制视频时，可以通过不同的终端来实现。下面分别介绍电脑端和移动端录制屏幕的工具。

（1）Camtasia Studio：电脑屏幕录制编辑软件。Camtasia Studio 是一款专业的电脑屏幕录制与编辑软件，它主要的功能是对屏幕、配音、声音的录制以及视频制作等。Camtasia Studio 录制的屏幕清晰度非常高，声音也特别清晰，由于其操作的简单性，深受广大用户的喜爱。

（2）移动端：可选择自带录屏软件。随着安卓 10 的发布，安卓手机系统自带了录屏软件，其录制效果不仅清晰，支持调整分辨率和帧率，而且对视频的录制时长也没有限制。如图 3-4 所示为某安卓手机系统自带的录屏功能。

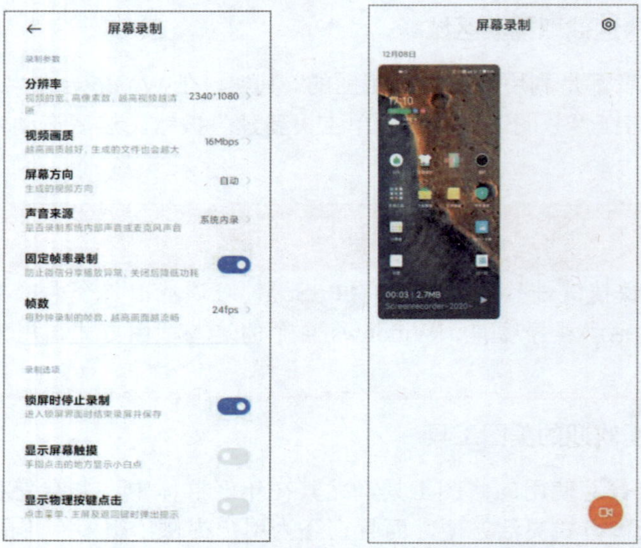

图 3-4　某安卓手机系统自带的录屏功能

2．音频编辑器：更方便的音频调试工具

音频编辑器是一种对音频进行调试的工具，自从这种音频编辑器开发了手机 APP 后，在处理各种音频时就更加方便了。在音频编辑器上方有一排编辑音频的按钮，只要单击相应的按钮，就可以实现对音频的编辑。

3．Replay：实用的视频后期编辑软件

Replay 是一款专业的视频后期处理软件，为用户提供了多种滤镜和编辑效果，其背景音乐更是风格各异。这款视频处理软件不仅提供了各种不同的视频滤镜和编辑效果，而且也实现了文字的编辑、复制以及删除等操作。在进行视频处理时，不仅可以插入背景音乐，还可以对视频播放的速度和格式进行调整。视频制作完成后，既可以保存在手机相册中，也可以分享到各种社交平台。

3.2　新媒体数据工具

在新媒体数据分析的过程中，商家或新媒体人要学会使用各种工具做好数据分析工作。总之，进行新媒体数据分析的工具非常多。本节主要讲述其中的三大必备工具。

3.2.1　清博指数

清博指数是国内基于大数据的舆情报告和软件供应商之一，该平台提供了多种榜单数据，如“微信榜单”“微博榜单”“头条榜单”等。除此之外，还可以通过该平台查看相关数据。如图 3-5 所示为清博指数官网首页。

图 3-5　清博指数官网首页

下面以微信公众号为例，可在搜索栏中输入微信公众号名称，查看对应微信公众号的数据。如图 3-6 所示为搜索微信公众号“××理想”的结果。只需单击搜索结果中微信公众号头像或名称，即可进入该微信公众号的数据详情界面，查看相关数据。

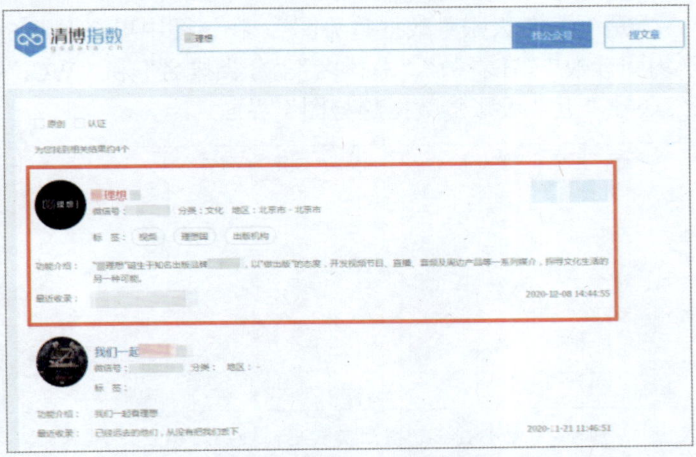

图 3-6　搜索微信公众号“××理想”的结果

1．昨日数据：前一日数据直观呈现

进入数据详情界面之后，映入眼帘的是“昨日数据”界面。在该界面中，会显示“总阅读量”“头条阅读量”“点赞数”“平均阅读量”“排名”“在看数”“WCI（微信传播指数）”等数据。如图 3-7 所示为某公众号 12 月 7 日的文章及账号数据。

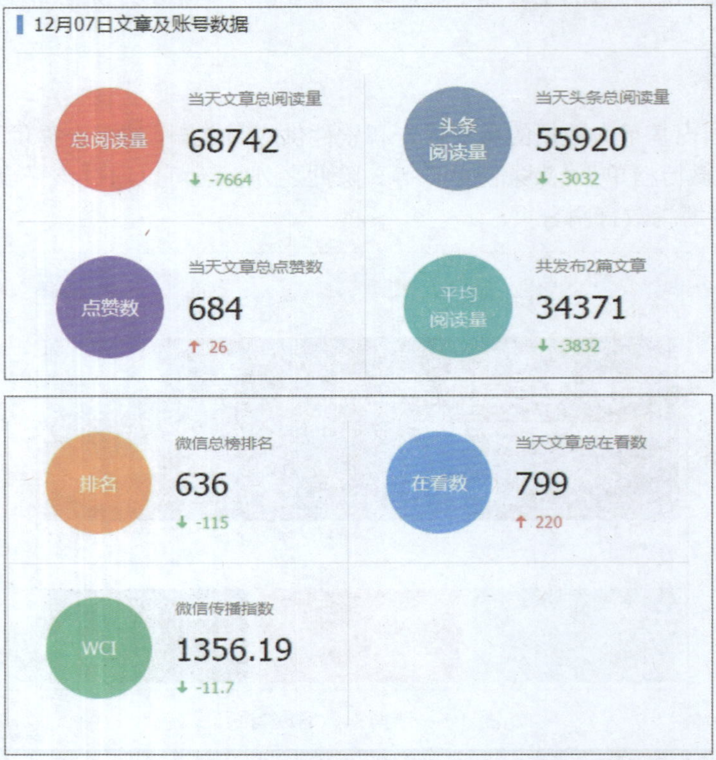

图 3-7　某公众号 12 月 7 日的文章及账号数据

2．近 7 天数据：了解一周变化情况

“昨日数据”下方是“近 7 天账号数据趋势图”，在该图中可查看近 7 日的“总阅读数”“头条阅读数”“平均阅读数”“在看数”“总排名”“分类排名”和“WCI”的数据变化情况。如图 3-8 所示为某公众号“近 7 天账号数据趋势图”界面。

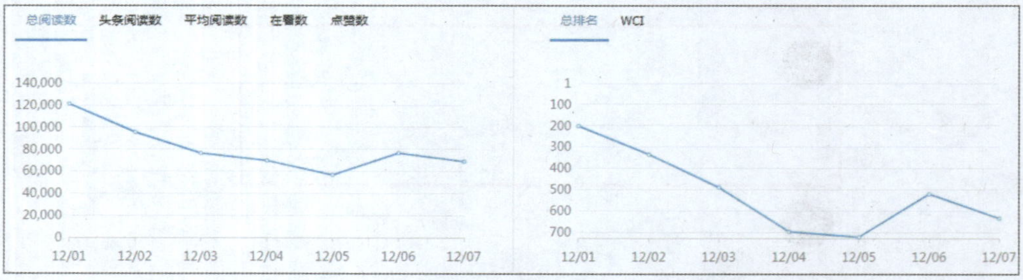

图 3-8　某公众号“近 7 天账号数据趋势图”界面

3．近 30 天数据：展现一个月发布情况

“近 7 天账号数据趋势图”下方是“近 30 天文章发布数据”，在该界面中可以查看近 30 天的“24 小时发布习惯”和“工作日/周末发布习惯”相关数据。如图 3-9 所示为某公众号“近 30 天文章发布数据”页面。

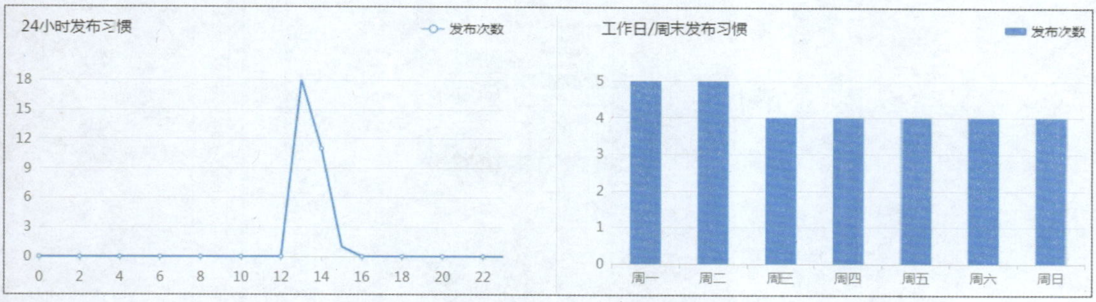

图 3-9　某公众号“近 30 天文章发布数据”页面

4．近 30 天热文：查看 TOP10 爆文

“近 30 天文章发布数据”下方是“近 30 天热文 TOP10”，在该界面中可以查看“最新”“阅读数”“在看数”“点赞数”最多的 10 篇文章的相关数据。如图 3-10 所示为某公众号“近 30 天热文 TOP10”界面。

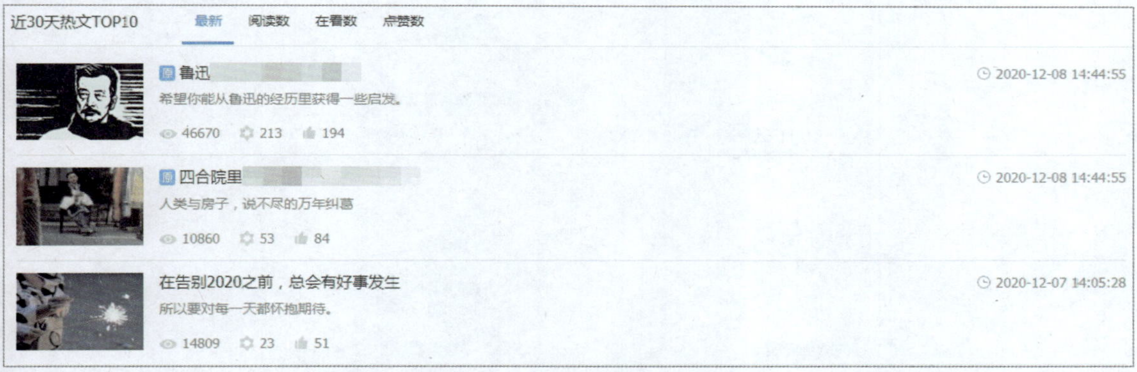

图 3-10　某公众号“近 30 天热文 TOP10”界面

3.2.2　神策数据

神策数据是为新媒体运营者推出的一种深度分析用户行为的产品，它可以通过全端数据采集和建模，构建用户数据体系，从而让用户数据发挥更大的价值。如图 3-11 所示为神策数据的运营模式。

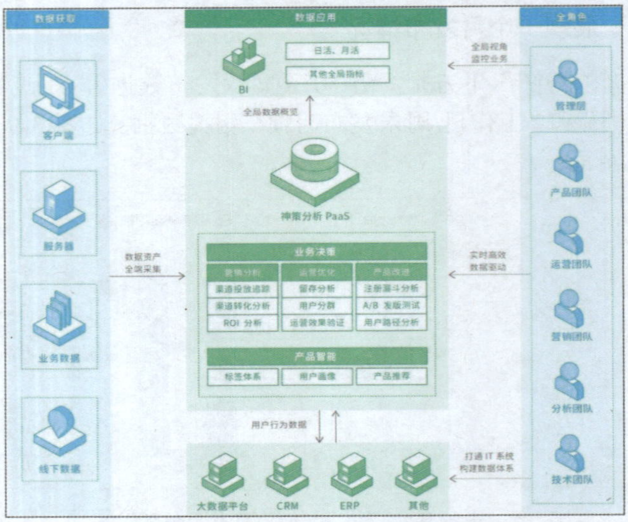

图 3-11　神策数据的运营模式

1．为何选它：四个方面优势明显

相比于其他数据平台，神策数据的优势主要体现在四个方面，如图 3-12 所示。

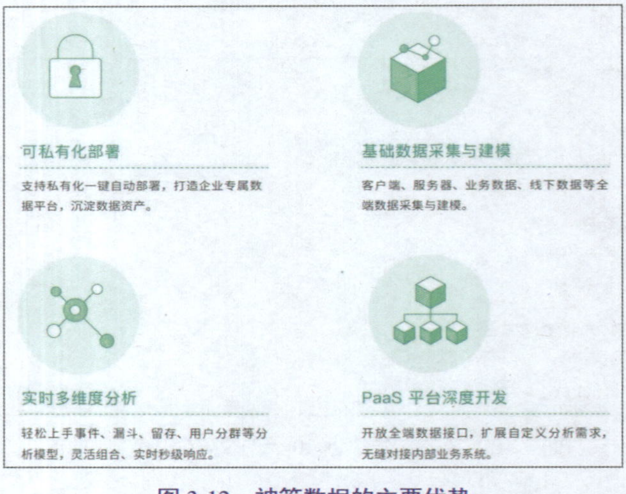

图 3-12　神策数据的主要优势

（1）可私有化部署。考虑到客户对于自身数据的安全和隐私的顾虑，神策数据的分析技术在选型时便将私有化部署作为产品的核心设计理念。也正是因为如此，商家或新媒体人可以放心地在该平台积累用户数据，并对数据进行深度研究和开发。

（2）基础数据采集与建模。随着互联网和通信技术的发展，用户可以通过 iOS、Android、Web、H5 和小程序等多个渠道进入同一个产品。针对这一点，神策数据采用全端数据采集的方式，将各渠道的用户数据打通，并在此基础上建模，从而让数据的采集更加全面，分析结果更加准确。

（3）实时多维度分析。神策数据通过漏斗分析、留存分析和分布分析等多种方法，对用户数据进行实时多维度分析，让人快速上手用户数据分析，全面地掌握用户数据分析方法。

（4）PaaS 平台深度开发。PaaS 即 Platform as a Service 的简称，译为平台即服务。PaaS 平台主要就是将应用服务的运行和开发环境作为服务提供给客户。

神策数据对 PaaS 平台的深度开发可以满足人们对数据分析的不同要求，如果需要的是标准的数据分析需求，只需将神策数据中的分析样本拿过去直接用即可；如果需要对数据进行个性化处理，也可以使用神策数据中的数据接口，或者对产品进行二次开发，获得所需的数据内容。

2．能做什么：四种工作皆可运用

通过神策数据的分析，可以做好四个方面的工作，即产品优化、精细化运营、市场营销和数据采集。

（1）产品优化。产品的用户体验与用户的转化、留存紧密相关，因此新媒体人对产品优化比较重视。而借助神策数据，可以通过需求分析、产品迭代和效果验证，优化产品，提升产品用户体验，如图 3-13 所示。

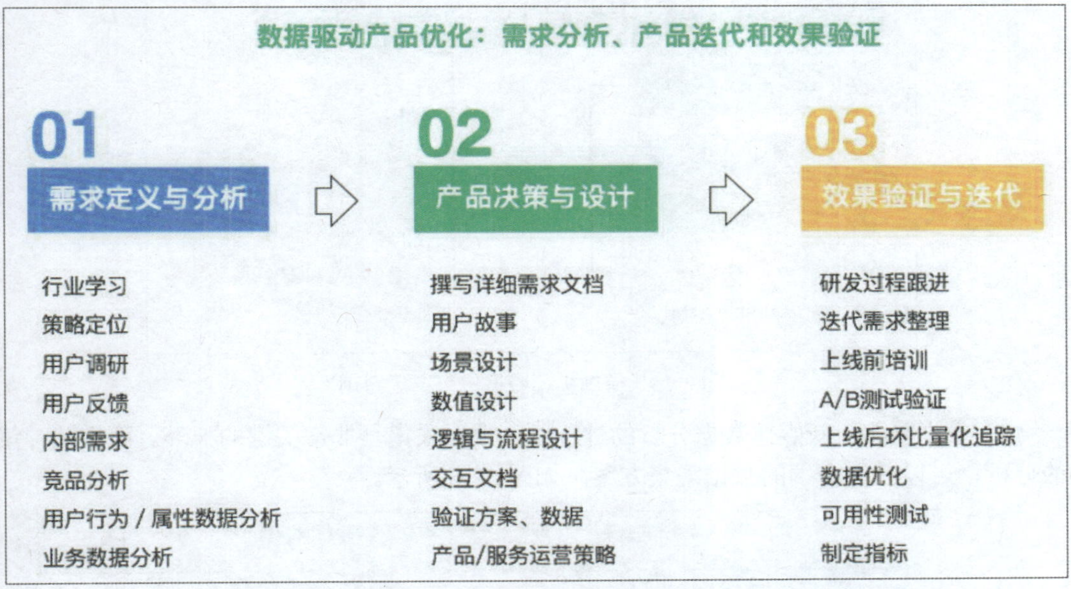

图 3-13　借助神策数据进行产品优化

（2）精细化运营。对于商家或新媒体人而言，用户的活跃和留存无疑是新媒体运营的核心。而借助神策数据的分析，他们可以更好地对用户进行精细化运营，从而提高用户的忠诚度和账号的盈利能力，如图 3-14 所示。

（3）市场营销。之所以要做新媒体运营，就是想通过运营进行拉新和渠道投放。而借助神策数据的分析，可以提升市场营销的效果，对流量拉新和渠道投放进行评估和优化，如图 3-15 所示。

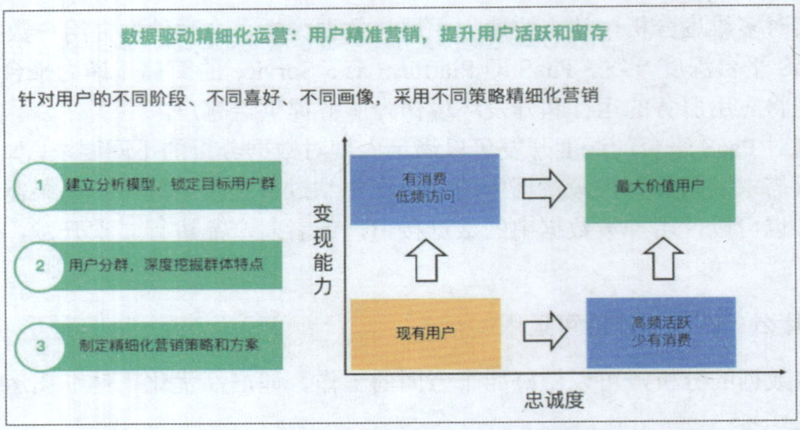

图 3-14　借助神策数据进行精细化运营

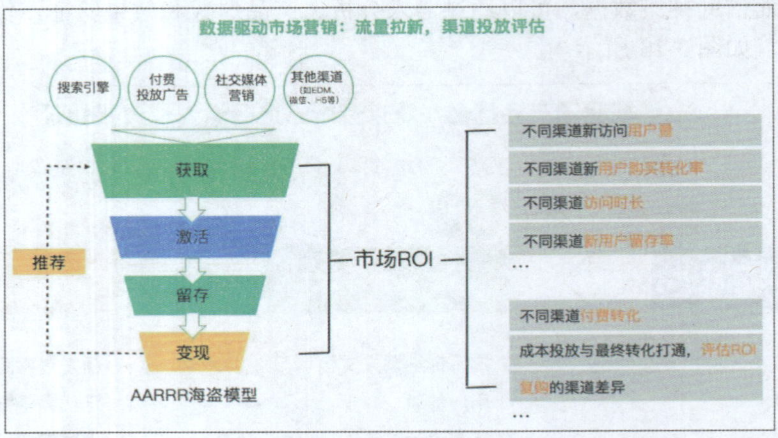

图 3-15　借助神策数据进行市场营销

（4）数据采集。新媒体数据分析的过程中，数据采集是非常关键的一环。而借助神策数据的分析，可以获得全端的数据采集方案，如图 3-16 所示。

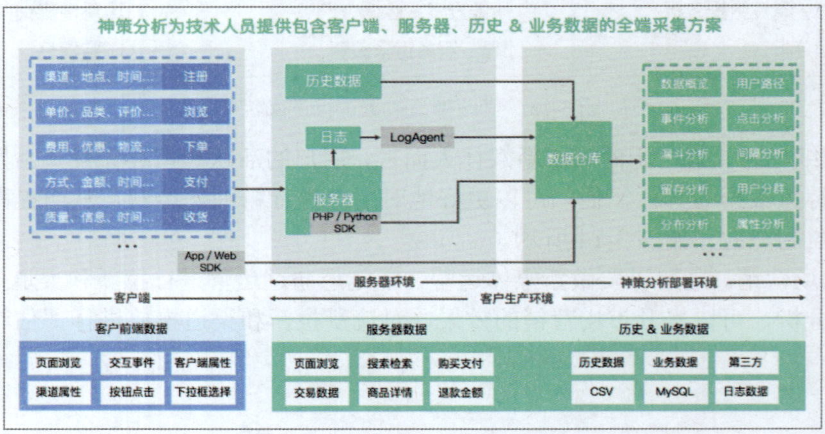

图 3-16　借助神策数据进行数据采集

3．解决问题：六个方面都有方案

作为一个优质数据分析平台，神策数据在查看新客数量和比重、查看月户的购买转化率、多维度分析用户支付行为和分析各渠道用户活跃情况等方面提供了解决方案。

（1）查看新客数量和比重。在神策数据平台中，可以查看各渠道的新客数量和比重，并结合自身的投入成本计算 ROI（Return On Investment 的简称，译为：投资回报率）。例如，可以在神策数据平台中按广告系列来源，查看 APP 激活用户数的来源，如图 3-17 所示。

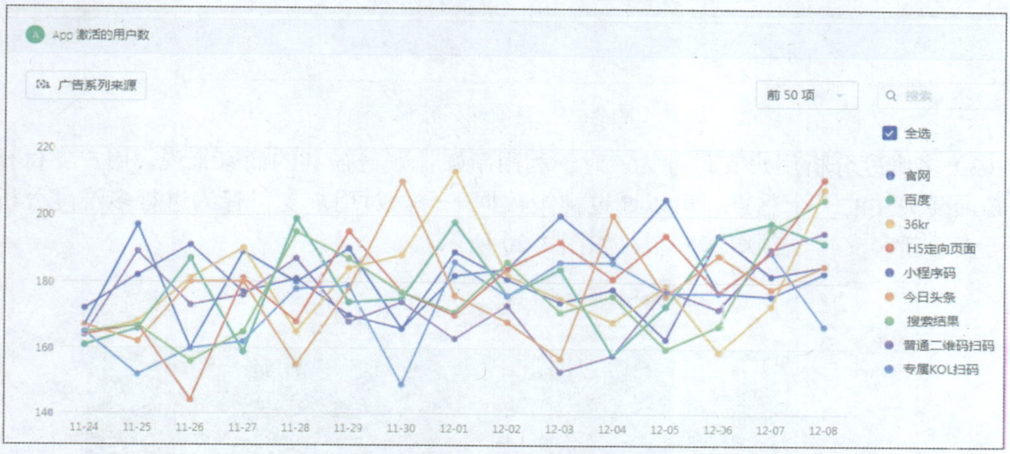

图 3-17　查看 APP 激活用户数的来源

可以在神策数据平台中按广告系列来源查看不同类型的用户数，如图 3-18 所示。

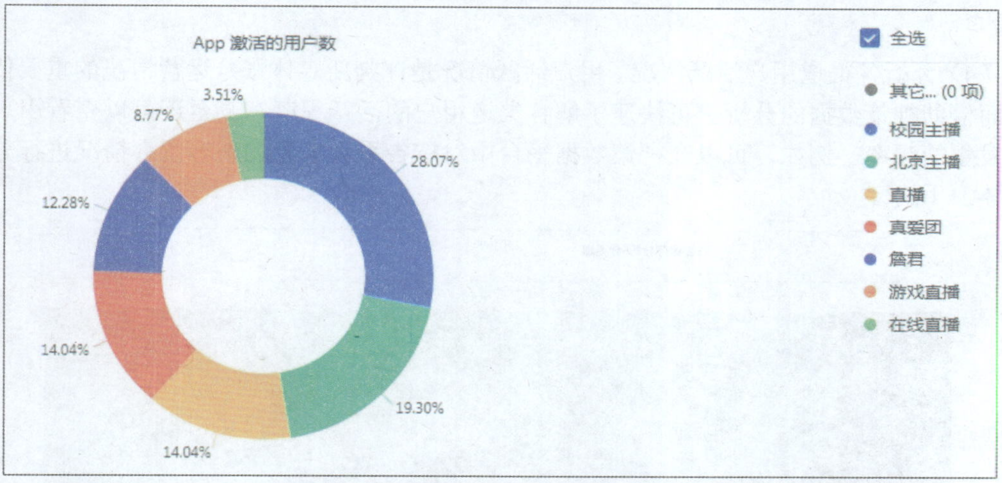

图 3-18　查看各平台不同类型的用户数

（2）查看用户购买转化率。通过查看神策数据中用户的购买转化率，可以了解用户的购买能力，并从中寻找提升转化率的方法。例如，可以在神策数据平台中利用漏斗分析，按广告系列来源查看购买转化率，如图 3-19 所示。

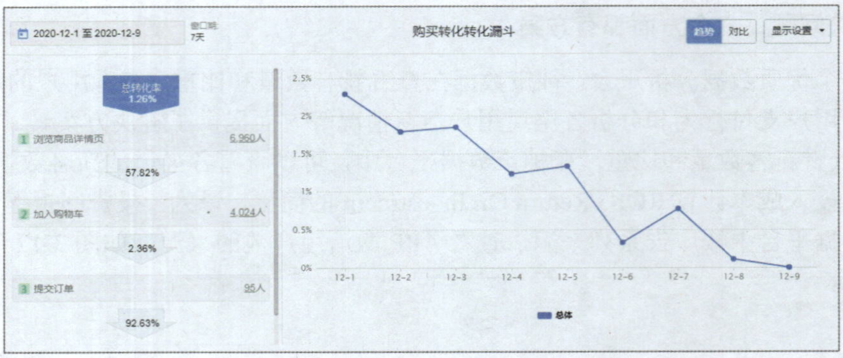

图 3-19 查看购买转化率

（3）多维度分析用户支付行为。对于利用新媒体账号盈利的商家来说，用户支付行为无疑是必须要关注的一个重点。可以通过神策数据平台，对用户支付行为进行多维度分析。例如，可查看新客支付金额均值分布，如图 3-20 所示。

新客支付金额均值分布-分渠道　　一个月内

总人数	100以下(不含100)	100~200(不含200)	200~500(不含500)	500~1000(不含1000)
16,204	439 2.7%	816 5%	6,822 42.1%	8,127 50.2%
6,470	170 2.6%	300 4.6%	2,760 42.7%	3,240 50.1%
4,978	141 2.8%	263 5.3%	2,110 42.4%	2,464 49.5%
3,217	109 3.4%	162 5%	1,405 43.7%	1,541 47.9%
1,638	43 2.6%	95 5.8%	710 43.4%	790 48.2%

图 3-20 查看新客支付金额均值分布

（4）分析各渠道用户活跃情况。用户活跃情况是评判新媒体账号运营情况的重要依据之一，而借助神策数据的分析，可快速了解各渠道用户的活跃程度，甚至还可以查看用户支付订单发生的频率。例如，可以在神策数据平台中对广告系列来源的新客留存情况进行分析，如图 3-21 所示。

新客留存分析-分渠道　　7天留存

第 0 天	第 1 天	第 2 天	第 3 天	第 4 天	第 5 天	第 6 天	第 7 天
16,558 人 99.99%	2,840 人 17.15%	2,400 人 14.49%	2,315 人 13.98%	2,112 人 12.75%	2,082 人 12.57%	1,917 人 11.58%	1,815 人 10.96%
6,624 人 99.98%	1,104 人 16.66%	913 人 13.78%	907 人 13.69%	839 人 12.66%	820 人 12.38%	778 人 11.74%	755 人 11.4%
5,082 人 100%	814 人 16.02%	682 人 13.42%	716 人 14.09%	643 人 12.65%	633 人 12.46%	566 人 11.14%	569 人 11.2%
3,299 人 100%	538 人 16.31%	435 人 13.19%	462 人 14%	451 人 13.67%	427 人 12.94%	405 人 12.28%	355 人 10.76%
1,679 人 100%	276 人 16.44%	215 人 12.81%	231 人 13.76%	202 人 12.03%	208 人 12.39%	190 人 11.32%	200 人 11.91%

图 3-21 分析新客留存情况

3.2.3 百度指数

百度指数是网民在百度搜索中搜索关键词的产物，它能反映关键词在过去 30 天内的用户关注度和用户搜索习惯等方面的内容。

通过查看百度指数中关键词的“趋势研究”“需求图谱”“人群画像”，可以了解关键词的热门程度，同时也能清楚地了解搜索该关键词的人群特征。这样一来，便可以结合关键词打造相关话题，更好地吸引目标人群的关注，提升内容的营销效果。

1．趋势研究：查看关键词的变化趋势

在百度指数首页界面中输入关键词，即可进行搜索，弹出搜索结果后，首先显示的就是“搜索指数”界面，如图 3-22 所示。

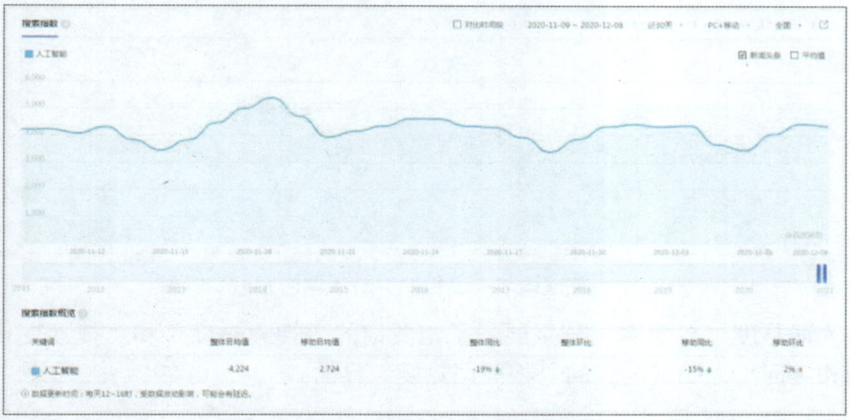

图 3-22　“搜索指数”页面

“搜索指数”界面中包含两个方面的内容，一是关键词近 30 天的搜索指数变化情况；二是关键词的“整体日均值”“移动日均值”“整体同比”“整体环比”“移动同比”“移动环比”等数值。

“搜索指数”内容的下方是“资讯关注”内容。在“资讯关注”内容中，可以查看“资讯指数”或“媒体指数”的相关数据。“资讯指数”内容展示的是“资讯指数”的数值变化和“日均值”“同比”“环比”等“资讯指数”数值。如图 3-23 所示为关键词“人工智能”的“资讯指数”内容界面。

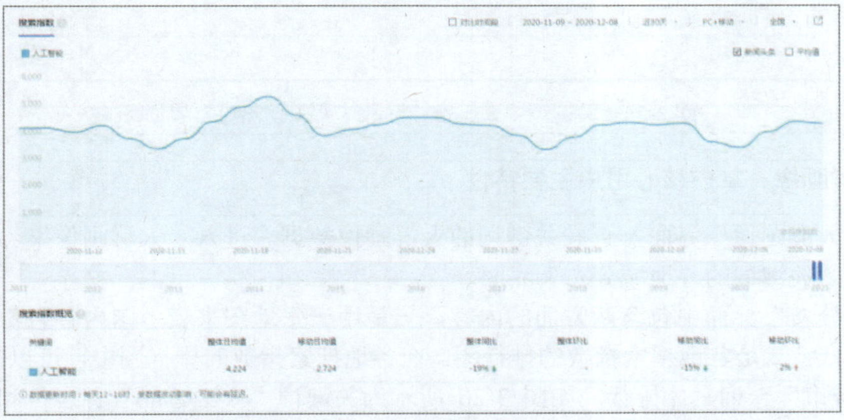

图 3-23　关键词“人工智能”的“资讯指数”内容界面

2．需求图谱：了解关注关键词的人群

在“需求图谱”界面中，百度指数以一张图的形式，展示了与关键词相关的词汇的搜索指数高低和搜索趋势。如图 3-24 所示为关键词“人工智能”的“需求图谱”界面。

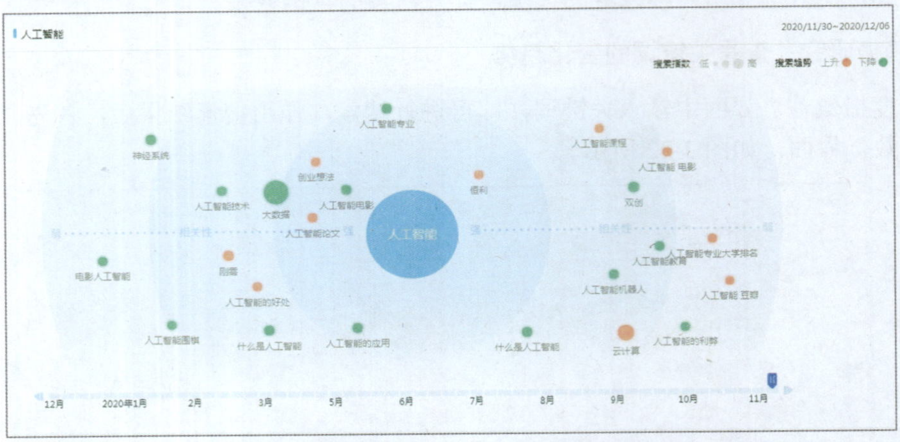

图 3-24 关键词“人工智能”的“需求图谱”界面

在“相关词热度”界面中，分别展示了相关词的“搜索热度”和“搜索变化率”。如图 3-25 所示为关键词“人工智能”的“相关词热度”界面。

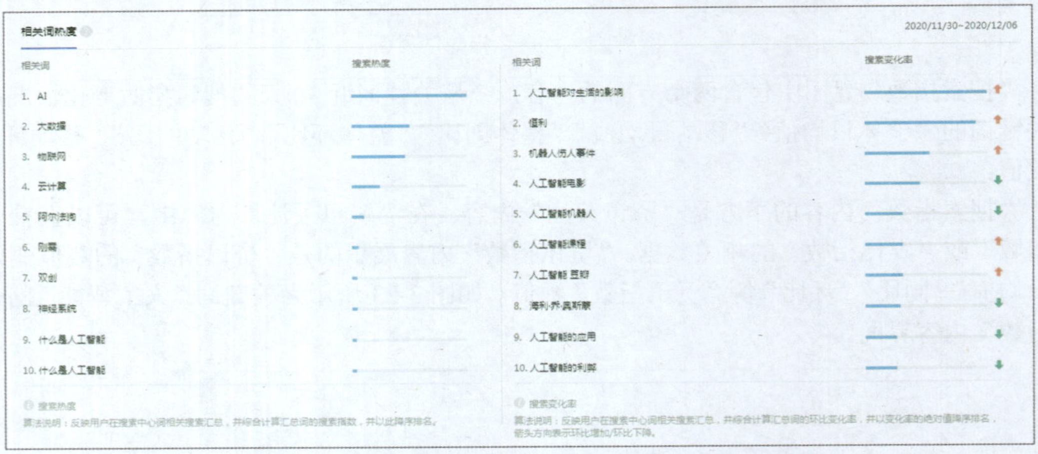

图 3-25 关键词“人工智能”的“相关词热度”界面

3．人群画像：掌握核心用户主要特性

进入“人群画像”界面，查看关键词的人群画像数据。进入“人群画像”界面之后，首先看到的就是关键词的“地域分布”界面。

“地域分布”界面中包含两方面的内容，一是用一张地图来表示国内各省份该关键词的搜索指数高低；二是各地搜索指数的排行图。在各地搜索指数的排行图中，可以选择“省份”“区域”“城市”查询具体排行。如图 3-26 所示为关键词“人工智能”各省份和各城市的搜索指数排行图。

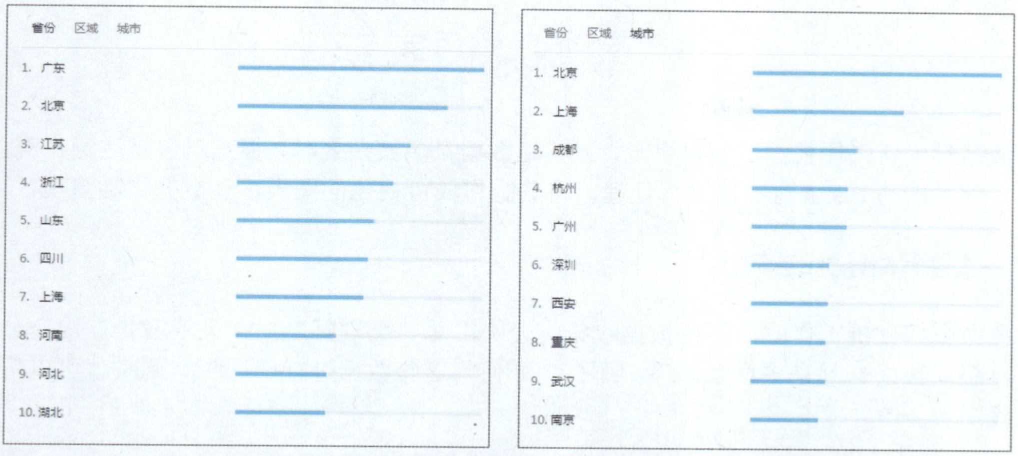

图 3-26　关键词“人工智能”的各省份和各城市的搜索指数排行图

“地域分布”界面的下方是“人群属性”，在该界面中会对关注该关键词的用户的“年龄分布”和“性别分布”情况进行展示。“年龄分布”内容界面中会对各年龄段用户关注该关键词的占比、全网分布占比和群体目标指数（TGI）进行了展示；“性别分布”中则会对男性和女性用户关注该关键词的占比、全网分布占比和群体目标指数进行展示。如图 3-27 所示为关键词“人工智能”的“人群属性”内容界面。

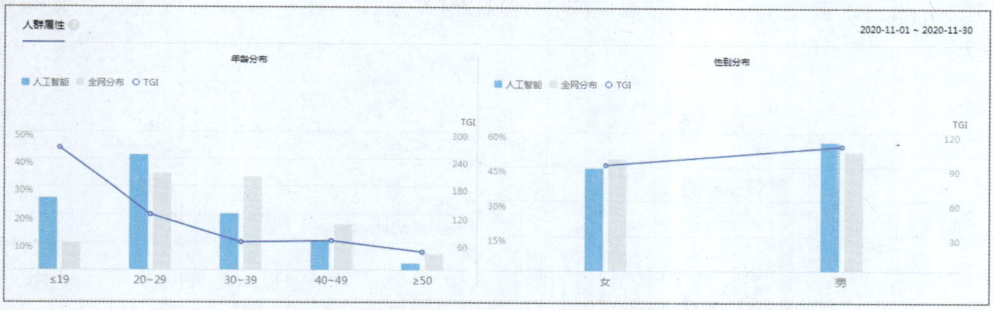

图 3-27　关键词“人工智能”的“人群属性”内容界面

“人群属性”内容界面的下方是“兴趣分布”内容界面，在该界面中会对各领域的关键词关注度、全网分布人群占比和群体目标指数进行展示。如图 3-28 所示为关键词“人工智能”的“兴趣分布”内容界面。

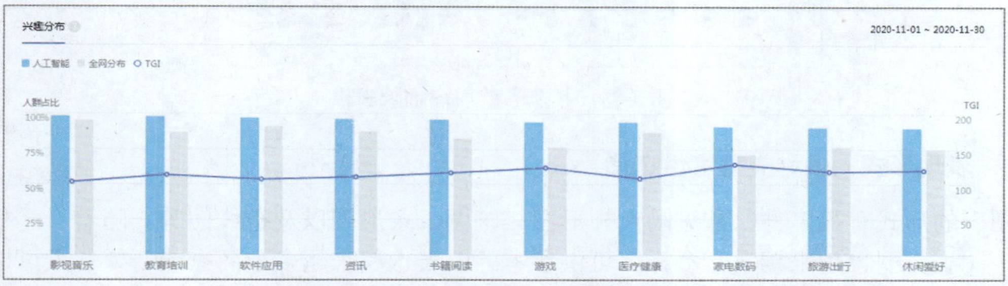

图 3-28　关键词“人工智能”的“兴趣分布”内容界面

3.3 新媒体图表管理

很多时候新媒体数据不是很直观，尤其是数据又多又杂之时，很难对数据进行直观了解。因此，可以借助 Excel 对数据进行处理，将其制作成可视化的图表，让数据更加直观。

3.3.1 新媒体图表的使用

在做数据分析工作时，在将数据收集、分类汇总、整理好之后，又或者是在提交分析报告时，想让数据看起来更直观易懂。那么，如何将这些数据进行整理呢？此时就可以将数据绘制成图表。

1．揭开面纱：了解图表基础知识

图表是指在屏幕中显示的、能够直观地体现出所统计的数据信息属性的图形结构，从知识挖掘和数据统计上来看，它可以让数据形式看起来更直观舒适。

如图 3-29 所示为某账号的用户增长表格，其中包括了多种图表类型，如柱形图、折线图、饼图、条形图、面积图等。

图表最大的目的就是相关数据一目了然，不需要让人过多地去揣测其中所表达的意思。合理的数据图表，会更直接地反映出数据间存在的关系，这比一堆数据或者文字来得更加直接和美观。

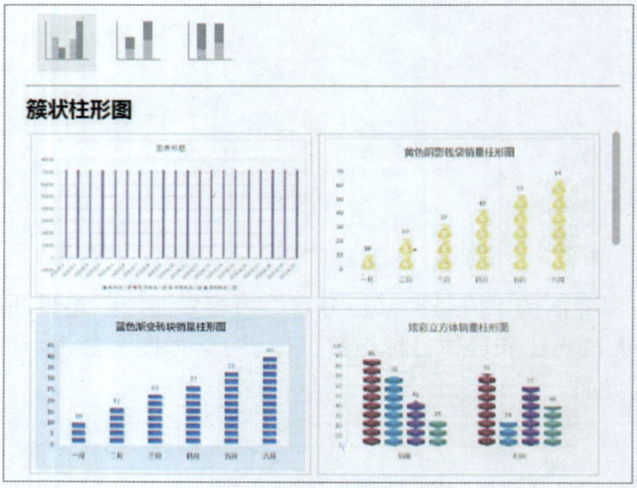

图 3-29　某账号的用户增长表格

2．表现形式：多种类型可供选择

图表的形式有很多种，常见的有柱形图、饼图、条形图以及折线图等。随着科学技术的进步，图表类型也越来越丰富多样，可供参考的图表也越来越多，商家或新媒体人可以利用不同的图表类型制作不同的数据呈现形式。如图 3-30 所示为图表的类型及适用情况。

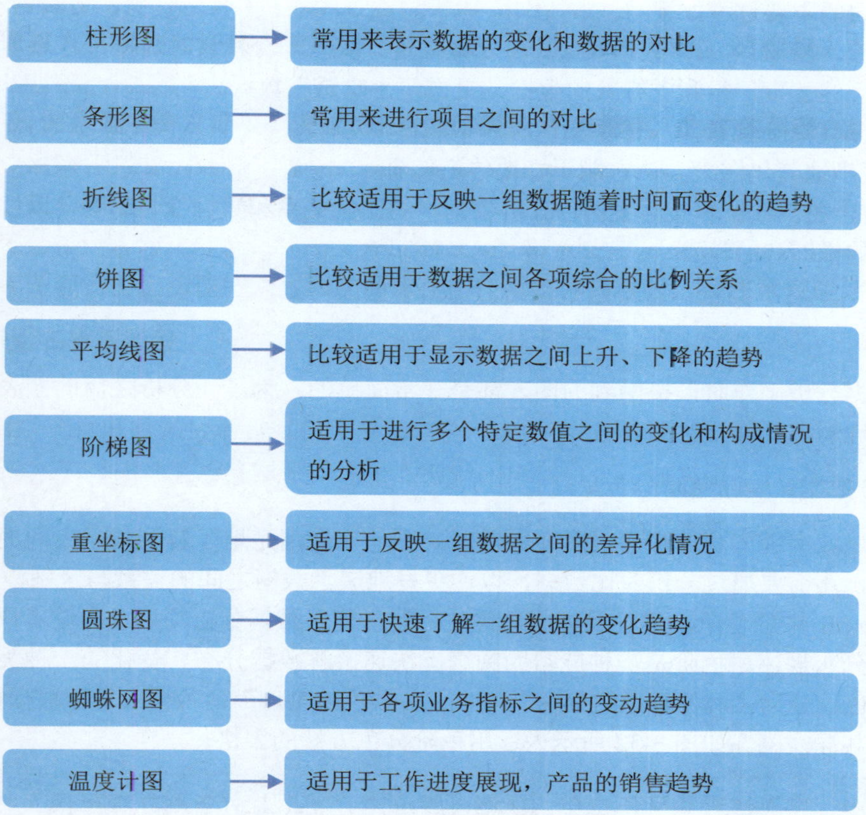

图 3-30　图表的类型及适用情况

3．图表作用：提高效率，吃透数据

数据图表的好处就是，通过图形结构的方式呈现出数据间的变化、特质以及规律，能节省时间，提高工作效率。图表在新媒体数据处理中主要有以下四大作用，如图 3-31 所示。

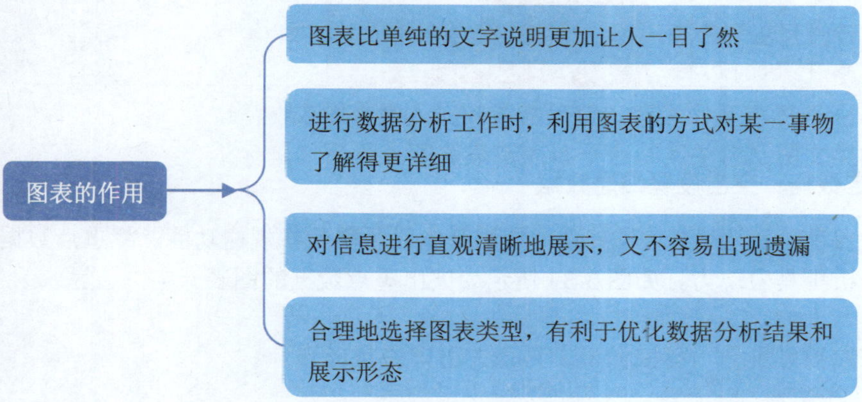

图 3-31　图表的作用

制作图表的主要过程如下。

（1）商家或新媒体人将数据收集好，对数据进行整理和分析。对数据进行整理的目的是了解数据背后的故事，得到更有效的数据，更方便“吃透”数据。

（2）其次选择适当的图表类型。

（3）适当地美化图表，让它能更好地传递信息。

（4）结合图表数据和实际案例，分析数据中的比例关系和数据变化趋势，以便数据分析师做出更好的推断和结论。

3.3.2　新媒体图表的美化

进行数据分析工作时，接触到的图表都是非常简单的，为了让分析之后的图表变得既美观，又便于理解，就需要对图表进行美化。

1．区分数据：借助色阶分色呈现

当数据以数字或图表的形态展示在眼前时，不一定能清楚地了解到数据之间的“分布状态”。因此，还需要通过分析对比数据，以便更好地展示数据之间的关系与区别。

利用 Excel 中的色阶，进行数据展示优化，这样便于数据分析师以及阅读者快速得出表格数据中的分布规律。色阶是一种能帮助阅读者快速了解数据分布、变化的一种美化图表的方式，一般色阶分为“两种颜色的刻度”与“三种颜色的刻度”两种模式。可根据自己需求，改变颜色及其深浅度。如图 3-32 所示为运用色阶分色方法的表格。

1	用户增长（2020年9月1日至9月22日）				
2	时间	新关注人数	取消关注人数	净增关注人数	累积关注人数
3	2020/9/1	89	47	42	71629
4	2020/9/2	82	89	42	71671
5	2020/9/3	51	24	27	71698
6	2020/9/4	101	59	42	71740
7	2020/9/5	28	43	-15	71725
8	2020/9/6	29	26	3	71728
9	2020/9/7	30	31	-1	71727
10	2020/9/8	39	21	18	71745
11	2020/9/9	34	18	16	71761
12	2020/9/10	47	18	19	71780
13	2020/9/11	98	19	79	71859
14	2020/9/12	120	24	96	71955
15	2020/9/13	76	19	57	72012

图 3-32　运用色阶分色方法的表格

2．指定数据：突出设置凸显数据

除了设置色阶，还可以在 Excel 中使用突出显示单元格规格功能，将重点数据突显出来，使得数据分析更具表现力。如图 3-33 所示为突出重点数据的图表。

	A	B	C	D	E
1			用户增长（2020年9月1日至9月22日）		
2	时间	新关注人数	取消关注人数	净增关注人数	累积关注人数
3	2020/9/1	89	47	42	71629
4	2020/9/2	82	89	42	71671
5	2020/9/3	51	24	27	71698
6	2020/9/4	101	59	42	71740
7	2020/9/5	28	43	-15	71725
8	2020/9/6	29	26	3	71728
9	2020/9/7	30	31	-1	71727
10	2020/9/8	39	21	18	71745
11	2020/9/9	34	18	16	71761
12	2020/9/10	47	18	19	71780
13	2020/9/11	98	19	79	71859
14	2020/9/12	120	24	96	71955
15	2020/9/13	76	19	57	72012

图 3-33 突出重点数据的图表

3．代表高低：数据条的长短判断

在 Excel 中使用数据条功能，将表格变得更加有趣、生动。利用条状突显出数据的高低程度，帮助阅读者在茫茫数据中找出高值或低值。

4．体现特征：图标集可评估数据

运用 Excel 中的“图标集”功能，它不仅能监控账号的运营发展趋势，还能让运营者快速了解每一天的数据是否达到了目标。

3.3.3 新媒体图表的优势

随着时代的发展，枯燥乏味的数字让阅读者看着很费劲。因此，商家就开始将表格与相对应的图相结合，给用户提供了快速理解和阅读数据的契机。

1．条形图：对比数据的好帮手

条形图常用来进行数据的对比，观察数据之间存在的差异性。制作条形图的注意事项如如图 3-34 所示。

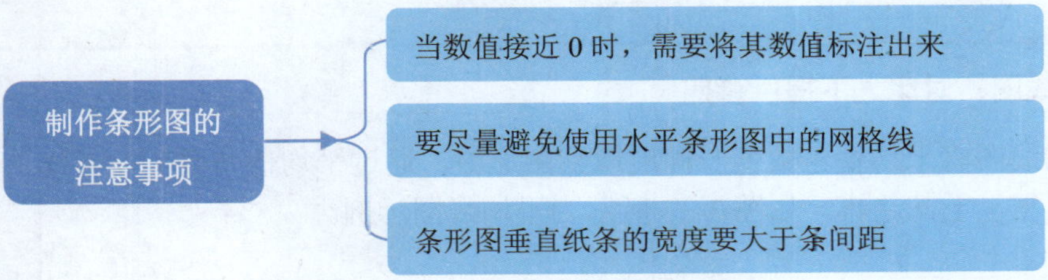

图 3-34 制作条形图的注意事项

2. 折线图：展现数据变化趋势

折线图常用来查看随着时间而变化的趋势，折线图又可以称为蛇形图。如图 3-35 所示为折线图的概念、作用与注意事项。可以通过折线图看到数据在时间上的变化趋势。

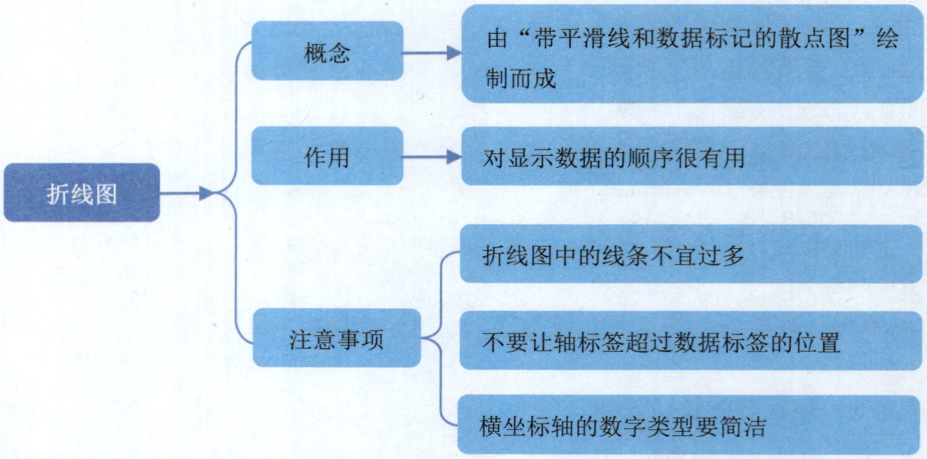

图 3-35　折线图的概念、作用与注意事项

3. 饼图：各部分数据的形象对比

要知道各部分数据在总数中的占比情况，可以借助 Excel 中的饼图进行生动形象地对比。通常，制作饼图的注意事项如图 3-36 所示。

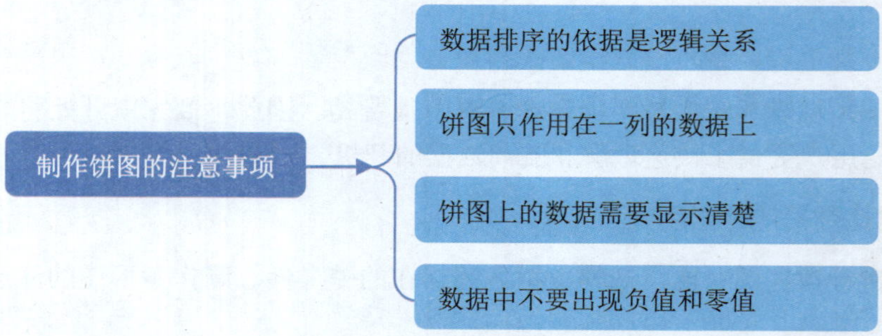

图 3-36　制作饼图的注意事项

4. 平均线图：对比之下提供参照

运用平均线图将平均值与数值一同展现到图形中。通过平均值与数值的对比，可以明显感受到哪些数据呈上升趋势。如图 3-37 所示为平均线图示例。

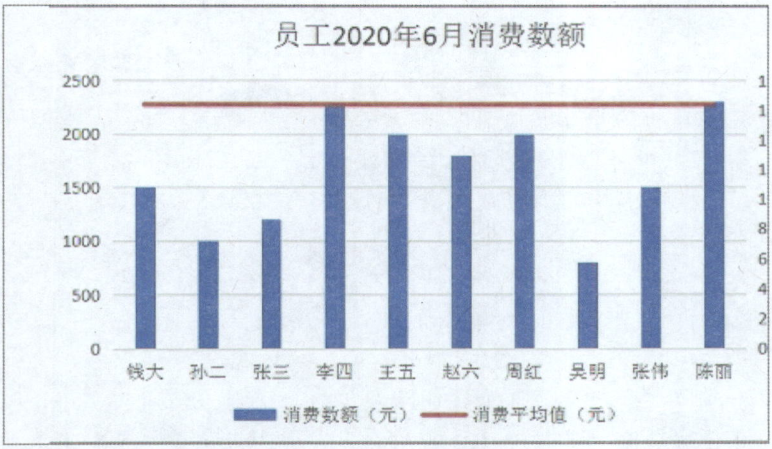

图 3-37　平均线图示例

本章小结

本章主要介绍了新媒体的运营工具、数据工具和图表管理，通过对这些数据进行集中管理，可以帮助运营者更有效地掌握市场动态以及账号的变化趋势，从而有针对性地推出更多优质的内容。

本章习题

1. 神策数据的优势主要体现在哪四个方面？
2. 使用数据图表有哪些好处？

第 4 章　新媒体舆论

本章导读

新媒体发展极为迅速，不仅影响了人们的生活，还对社会舆论产生了重大的影响，有些不受传统媒体关注的新闻，有可能凭借舆论在新媒体平台上走红。此外，新媒体舆论对电商影响也很大，比如抖音同款、抖音好物推荐等，都属于新媒体舆论下的产物。

本章重点

- 新媒体舆论基础
- 新媒体舆论管理
- 新媒体舆论引导

4.1 新媒体舆论基础

随着互联网的发展和新媒体的出现，新媒体舆论逐渐走入大众视野，并为人所津津乐道。本节从新媒体舆论的形成和发展角度出发，剖析新媒体舆论的特点。

4.1.1 新媒体舆论的形成

新媒体是一种最先进的媒介方式，促进了社会信息的传播。随着新媒体的发展，新媒体舆论也随之变化，对社会和新闻传播的作用有增无减。例如，纪实类真人秀《守护解放西》在 B 站热播后，某民警在网上迅速走红，他所在的派出所也成了网红打卡地。该记录片展示大都市民警的日常工作，通过 B 站的舆论宣传，该片中英勇的人民警察形象得到了进一步强化，如图 4-1 所示。

图 4-1 《守护解放西》海报

舆论是现实生活和社会环境中各种问题、信念、观点和情绪等内容的综合体。回顾媒体发展史，可以发现，报纸、电视和广播等传统的大众传媒工具促进了时代的发展，使公民成为真正的舆论受众。例如，电视上播放的新闻、报纸上刊登的消息和广告都可以引导舆论。如图 4-2 所示为某报纸上刊登的消息，它通过展示政府福利工程，引导着民众对政府福利制度的舆论方式。

大干150天 打好五大战役

福建第一个"吃螃蟹"，成为全国率先且是目前唯一实现医院就诊"一卡通"的省份，突破了被公认为"不可能完成的任务"

就诊"一卡通"，福建走在前

相关链接

就诊"一卡通"提示

图 4-2 某报纸上刊登的消息

而新媒体人的意义则更非凡，让大家从舆论受众转变成为舆论的制造者和传播者。单从新媒体角度分析，新媒体人与用户是作用与反作用的关系，新媒体人发布的文章会形成舆论，而用户对该文章的反馈也会形成一种舆论，这两种舆论互相作用，牵扯彼此。某公众号发的《当代自恋，“那么普通，又那么自信”》一文，影响着用户对自恋的看法，同时用户对该文的反馈也影响着新媒体人日后的创作，如图 4-3 所示。

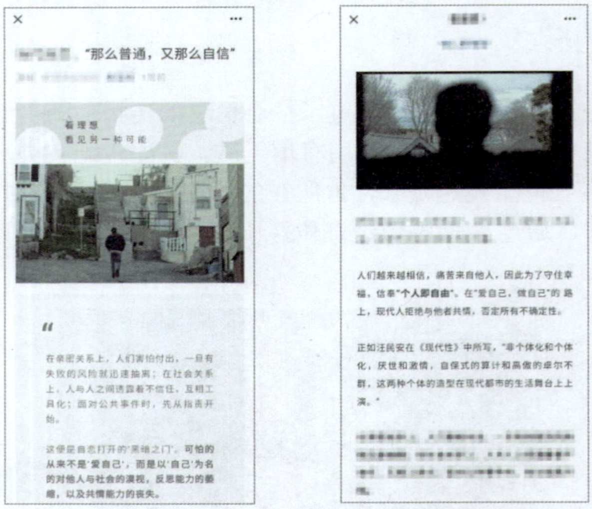

图 4-3　某公众号发的文章

在新媒体广泛运用的前提下，电视、报纸和广播等传统大众媒体的影响力日益减低，它们的新闻报道往往难以产生巨大的舆论，而这些新闻报道通过新媒体平台传播后，就会迅速遍及每个角度，形成一种席卷全网的舆论趋势。而随着传统媒体电子化和新媒体化，这种舆论趋势也更明显，尤其是央视新闻与人民网这种喉舌媒体加入新媒体平台后。

例如，四川省某小伙，因其清澈纯净的眼神和原生态般的微笑在抖音上走红，而真正让他红得发紫的却是山东和四川官方媒体的助推，如图 4-4 所示。官方媒体从传统媒体转变成新媒体后，其巨大的舆论制造能力、传播能力以及影响力，不容小觑。

图 4-4　山东和四川官方媒体的助推

哥伦比亚大学教授邓肯·沃茨（Duncan J.Watts）与康奈尔大学应用数学教授史蒂文·斯特罗加茨（Steven H. Strogatz）提出了“小世界网络（small world network）”理论，他们认为新媒体舆论的形成和传播具有以下特点，如图 4-5 所示。

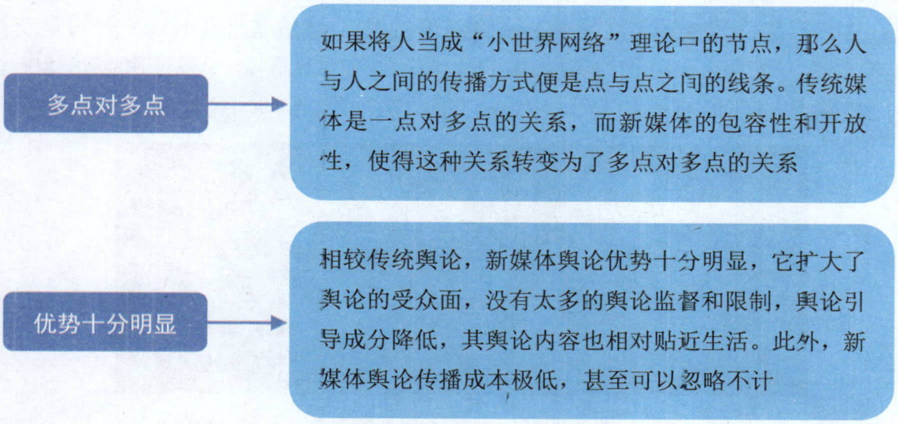

图 4-5　新媒体舆论的形成和传播具有的特点

4.1.2　新媒体舆论概述

在新媒体飞速发展，各种新媒体 APP 层出不穷的情况下，新媒体舆论逐渐形成了以下三个特点。

1．规模大

随着 5G 网络逐步覆盖与 WiFi6（第六代无线网络技术，是新一代 WiFi 标准的名称）路由器的普及，移动互联网覆盖率逐年提高，网络群体数量也日益增加。如图 4-6 所示为网民规模与互联网普及率变化图，2019 年，我国网络规模已高达 8 亿，占当时全国人口的 61.2%。

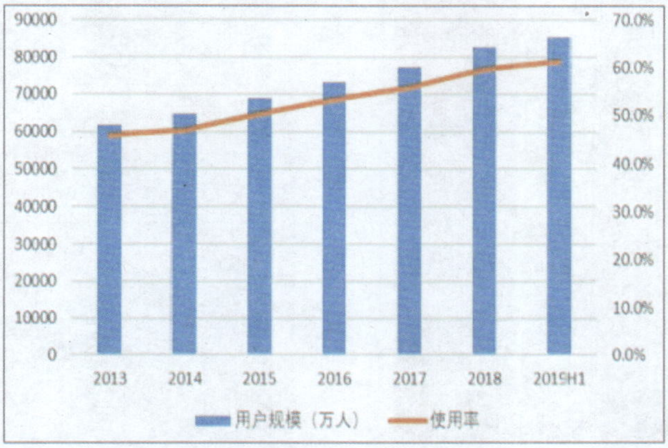

图 4-6　网民规模与互联网普及率变化图

在新媒体环境下，许多网民都选择在新闻客户端和社交媒体打发碎片时间。根据相关调查和数据显示，截至 2020 年，网络新闻手机客户端用户已超过 6 亿规模，微信朋友圈的使用率则更高，已超过 86%。

2．传播快

随着互联网设备的更新换代，移动互联网下载速度已超过 20 m/s，享受及时通信的用户高达 7 亿。2020 年 5G 开始部署，而 5G 网络速度的理论峰值是 1 Gbps（指的是交换宽带传输速度，其传输速度为每秒 1 000 兆位，按照 1:0.8 的换算比例，下载速度高达 800 m/s），也可以理解为 5G 网络的理论峰值相当于 1 Gbps 的宽带。如图 4-7 所示为 5G 网络实测下载速度。

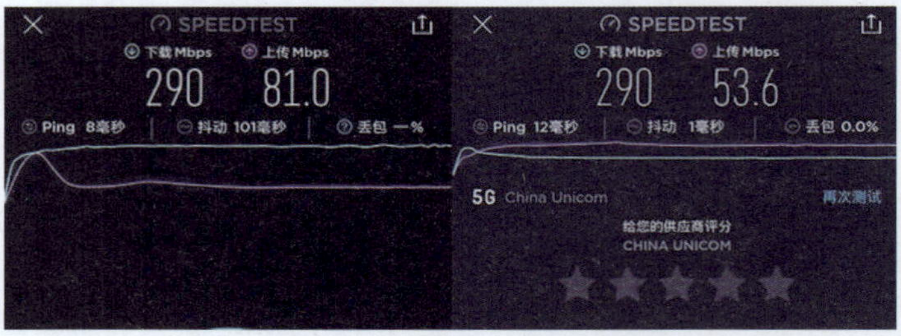

图 4-7　5G 网络实测下载速度

在强大技术和流畅网速的支持下，地域距离再也不成问题，拉近了新媒体人与用户之间、用户与用户之间的距离。

3．多样化

新媒体传播形式在日益变化，从一开始的单一图文和声音形式，逐步转变成了以直播和短视频为主的新形式，如图 4-8 所示。

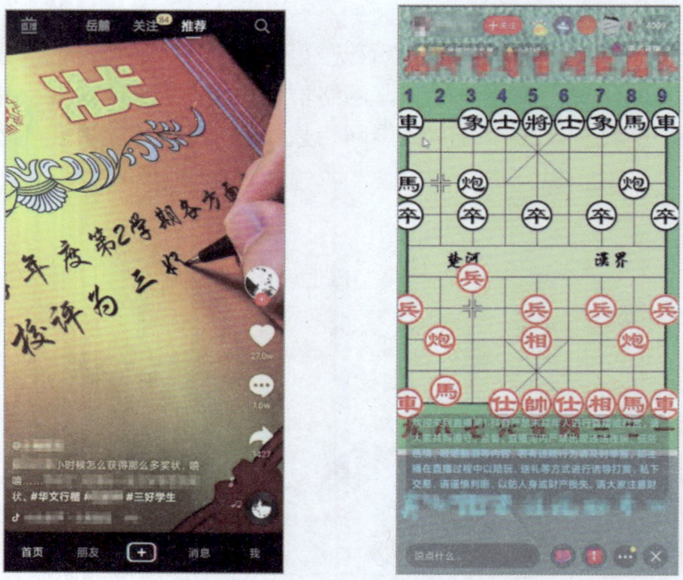

图 4-8　以直播和短视频为主的新形式

随着新媒体形式的多样化，舆论载体也越来越多样化，新媒体所能承载的内容也越来越丰富，大家所表达的内涵也越来越清晰。

4．推动作用

在新媒体时代，新媒体形式越丰富，那么公民话语权就越得到提高。一些网民在实际生活中只是弱势群体，但在新媒体平台上，网名可以使用极低的成本就联合起来，发挥监督作用。此外，在新媒体平台上，那些网红和“大 V”是关键意见领袖（Key Opinion Leader，KOL），他们凭借着线上线下的影响力，收获了成千上万的粉丝。如图 4-9 所示为 B 站数码领域的关键意见领袖。

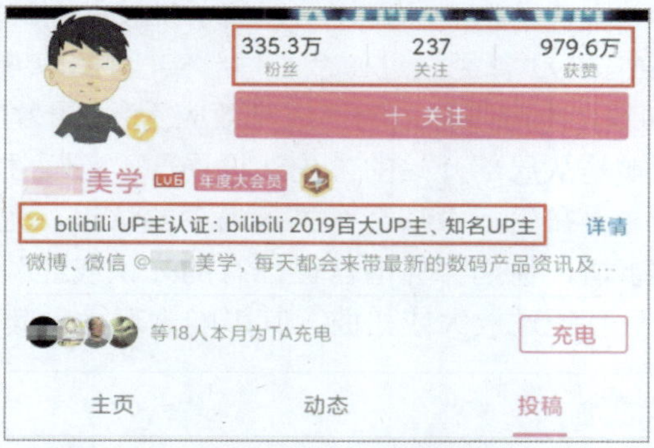

图 4-9　B 站数码领域的关键意见领袖

甚至，新媒体人不需要具备专业的知识，也能成为一个关键意见领袖。例如，在社交属性极强的微博上，许多网民都能通过此新媒体平台，发表自己的观点，并为公众所熟知。尤其是微博的超话圈子，都是一群有相同兴趣爱好的人聚集起来的，因此这种关键意见领袖带有极强的属性。例如，某些人就是通过网络进行“个人资料搜索”，从而查找某件事情的真相，但是这种方法一旦滥用，就会威胁到社会的和谐稳定。

曾有过一个舆论正向运用的例子，某位患有脑瘫的女孩，她没去学校上过学，一切都靠她在网上自学。她是用脚来打字的，而她用脚打字的软件非常冷门，且由于开发者过世，女孩购买的软件序列号已经失效，这无异于给这个可怜的女孩关上了一扇通往世界的大门。女孩通过微博平台，向外界寻求帮助，一位编程人员看到大家转载的微博后，通过自身过硬的技术，破解了这款软件。最终的结果是，在大家不懈的努力下，她不仅重新用上了这个冷门打字软件，同时搜狗输入法负责人表示，他们会接手该软件的开发，以帮助到更多的弱势群体。如图 4-10 所示为搜狗输入法负责人的回应。

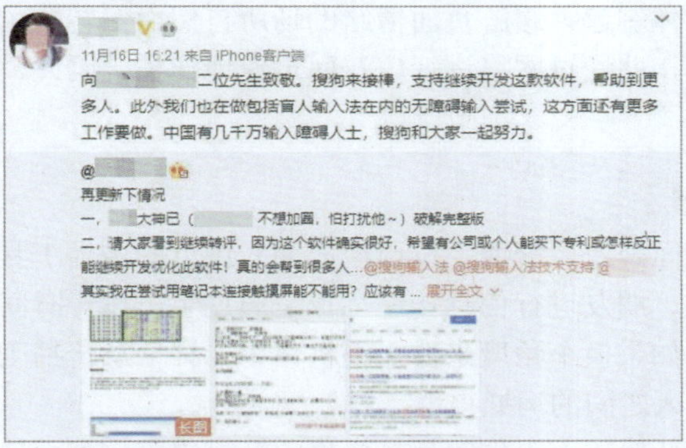

图 4-10　搜狗输入法负责人的回应

5．信息偏差

随着网络技术的不断发展，网络延迟也越来越低，信息传播的时效性也越来越强。与此同时，一个令人棘手的问题也接踵而至，由于新媒体的开放性，导致平台上的内容鱼龙混杂，呈现出碎片化的趋势。这种内容碎片化特点，最终会导致一个巨大的问题，新媒体上的用户全是在盲人摸象，很难全局把握一个事实，从而出现以谣传谣的现象。

随着新媒体平台的多元化，每个用户都有发表内容的权利，因此他们既是内容创作者和传播者，还是网络娱乐的消遣者，为信息碎片化起到了推波助澜的作用。

美国心理学家凯利（H.Kelly）曾经做过一个心理学实验，此实验得出的结论被称之为“晕轮效应”（英文为 Halo Effect，也可以称之为“成见效应”“光圈效应”“日晕效应”）。该实验的结论是，大多数人的认知是从局部开始的，先认识局部，最后才会进行全面理解。正是因为这样的认知模式，使很多人在生活中都会有先入为主的意识，尤其是遇到复杂的事情，或者是超乎自己认知范围的事情，他们会凭借自己已有的知识或经验进行判断，从而走进思维的死胡同。而新媒体舆论一旦经过放大或扭曲，其影响力远大于其事实上的影响力。

4.1.3　新媒体对舆论的影响

如今，新媒体已与大多数网民的生活密不可分，二者不断地推动着新媒体舆论向前发展。可以预知的是，新媒体关键意见领袖每发布一条舆论，那么对应地就有许多自发参与的网民发表自己的意见。网民在新媒体上所表现出来的广泛性、实时性、不确定性、多元性和批判性，都对新媒体舆论产生了深刻的影响。

1．沦为舆论集散地

与传统的大众媒体相比，新媒体无疑丰富了舆论的传播方式和手段，渐渐地转变成了网民表达诉求的场所，为他们参与决策提供了渠道，为大家行使基本的监督权利提供了条件。不过此事具有两面性，网民在表达诉求的同时，新媒体平台也逐渐成了发泄不满情绪的垃圾桶。随着传统媒体被新媒体取代，或传统媒体向新媒体转型之后，大家的注意力都转向了以手机为载体的新媒体。

以前大家靠看电视、读报纸和听广播缓减自身的压力和情绪，但要明确的一点是，传统媒体与其受众之间是单向传输，二者难以进行实时互动，因此受众的负面情绪不会广泛传播。而随着多向传播的新媒体崛起，缓解负面情绪的场所自然而然转向了新媒体平台，他们会在此实时缓解自己的情绪，并通过网络进行广泛而迅速地传播。因此，可以看出，新媒体平台还承载着减压作用。

2．成为舆论放大器

随着智能手机的全面普及，智能手机已经成为人最近的传播工具，已经内化为人的一部分了。通过手机与亲人、朋友进行信息传递，也是通过手机第一时间获取社会新闻，手机开始与人变得密不可分。如果换个角度来看，手机作为一种信息传播工具，它延伸了人与人之间的交流，拓宽了人与人之间的沟通渠道。

在新媒体平台上，新媒体人提供的是多样化的信息内容，从而使得用户开始具备互动性和参与性。一旦大量用户涌进新媒体平台，使得信息传播规律发生了根本性的改变，变成以关键字为中心，扩散出更多的舆论话题。

4.1.4 新媒体舆论的发展趋势

随着新媒体平台全面发展，舆论与新媒体已经形成了一种坚固的关系，新媒体成为舆论的主要载体，而舆论又反作用于新媒体，促使新媒体技术不断进步和新媒体形式不断革新。下面简单介绍新媒体舆论的发展趋势。

1. 载体丰富化

通过微博、抖音短视频和快手短视频可知，微型内容传播的速度更快，其覆盖面也更广，更容易为用户所接受。因此，微型内容很适合作为舆论传播工具．而事实上新媒体舆论也呈现出了这种趋势，微博、抖音短视频和快手短视频等平台逐渐成为当今时代最大的舆论场。例如，许多网民养成了在微博、抖音和快手上看热点新闻的习惯，而这几个平台也都有实时更新的热搜榜。如图 4-11 所示为“微博热搜”榜单。

图 4-11 “微博热搜”榜单

与此同时，这些平台借助移动互联网的优势，除了可以准确实时向用户传递信息外，用户的舆论和反馈信息也通过同样的方式，迅速传回商家或新媒体人的耳朵里，从而更好地帮助商家或新媒体人做出商业规划或相关决策。最常见的就是网络调查问卷，通过这种方式，他们可以相对全面地了解用户的舆论观点，进而可以对自己的产品或服务进行改正。

此外，由于短视频平台更受用户欢迎，短视频评论区往往也是一大舆论场，是商家或新媒体人了解新媒体舆论的重要渠道。

2．载体趋同化

舆论载体丰富化之后，随之而来的就是新媒体平台越来越多，但是它们之间的算法、功能，甚至操作逻辑也逐渐趋同化。如图 4-12 所示为快手短视频和抖音短视频界面，对比可看出，无论是界面风格，还是功能按钮布局，二者相差无几。

图 4-12　快手短视频（左）与抖音短视频（右）界面

媒体趋同化的最佳理解是指各种不同的媒体形态之间会互相融合，对舆论传播形态和格局将产生十分重大的影响，新媒体内容讲述者将不再是某一个权威机构或人物，每个人都能通过新媒体扮演该角色，每一个人都能成为传播源。这种资源整合型的新媒体平台，有点像近几年的融媒体，如图 4-13 所示。

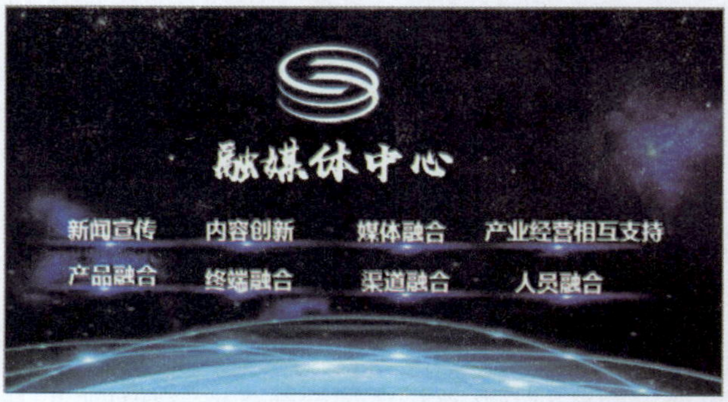

图 4-13　融媒体界面

3．网络冲突与网络暴力

移动互联网具有快速传播性和匿名性，当网民文化水平和道德感不高时，很容易成为谣言和暴力的温床。不可否认，一方面网络给当代社会带来了便利，如今无法想象，也不敢想象没有网络的日子，这恰恰说明了对网络的依赖性极高；另一方面，那些情绪型的新媒体舆论一旦在移动互联网上蔓延，其负面影响自然无法避免，它不仅加剧了用户的盲从冲动，使得新媒体平台成为网络暴力和负面情绪的垃圾场，还让语言逐渐粗鄙化。

由于低文化水平的网民依然占据主导地位，因此未来很长一段时间，我国互联网依然无法避免网络冲突和网络暴力长期存在的问题。当然，造成这一问题的主因是新媒体用户思想水平以及他们思考问题的局限性。

《光明日报》曾刊文认为，解决网络冲突与网络暴力的途径是完善当前的管理手段、提高监控技术以及建立行为规范。这种方案治标不治本。正确的解决途径是，普及素质教育，让素质教育深入人心，从根本上解决问题。加强素质教育的方法如图 4-14 所示。

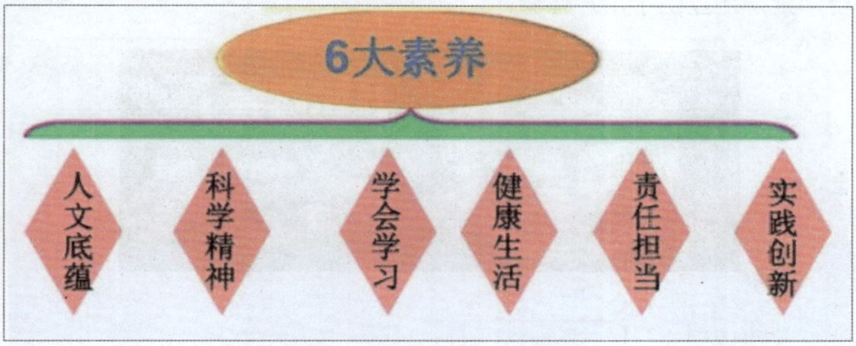

图 4-14　加强素质教育的方法

4．虚拟空间诞生

新媒体的影响无法完全估计，新媒体不仅能满足人们的吃穿住行，还深入到了的精神世界。譬如，能在新媒体平台上找到志同道合的朋友，找到一个可以倾诉的人。如图 4-15 所示为某网络社区平台，可以在此找到志同道合的朋友。

图 4-15　某网络社区平台

除了网络世界的人可以建立各种社群或社区外，也可以是现实世界的人建立起网络社群，例如同一个家族的人建立一个家族群，同一个寝室的人建立一个寝室人交流群，某个产品建立用户交流群等。

5. **新媒体江湖的崛起**

随着内容红利的出现，新媒体人的评价标准便是，文章或短视频的观看量有没有 10 万+、100 万+等，如图 4-16 所示。在这种观看量为王的时代，难免会产生投机分子，他们通过购买僵尸粉、恶意炒作、伪原创等行为，大量地炮制着低质的 10 万+文章或短视频，这不仅违反了新媒体平台规则，还挫伤了用户体验。

图 4-16　10 万+阅读量的文章

6. **标题正规化**

在碎片化阅读浪潮的冲击下，用户对每篇文章的目光停留时间越来越短，为此曾有一批新媒体人绞尽脑汁，为自己的文章取一堆浮夸的标题。因此，那些年的新媒体文章标题被人戏称为“标题党”。

当然，在“震惊体”和“标题党”的新鲜劲过去之后，用户对此类标题文不对题、误导认知、欺骗感情的行为愤怒不已，从而出现了一场带有全网狂欢性质的群嘲。加之，《互联网新闻信息标题规范管理规定（暂行）》文件的落实，这股浮夸之风已逐渐消退。

7. **舆论老手的倔强**

虽然传统媒体在新媒体的冲击下，已经走向谢幕的舞台，但是转型成为新媒体的传统媒体，其影响力依旧，《新京报》《南方周末》等报刊对社会议题和现实生活的关注，依然能引发网友的共鸣，一石激起千层浪，其实力不容小觑。总之，传统媒体的新闻和专题报道之深刻，是当今众多新媒体账号无法做到的。

4.2　新媒体舆论管理

古人云："水能载舟，亦能覆舟。"从新媒体舆论角度来看，此言亦不虚。新媒体实现盈利。因此，新媒体人管控好粉丝言论，对新媒体有极大的影响。

4.2.1　新媒体舆论管理工作

在做新媒体舆论管理工作之前，首先认识新媒体舆论的作用，如图 4-17 所示。

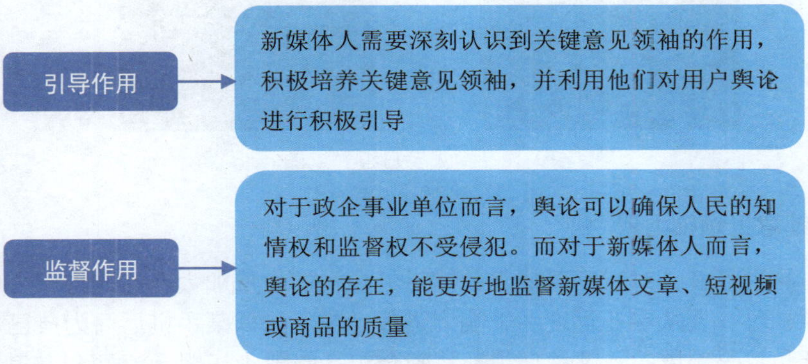

图 4-17　新媒体舆论的作用

新媒体人既要建立舆论预警机制，防止舆论泛滥，给自己利益带来损害，还要听取舆论建议，适当地调整自己的运营策略。

1．利用传播渠道

新媒体和传统媒体融合是当今的一大趋势，尤其是新媒体，它的影响力没有囿于单一领域内，反而可以通过传统媒体影响到整个社会的舆论。例如《人民日报》等传统权威媒体，在新媒体时代反而劲头更盛，其在抖音和快手的粉丝均已过亿。此外，它还推出了手机客户端，积极向新媒体方向发展。

（1）问答互动。在《人民日报》官网和移动客户端上，用户可在评论区进行互动；在抖音和快手上，一个用户不仅能与另一个用户互动，甚至还能在评论区和《人民日报》官方账号进行互动，例如《人民日报》官方账号为人们的评论点赞，或者回复你的评论。

（2）多样化传播。《人民日报》已经入驻多家新媒体平台，其中包括图文类型的微信公众号、头条号，短视频类型的抖音、快手和 B 站。此外，《人民日报》还在快手等平台进行直播，与网友亲切互动，如图 4-18 所示。

图 4-18 《人民日报》直播

2．发挥关键意见领袖力量

商家在对产品进行营销时，需要依靠关键意见领袖的力量加大产品的推广力度。商家在选择关键意见领袖时，要从专业程度和影响力进行考虑。例如某手机厂商为自己新一代手机营销时，会选择和数码领域的关键意见领袖紧密合作，如图 4-19 所示，可以从其主页看出，该账号深耕于数码领域，粉丝高达 300 多万人，累计点赞量高达 900 万次，算是 B 站数码领域的关键意见领袖了。

图 4-19 某关键意见领袖案例

4.2.2 新媒体舆论规范探讨

新闻机构可以采集素材，发表新闻观点，这是它们被法律赋予的真实而又广泛的民主权利。但是，在没有任何限制的情况下，新媒体上经常会出现谩骂、谣言、情绪化言论、网络暴力等现象。在普及素质教育的情况下，如何把握舆论的尺度，建立相关规范，这是本节探讨的问题。

1. 蹭热度点到为止

在新媒体平台上，蹭热度是基本的运营方法。不过，之前新媒体平台上出现诸多突破尺度的蹭热度行为，例如过度消费被害者、假装被授权、扭曲新闻事实以及恶意博取同情心等，严重影响了舆论风气。商家或新媒体人应该适度蹭热度，严守道德底线。例如，在抖音热门话题“遇见穿汉服”下，许多短视频蹭热度都是点到为止，如图 4-20 所示。

图 4-20 蹭热度点到为止的案例

近些年的蹭热度行为有三种具体的表现形式，如图 4-21 所示。

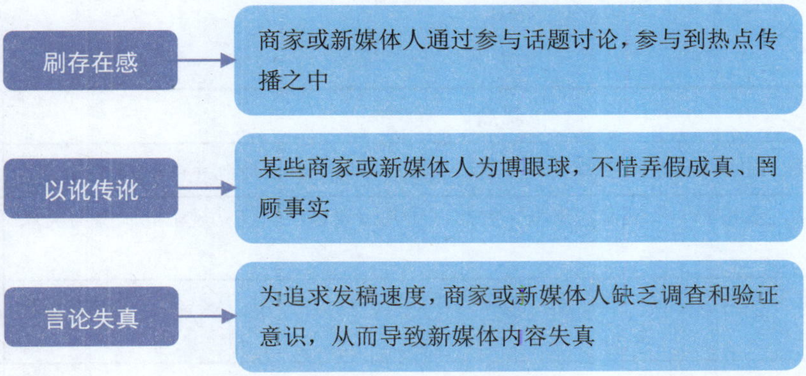

图 4-21 蹭热度行为

总之，除了“刷存在感”是蹭热度的基本做法外，另外两种都是错误的蹭热度方法，新媒体人使用这两种方法蹭热度，无异于抱薪救火，薪不尽，则火不灭。

2．舆论的公共价值

在尤尔根·哈贝马斯（Jurgen Habermas）的著作《交往行为理论》中，人民对社会公共事件进行平等地对话、协商和辩论。换而言之，用户平等地交换彼此的言论，当然这些言论极有可能在社会上形成巨大的舆论。而把这套理论狭隘地用在新媒体上，就是新媒体人向用户提出疑问，从而让用户彼此交流，为新媒体人提供调查研究素材；或者是新媒体人回答用户的提问，增强受众的黏性。

4.2.3　新媒体舆论传播特点

在新媒体时代，舆论事件发酵速度极快，网民对此的互动性也极高。因舆论事件备受瞩目，新媒体舆论传播主要有以下几个特点。

1．传播主体多元化

在传统媒体时代，信息源都是来自官方，例如电视上的《新闻联播》，手中的《参考消息》报刊，这些都是那个年代的人获取信息的主要渠道。那个年代的传播主体是极其单一的。

随着互联网的普及，新媒体平台如雨后春笋一般冒出来，世界的传播主体逐渐变得多元化起来。打开今日头条或抖音短视频，不仅可以看到来自官方的消息，还能聆听民间的声音。新媒体不仅打破了权威垄断解释权的局面，也让普通人也拥有了发声的机会。

2．舆论平台倾向性

每个新媒体平台都有其倾向性，抖音短视频偏娱乐化，快手短视频更接地气，更贴近普通人的生活，而微信平台偏向社交性。例如，抖音经常发布年度排行榜，其排行榜主要涉及领域便是美妆、美食、游戏和汽车等，都是娱乐性质极强的创作领域。

3．观点日趋多元化

在幼儿园教师资质调查报告中，有好事者做了统计数据，发现新媒体人与用户的观点出现了多元化趋势，如表 4-1 所示。

表 4-1　统计数据

观点	赞同比例
幼师行业需要整顿，对幼师资格与能力要严格测试，防止出现害群之马，弄得社会人心惶惶	44%
儿童是祖国的花朵，承担着一个国家的未来。因此，幼儿园教育应当建立规范的制度与奖惩条例	17%
人民教师是一个非常重要的职位，他们面对的是尚在启蒙阶段的孩童，其一言一行都影响着孩童的成长	35%
事不关己，高高挂起	4%

4. 信息良莠不齐

这是网民辨别能力差和新媒体观点日趋多元化带来的弊端。总之，新媒体平台虽然有自己的一套准则，但难免有漏网之鱼。尤其在电商化的新媒体平台，同样的商品，用户最好多查看用户评论，如图 4-22 所示。

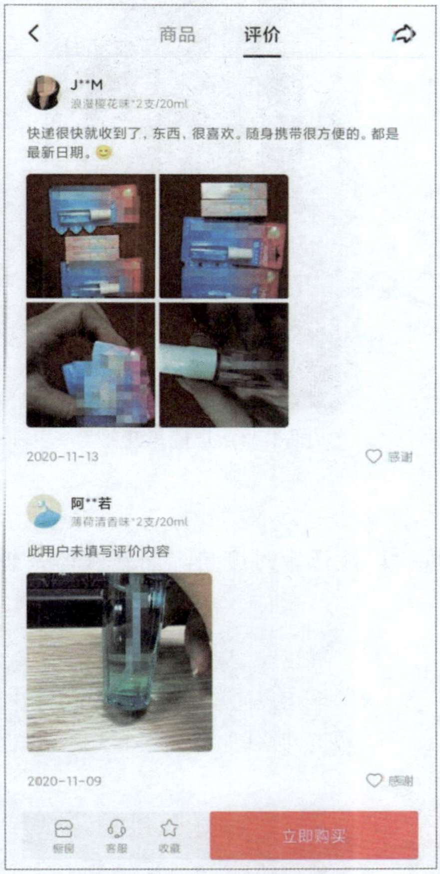

图 4-22 查看用户评论

4.2.4 新媒体舆论职责

进入新媒体时代，新媒体平台和新媒体人的影响力与日俱增，评论区各种观点相互碰撞已成为常态。在党和国家的号召下，新媒体人又该承担什么样的角色？下面将进行具体分析。

1. 坚持正确导向

新媒体舆论工作的重心是坚持正确导向，以正面宣传为主，团结各个民族。因此，新媒体人要倡导正能量，或发布娱乐性质的内容，不发布消极的或片面的言论。如图 4-23 所示为正能量短视频。

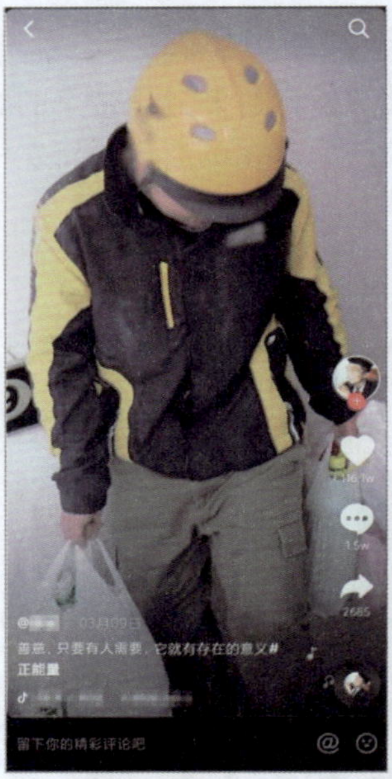

图 4-23　正能量短视频

2．尊重传播规律

新媒体人应尊重传播规律，注意审时度势。而新媒体人想做到这两点，可以从以下三个方面做起，如图 4-24 所示。

- **创新理念** → 新媒体人要利用互联网思维与用户进行互动，多利用民间表达方式传播内容，积极培养自己的互联网意识
- **媒介融合** → 无论是新媒体人还是传统媒体工作者，都应该具备媒体融合意识，采用多平台战略，实现平台之间优势互补
- **提升素养** → 新媒体人在运营账号时，既要尊重用户的表达权和参与权，还应该要求自己的新媒体内容符合社会主义新时代价值

图 4-24　如何尊重传播规律

3．讲好中国故事

新媒体人应该顺应时代发展要求，勇于承担自己的新媒体责任，向国际社会传播中国声音，讲好中国故事。新媒体人可以通过以下三个方面讲好中国故事，如图 4-25 所示。

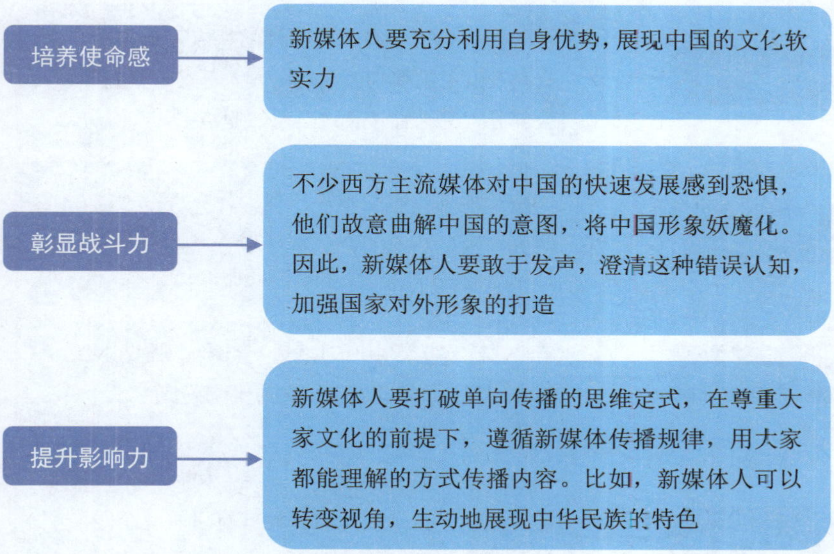

图 4-25　如何讲好中国故事

在新媒体平台，总能看到一些新媒体人创作的内容，他们通过中西文化的对比，既让用户了解到了西方文化的特点，也意识到了中国文化之高深，如图 4-26 所示。

图 4-26　中西文化对比小视频

4.2.5　新媒体舆论表现特点

与传统媒体相比，新媒体时代的舆论传播方式有了重大的改变。这个世界的改变远不止如此，甚至新媒体舆论的表现特点也有所变化，如图 4-27 所示。

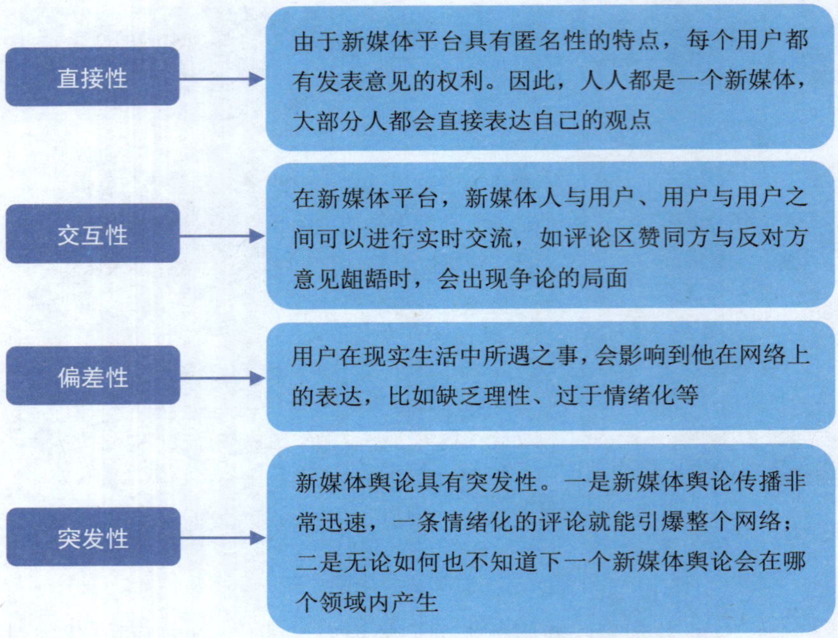

图 4-27　新媒体舆论表现特点

4.2.6　新媒体舆论与传统舆论对比

新媒体舆论与传统舆论相比，主要有以下五点差异，如表 4-2 所示。

表 4-2　新媒体舆论与传统舆论对比

差异点	新媒体舆论	传统舆论
开放性	新媒体舆论主体具有隐匿性，他们不需要提供自己过多的真实信息，可以在新媒体平台上平等表达意见	传统舆论需要提供真实可靠的意见，例如写给纸媒的反馈信息，需要填写表格
多元化	新媒体可以通过论坛、贴吧、社区、聊天室等渠道进行多向传播，用户反馈意见渠道也很多，包括电子邮件、电话、个人微信、官方微博等	报刊等传统媒体都是单向传播，用户的意见反馈渠道有限，如电话、传真和写信等
共生交互	新媒体的出现，彻底模糊了创作者和用户的界限，用户自此不再是被动的受众，而是承担起了传播者的责任	在传统舆论中，用户的位置是不可更改的，传统媒体是传播者，而用户只能是受众
传播速度	新媒体内容编辑简单，容易上手，甚至可以流水线生产；新媒体内容发布流程简单，官方机器人审核也非常迅速；发布频率多，周期短，一天能更新多次内容	传统媒体需要多次进行内容校订和编审，非常费时间；传统媒体周期比较长，长的如年刊，一年出版一次，短的如周刊，也要一周才能更新一次内容

（续表）

差异点	新媒体舆论	传统舆论
传播方式	新媒体舆论传播方式是扁平化的，直接是创作者面对用户	传统舆论传播要么是口耳相传，要么是通过邮局等方式邮寄内容

4.3　新媒体舆论引导

在新媒体时代，新媒体人除了需要对自己的内容负责外，还需要引导和监督新媒体舆论，为打造和谐的新媒体平台贡献自己的一份力。

4.3.1　新媒体舆论引导特点

如今新媒体发展步入了一个全新的阶段，许多人都是通过今日头条、微博和抖音等新媒体平台了解相关信息。因此，做好新媒体舆论引导也是极其重要的工作。新媒体舆论引导的特点如下。

1．准确性

现在，新闻和消息满天飞，可谓鱼龙混杂，难以明辨。在发布内容时，首先保证其准确性，这样才能对用户舆论进行引导。

2．正能量

正能量是可以传递的，一个传递给一个，让这个世界充满温暖。在数字化时代，面对的是冷冰冰的电子产品，这份温暖难能可贵。如果内容充满正能量，那么评论区的用户也会受此影响，其评论也趋向于正能量。

3．有良知

作为一个新媒体人，有良知是基本的职业操守，尤其对于从事电商的新媒体人来说。如果新媒体人昧良知推荐残次品，不仅会损害用户的健康，还会影响自己的口碑。

4.3.2　新媒体舆论引导问题及对策

从某种意义上来说，新媒体成为当今舆论的检查通道，同时我国网络信息政策和机制还不够完善，因而出现了碎片化内容和匿名内容的泛滥。新媒体人应该意识到新媒体舆论引导问题，并想出相关对策进行纠正。

1．定位不准，舆论乏力

以政务新媒体为例，许多政务新媒体号开通之后，大多是直接发布内容，鲜有与用户进行沟通者。更有甚者，其公众号发布的内容直接照搬文件，缺乏趣味性。如图 4-28 所示为某政务公众号内容，其内容直接大段引用政策文件，难以吸引用户。

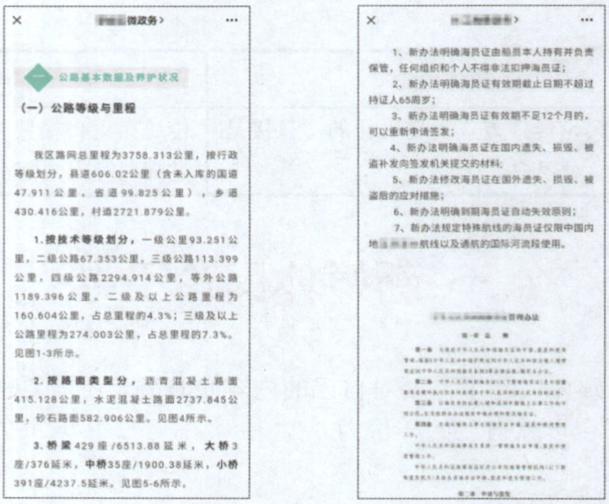

图 4-28　某政务公众号内容

当然，在万千政务号中，也有一些非常出色的账号，例如某地的政务号，其内容不仅为群众普及了知识，而且讲述方式也生动有趣，深受欢迎，如图 4-29 所示。

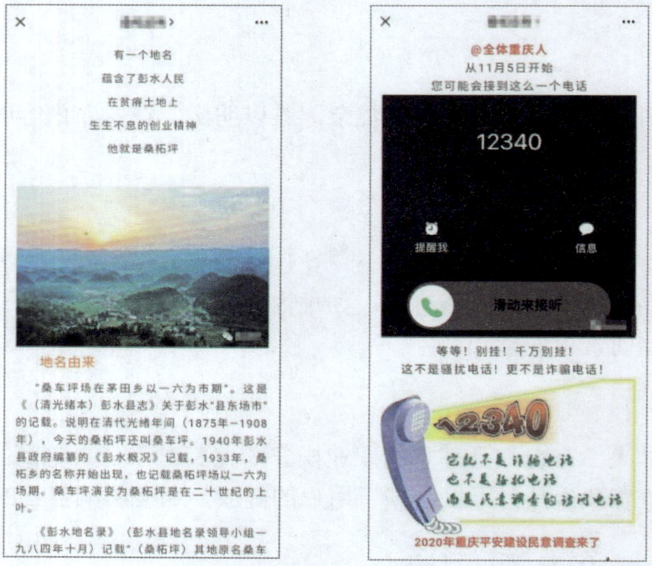

图 4-29　深受欢迎的政务号

2．管理不当，产生危机

许多新媒体运营模式存在漏洞，难以应付当前复杂的新媒体舆论战场。当新媒体账号产生舆论危机时，某些新媒体人第一时间不是进行舆情处理，而是忙于辩解，为自己的过失找借口，错过了道歉的黄金时间。如图 4-30 所示为某直播间的道歉声明。在事情尚未发酵之前，直播团队立即进行查证，确认属实后，立马发表道歉声明。

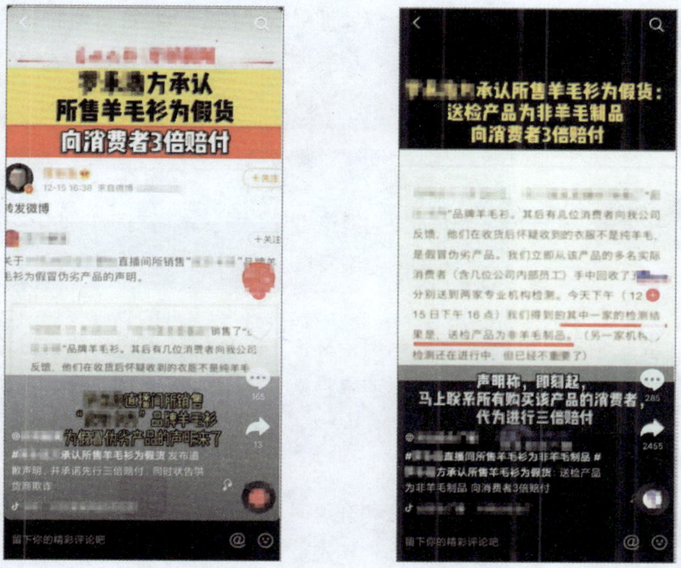

图 4-30　某直播间的道歉声明

3．机制不全，遗害无穷

当前新媒体发展虽然十分迅速，但新媒体平台机制却存在以下三个问题，如图 4-31 所示。

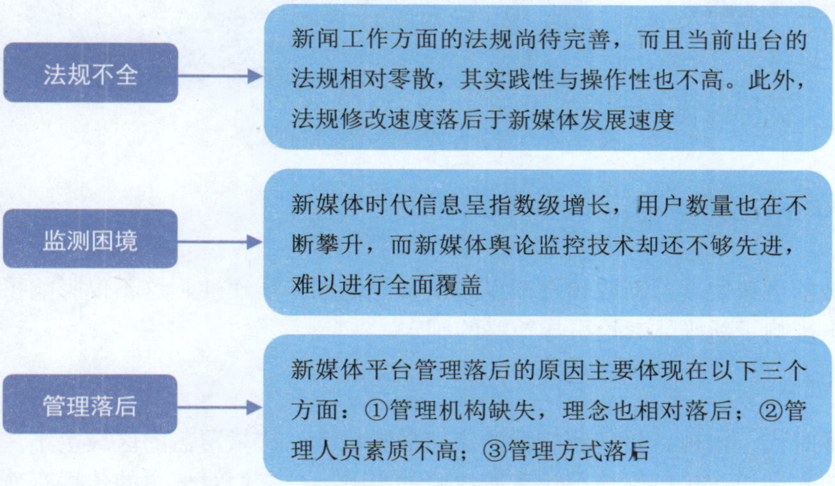

图 4-31　当前新媒体平台机制存在的问题

4．完善机制，出台对策

既然已经发现新媒体舆论引导方面的问题，就应该着手解决问题。新媒体人可以从以下五个方面做起，完善新媒体舆论机制，如图 4-32 所示。

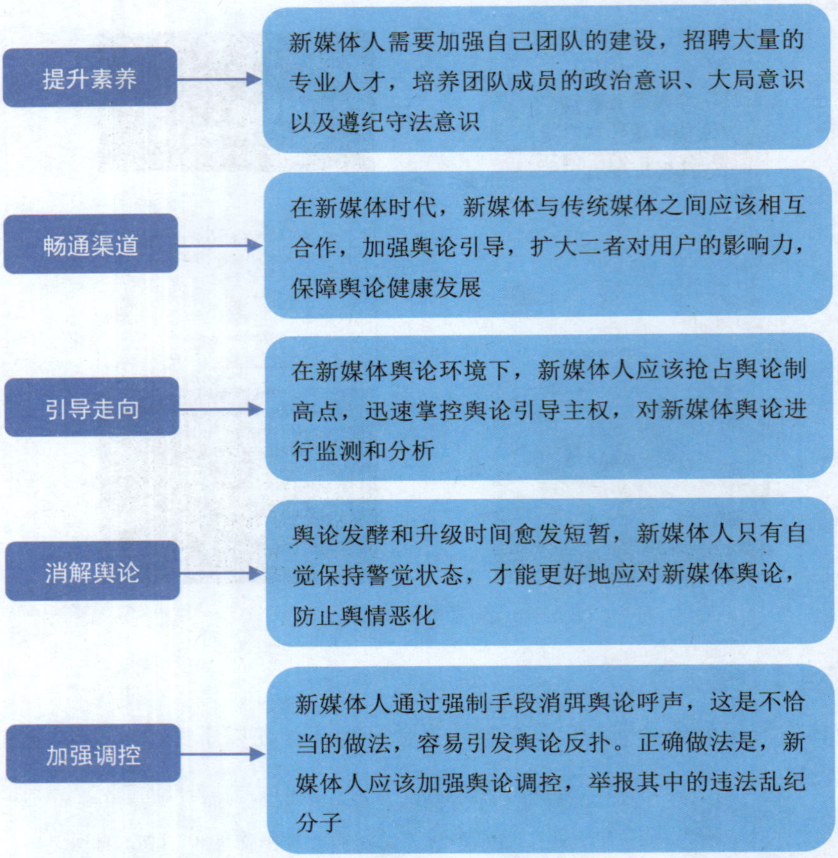

图 4-32　完善新媒体舆论机制的做法

4.3.3　新媒体舆论引导策略

随着科技的迅速发展，新媒体逐渐呈现出多样性和多层次性，这不仅影响了新媒体后续发展方向，也影响了新媒体舆论引导策略的制定。

1．转变观念

传统媒体时代，电视、报刊和广播的流通受限极大，广播覆盖的区域也不过一个小区大小。对当时的人来说，传统媒体舆论有着权威的影响力，它们对信息的传播有着严格的控制力，让人望而却步。

随着新媒体时代到来，传统媒体的垄断局面被彻底打破，受众也能成为传播者，甚至新媒体平台上的每个用户都能成为传播者。总之，如今舆论再也不是由少数人可以随意左右的了，大家打开手机 APP，就能将自己的观点传播出去。

2．运用好新媒体

通常，舆论可以分为官方舆论和民间舆论。随着新媒体时代的到来，民间舆论开始被大家重视，登上各个新媒体舞台。而官方舆论通常都是官方媒体在主导，在新媒体时代，它们也开始迅速融入时代，在多个新媒体平台积极互动，成为新媒体时代的主流媒体。如图 4-33 所示为某官方媒体，其快手和抖音粉丝都是上千万或上亿的量级。

图 4-33　某官方媒体快手（左）和抖音（右）粉丝

本章小结

本章主要介绍了舆论对新媒体行业造成的影响。首先从新媒体舆论的形成和发展角度出发，为大家剖析了新媒体舆论的基础特点，然后对新媒体舆论的管理工作进行了详细介绍，最后向大家介绍了新媒体舆论的引导策略。

本章习题

1．新媒体舆论具有哪些作用？
2．新媒体舆论传播具有哪些特点?

第 5 章　新媒体法规与公关

本章导读

在从事新媒体运营之前，最初要做好的准备工作便是了解相关的法律法规，防止在日后工作中犯下不可挽回的错误。当然，为了防止出现此种过失，在新媒体运营中还可以做一些预防性工作，比如在公益活动中突出企业力量，借助新媒体进行有效传播。

本章重点

- 新媒体法律与法规
- 新媒体法律风险与对策
- 公益活动突显企业力量
- 借助新媒体有效传播

5.1　新媒体法律与法规

法律和法规是基本底线，一旦触发法律和法规，等待着的就是法律的制裁。为防止因自己的浅薄而触犯法律法规，有必要了解我国的新媒体法律。

5.1.1　维护国家安全

国家相关法律法规中已明确禁止新媒体平台出现危害国家的内容，其具体类型主要包括以下五种，如图 5-1 所示。

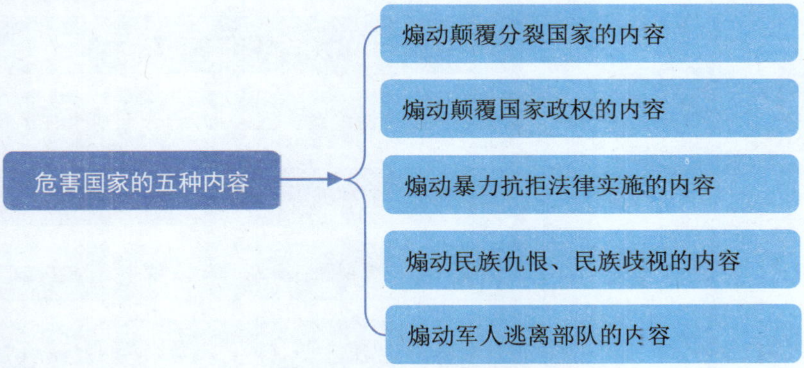

图 5-1　危害国家的五种内容

如果侵害国家秘密（国家秘密是指按照一定的法律规定，在一定时间内，只有一定范围的人所能知晓的关系国家安全的重大事项），需要承担以下罪责，如图 5-2 所示。

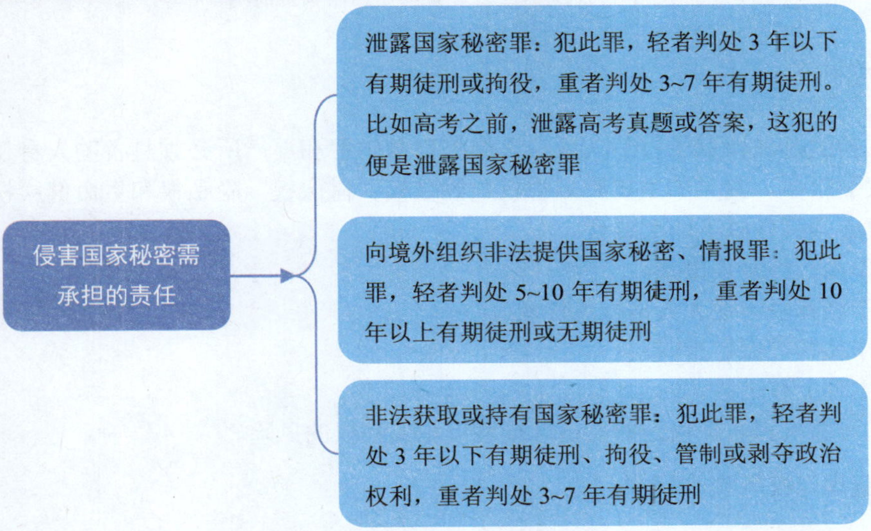

图 5-2　侵害国家秘密需承担的责任

5.1.2 保证社会稳定

我国内地电影所禁止的内容主要有九类，此项禁止内容亦适用于新媒体图文和短视频领域，如图 5-3 所示。

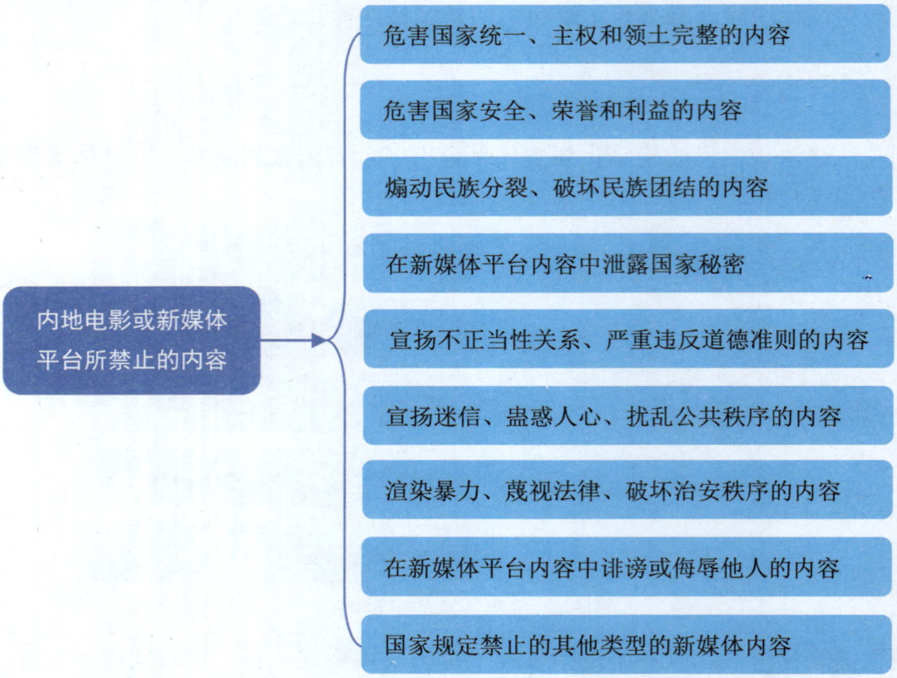

图 5-3 内地电影或新媒体平台所禁止的内容

5.1.3 人格权

人格权指的是法律赋予自然人或法人维护自身生存和尊严所必须具备的人身权利。人格权包括的权利很多，常见的主要有名誉权、姓名权、肖像权、隐私权和生命健康权等。构成侵犯人格权必须具备以下四大要素。

（1）作品已经发表出来。

（2）作品有侵害他人人格权的性质。

（3）作品具有特定指向。

（4）主观上有过错。

下面以肖像权和名誉权为例，讲解规避侵犯人格权的风险。

1．规避肖像权风险

肖像权，是指人对自己的肖像拥有排斥他人侵害的权利。肖像权具体包括以下三个方面的内容。

（1）肖像制作专有权。肖像权人或相关机关有需要，有权决定自我制作或委托他人制作自己的肖像；未经肖像权人允许，他人不得擅自制作肖像权人的肖像。

（2）肖像使用专有权。肖像权人有权决定自己的肖像使用途径，有权通过肖像获得相关利益；肖像权人有权利允许他人使用自己的肖像，并可以从中获利；肖像权人有权利禁止他人非法使用自己的肖像。

（3）肖像利益维护权。肖像权益是公民的权利，不容侵犯，它主要体现在以下三点：①禁止他人非法制作自己的肖像；②禁止他人非法使用自己的肖像；③禁止他人对自己的肖像进行损毁、扭曲和玷污。

商家在创作内容时，为了达到图文并茂的效果，常常会用明星或者名人的照片进行配图，但是有些配图容易引起法律纠纷，因此商家在创作新媒体内容时，要注意规避这种风险。

2．规避名誉权风险

名誉权是指公民或法人保持并维护自己名誉的权利。公民或法人的人格尊严受法律保护，法律禁止用以下方式损害公民或法人的名誉，如图 5-4 所示。

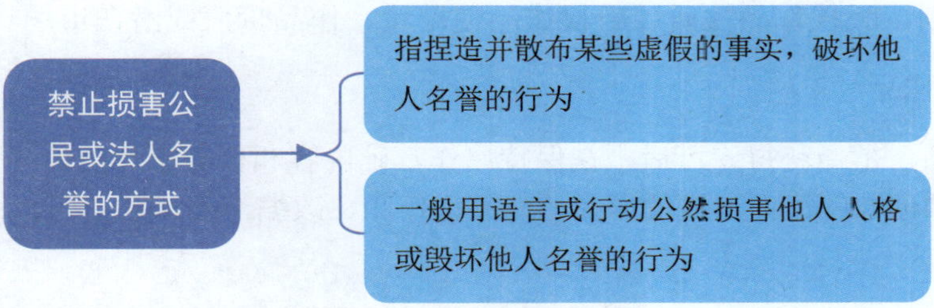

图 5-4　禁止损害公民或法人名誉的方式

5.1.4　著作权

著作权也称版权，是指作者或法律范围内的其他权利人对作品享有的人身权和财产权的总称。从定义中可以看出著作权分为以下两种。

（1）著作人格权。又可称之为著作人身权与著作精神权利。

（2）著作财产权。又可称之为著作权的经济权利。

如果商家未经著作权人许可，侵犯了著作者的著作权，就会背负侵犯著作权罪。因此，商家在创作内容时必须坚持原创，并且做到引用注明出处。

根据国家相关法律法规文件所载，某些类型的作品不在著作权保护范围内，主要有以下五类。

（1）法律法规文件内容。

（2）国家机关的决议、决定、命令等。

（3）具有立法、司法、行政性质的文件及其官方正式译文。

（4）时事新闻。

（5）历法、通用表格和公式等。

在新媒体时代，随着人们对版权的重视和相关版权法律的完善，侵犯版权成了视频制作上最容易遇到的一大难题。因此，可以通过对版权知识的了解，规避相关的版权问题。

1．公共领域

作品失去版权之后会被归入“公共领域”，而公共领域的作品是大家都可以免费使用的。在我国现行法律制度下，公民作品的版权保护期限为作者终生加上其死后的50年，也就是说作者死后50年，作品会自动归入“公共领域”，失去版权保护。

最典型案例是2016年的电影《不成问题的问题》。《不成问题的问题》改编自著名作家老舍的同名小说，而老舍已去世超过50年（1899年2月3日—1966年8月24日），因此可以判断该导演改编的小说《不成问题的问题》是属于“公共领域”的作品，无须支付版权费用。

2．合理使用

合理使用是一项法律原则。在某种特殊情况下，即使没得到版权所有者的相关许可，但可以重复使用某些受版权保护的材料。

通常，判断使用者是否合理使用版权作品，可以从以下要素进行分析：版权使用目的、版权使用原则、版权作品性质、版权作品使用量、作品价值或潜在市场。

3．演绎作品

演绎作品，是指获得许可后，在保持原作基础内容和核心思想的情况下，增加演绎者自己的理解和独创性解读而形成的作品，如翻译作品、改编作品、续作等。

5.2　新媒体法律风险与对策

数字化技术推动着新媒体发展的同时，也在推动着社会变革，因而数字化生存模式已成为年轻一代的标准。随着新媒体逐步介入人们的生活，对新媒体进行立法和管理也势在必行。

5.2.1　新媒体法律监管现状

新媒体的发展日新月异，而法律监管速度远跟不上它的发展速度，从而导致新媒体平台出现许多亟待解决的问题。下面从监管现状出发，分析新媒体平台监管所存在的问题。

1．新媒体复杂化

当微博出现时，还没有建立一套完整的新媒体监管体系。而不久之后，微信也横空出世，它与微博不一样，后者是一个公开化的平台，前者打造的是一个私人社交圈。因此，微信上的用户更加注重隐私，加大了政府的监管难度。

当微信发展得如火如荼之际，新媒体又迎来一次重大的变革——短视频走红。相对于公众号图文来说，短视频的审核难度更高，而且许多平台纷纷推出短视频和直播功能，这无疑让监管问题雪上加霜。

2．立法跟不上变化

由于新媒体的内容和形式还处于不断发展变化之中，相对来说，立法和修订程序滞后了很多。虽然相关部门已经推出了《广播电视管理条例》《中华人民共和国电信条例》《互联网信息服务管理办法》《互联网等信息网络传播视听节目管理办法》等法律文件，但是仍然无法应付日新月异的新媒体现状。

3．监管难度变大

虽然与新媒体有关的法律已经确立了，但是具体细则还不够完善。之所以监管出现这种滞后和被动问题，主要有以下四点原因，如图 5-5 所示。

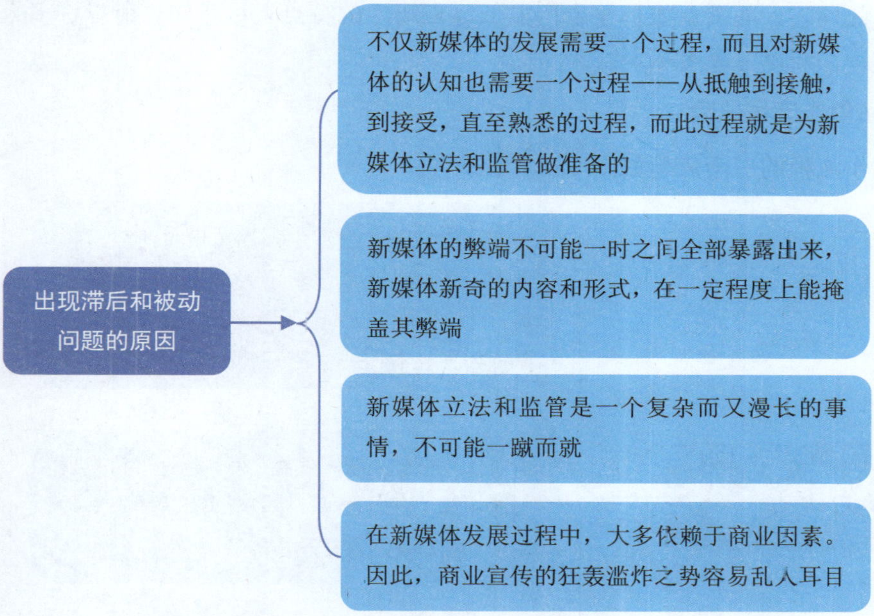

图 5-5　出现滞后和被动问题的原因

5.2.2　新媒体法律监管对策

要想改变新媒体法律与监管滞后问题，需要从以下三个方面进行改进。

1．加大技术指导力度

新媒体平台所运用的技术是虚拟的网络技术，且网络技术发展非常迅速，需要相关部门介入，进行技术指导，为新媒体平台的技术发展指明方向。因此，商家或企业在研发技术前，应该与相关部门进行沟通，以避免不必要的损失。

2．加大信息渠道管理

首先，新媒体平台或产品都需要经过国家相关部门的审核，在制度上相关部门应该管理好核心新媒体平台，如抖音、快手和 B 站等。其次，相关部门应该提高新媒体的准入门槛，有不利于国家发展的内容淘汰掉。

3．加大运营监管

新媒体运营包括的业务众多，相关部门已建立实名制档案与诚信档案等，完善了新媒体运营机制。但在平台监管上还需要多下功夫，毕竟发展极快的新媒体平台容易出现监管死角。

5.2.3 新媒体风险分析

经过多年的蓬勃发展，形成了以微信公众号、今日头条、抖音、快手和 B 站为主的新媒体格局。与此同时，随着新媒体平台门槛低、市场广的特点人尽皆知，所以许多人在法律风险和运营规范上并没有思考太多。

1．作品创作流程风险

作品创作流程的三个风险如图 5-6 所示。

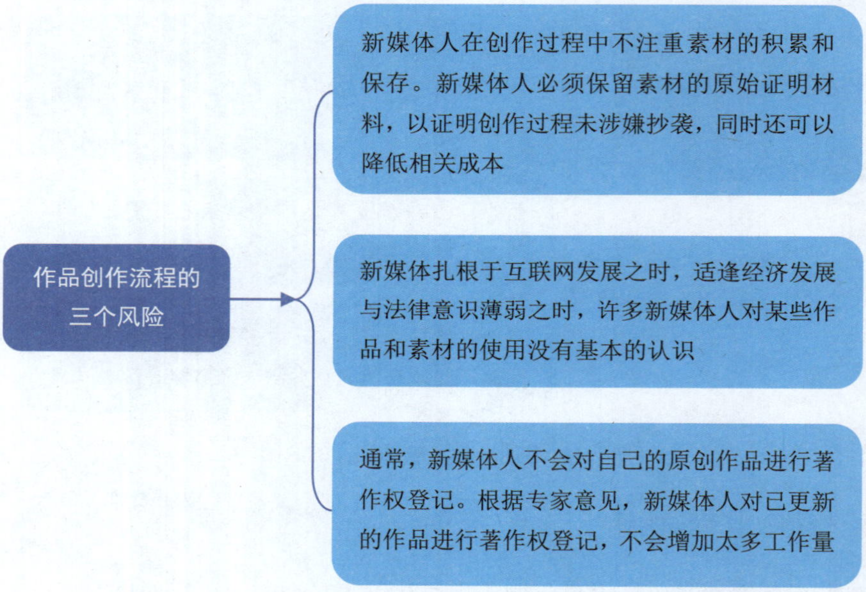

图 5-6　作品创作流程的三个风险

2．商标与形象管理风险

在商标与形象管理上，常遇到以下三种风险。

（1）对商标的重要性认识严重不足。在新媒体平台的大力推动下，创业话题可谓十分火热，但是大家对商标的重要性认识却严重不足，甚至基本没怎么深入了解过。

（2）对商标权利没有了解。注册的商标一般委托第三方制作，如果只顾商标美感，不关注第三方制作者有无侵犯他人作品、盗取他人商标等事项，那么凭此商标申请注册，则需要冒很大的风险。

（3）商业形象未进行合规运营。比如以网红为营销对象，进行产品宣传，带动销量。但当该网红辞职时，如何处理该网红的商业形象将是面临的一大难题。

5.2.4　新媒体风险防范

新媒体法律风险防范如图 5-7 所示。

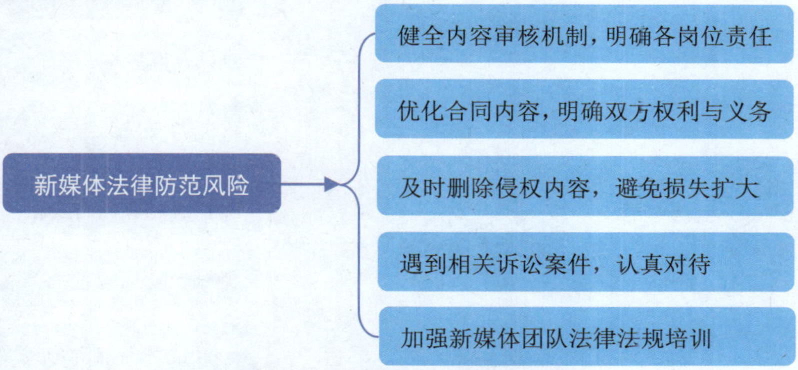

图 5-7　新媒体法律防范风险

5.3　公益活动突显企业力量

公益活动是公关活动中最为常见的活动之一。对于企业来说，公益活动是一种表达爱心、突出企业富有社会责任感的良好形象，更是一种宣传自我的机会，并且企业进行公益活动也是一种彰显经济实力的表现。

5.3.1　公益活动传播

企业在进行公益活动的过程中，传播效益非常重要，若效益不佳，则难以引起人们的关注，难以达到企业进行公益活动的目的；若效益极佳，则能引起轰动，届时不管对公益活动的成功还是企业提高品牌知名度而言，都能达到企业之前的预想。公益活动的传播可从以下三个方面入手。

（1）利用人际关系进行传播。资金充足的企业可以呼吁企业追随者、媒体、企业朋友甚至明星进行宣传。

（2）利用公共载体进行传播。中小型企业可以选择报纸专题传播、电视专题报道、网络软文传播。

（3）利用广告传播。一些大型企业可选择电视广告、网络广告、活动广告进行公益宣传。

5.3.2　树立良好形象

若一个企业没有好的企业形象就去进行公益活动， 是不会引起关注的，因为他们没有安全感，难以判断此活动的真假性，就会导致公益活动举办不成功的结果。由此可知，企业的形象对公益活动是否举办成功有比较大的影响力。除了企业形象，若能掌握策划公益活动的诀窍，就能加大活动成功的可能性，如图 5-8 所示。

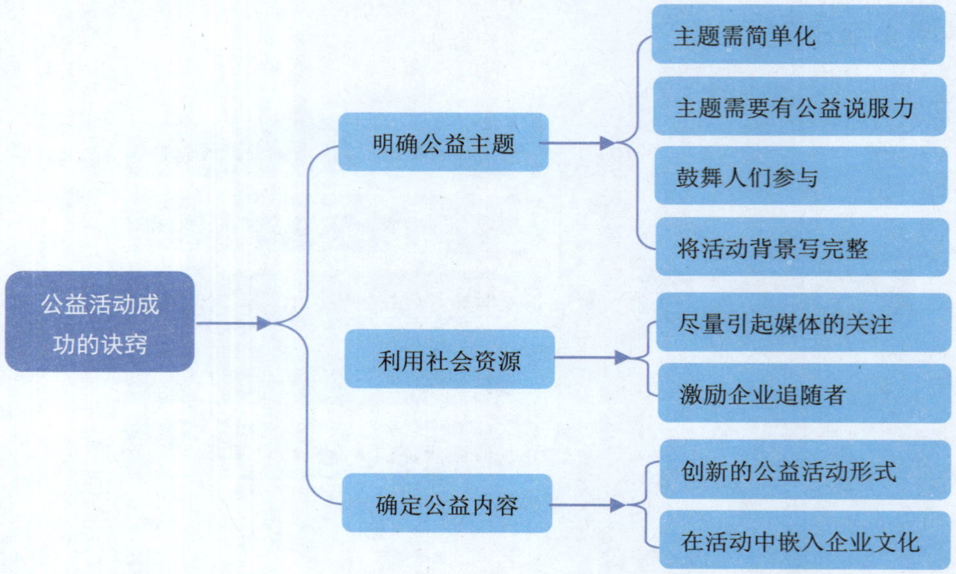

图 5-8　公益活动成功的诀窍

5.3.3　公益种类图解

公益活动的常见种类如图 5-9 所示。

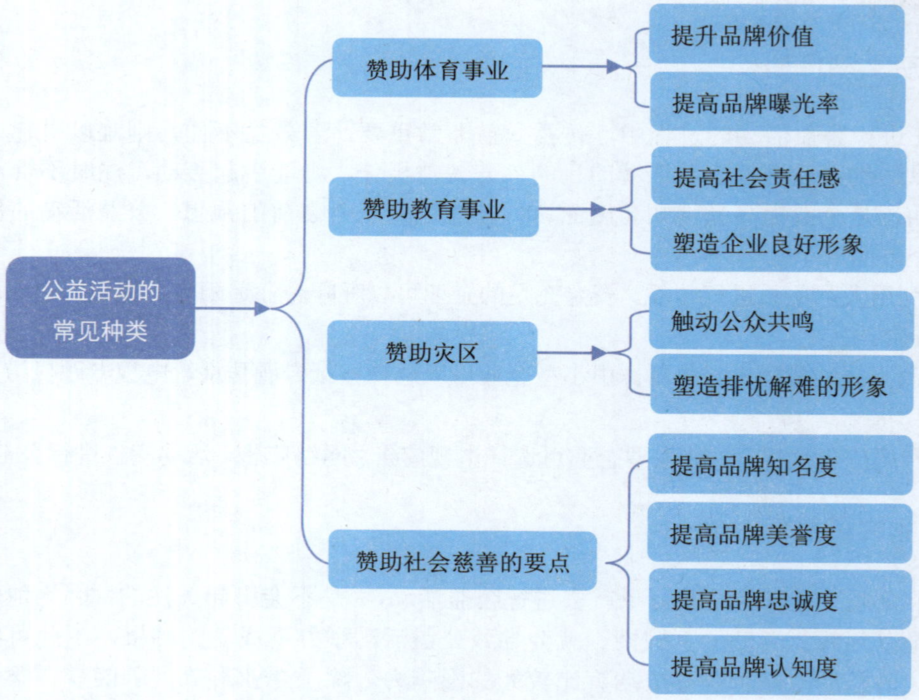

图 5-9　公益活动的常见种类

5.3.4　公益活动案例

下面就以××县某家公司举办的“高考爱心车队”公益活动为例，模拟一份公益活动策划书，即《“高考爱心车队”公益活动策划书》，具体如下。

“高考爱心车队”公益活动策划书

一、前言

“高考爱心车队”公益活动背景：一年一度情系万家的高考即将开始，为营造“安全、畅通、和谐”的高考人文交通环境，本公司本着“回报社会，奉献爱心”的服务宗旨，将在2020 年 7 月 7 日与 7 月 8 日两天组建爱心车队免费送考，让更多高考考生迅速到达考场，从而获得平稳的心态考出最优异的成绩。

二、活动主题

该公益活动的主题就是活动名称，即“高考爱心车队”。

三、活动目的

（1）为周边地区交通不便的高考生提供免费的接送服务。

（2）帮助考生快速到达考场。

（3）让高考充满的人文关怀。

（4）给社会公益奉献出一份力量。

四、活动时间

2020 年 7 月 7 日—2020 年 7 月 8 日。

五、活动地点

根据活动目的选择活动地点，“高考爱心车队”公益活动的地点就是××县内交通不便的地区。

六、活动流程

（1）2020 年 7 月 5 日之前，公司首先采取自愿报名的方式招募愿意送考的私家车组建成爱心车队；其次，公司给爱心车队的司机师傅发放统一的服装，并在车窗贴好“爱心送考”的车标，这样有利于考生清晰辨识；最后，做好爱心车队的安全培训工作，要求司机做到“稳、准、快”。

（2）2020 年 7 月 1 日之前，公司收集好交通不便的考生人员名单，并做好统计安排。

（3）联合交警部门和学校，协调爱心车队的停放及等候地点。

（4）根据需要接送的考生住址，安排制定好一对一接送名单，把接送的具体任务落实到个人。

（5）公司可以联合当地的媒体进行宣传报道，进一步做好爱心车队的宣传。

（6）在高考考点附近设立爱心车队服务点，给爱心送考的司机师傅准备好矿泉水。

七、宣传方式

（1）利用微信、微博等平台作为网络宣传载体，在微信朋友圈相互转发，在微博上联合“微公益”发布一些相关热门话题。

（2）利用新闻媒体进行宣传。

八、活动预算

将此次公益活动所需费用明细列出来，让审批者清楚经费的出处。如表 5-1 所示为“高考爱心车队”公益活动预算。

表 5-1　活动预算

活动名称	“高考爱心车队”公益活动			
活动主题	高考爱心车队			
预算	项目	单价	数量	总价
所需物品	服装	40/件	100 件	4 000 元
	车标	3 元/张	100 张	300 元
	瓶装矿泉水	1 元/瓶	600 瓶	600 元
宣传	微信文章	30 元/篇	60 篇	1 800 元
	新闻媒体	100 元/篇	20 篇	2 000 元
不可预计费用				680 元
总计				9 380 元

九、总结

开展此次公益活动，能让很多人对公司产生好感，公司也树立了良好的企业形象，对以后的运营发展很裨益。

通过《“高考爱心车队”公益活动策划书》可知，在公益活动策划书中需具备的要素：前言、活动主题、活动时间、活动目的、活动流程、宣传方式、活动预算、活动总结。

其中宣传方式对公益活动特别重要。公益活动需选择一个合适的宣传方式，如微博、微信、论坛等都可以成为免费宣传的载体。

5.4　借助新媒体有效传播

新闻发布会也是公关活动中较为常见的一种类型。新闻发布会是指企业在发生重大事件时，将新闻媒体聚集在一个空间里公布相应的信息，从而借助新闻媒体之手对相关事件进行一定的传播。

5.4.1　六大策划诀窍

只有抓住策划新闻发布会活动的诀窍，才能进一步提高新闻发布会活动的成功概率。

（1）向新闻媒体人员提供独家消息。

（2）选择一个能代表企业形象的发言者。

（3）需要有邀请函，且不能在半个月之内发送。

（4）向新闻媒体人员提供他们所需要的新闻通稿。

（5）新闻通稿不宜太长，言简意赅即可。

（6）在新闻发布会现场让企业高层管理者出席。例如，某省级卫视在进行以 T2O 新模式为主的《超级大牌》新闻发布会时，邀请××广播电视台影视频道总监致词，这样的致词能让新闻媒体人员感受到企业对此次新闻发布会的重视，提高企业的凝聚力和可信度。

▶ 专家指点

T2O 模式是指观众在观看电视的过程中，可以运用手机二维码扫描功能，对着节目 Logo 进行扫描，就可购买到节目中定制的产品，即是一种电视、二维码技术、电子商务这三者结合的模式。

5.4.2　三大显著特点

许多人不愿意进行新闻发布会活动，认为新闻发布会活动所需费用比其他活动要高得多，于是就对新闻发布会“避讳”起来。新闻发布会之所以会存在，是因为它对于企业是有好处的。新闻发布会主要有以下三大特点。

（1）互动交流。可以双向交流。

（2）传播方式。可利用报纸、网站、视频、广播、电视进行传播。

（3）形式比较正式、正规，并且档次高。

5.4.3　规避两大事项

由于新闻发布会具有正式、正规、权威的特点，因此在进行新闻发布会活动策划时，一定要规避一些容易犯而不可犯的事项。新闻发布会活动策划主要有以下两个注意事项。

（1）拒绝喧宾夺主。新闻发布会把重点放在活动主题上，使整个发布会更有气氛。

（2）学会策划。学会策划有几个技巧，即可利用当下时事，邀请明星与名人坐镇，迎合新闻热点，释放主题、向媒体提供新闻内容。还需注意一点，就是活动策划内容不宜过短。

5.4.4　聚焦热点案例

下面就以某手机公司为例，模拟一份新闻发布会策划书，即《“共享 5G 时代”新闻发布会策划书》，具体内容如下。

“共享 5G 时代”新闻发布会策划书

一、前言

网络技术的日渐革新，不断鞭策着人们向前发展，只有不断创新和发展，才能走向金字塔的顶端。5G 时代，标志着我国进入了一个新的互联网时代，也标志着我国走向了一个新的世界。

二、活动目的

通过新媒体的方式，更好地了解 5G 技术。

三、活动地点

活动地点最好选择在室内，可以规避突发天气情况，且环境较为安静，但其缺点是若地点比较小，就不利于摄影记者拍摄。因此，活动地点如果选择在室内，室内的大小规模一定要挑选好。“共享 5G 时代”新品新闻发布会的活动地点就是在某个五星级酒店。

四、活动时间

新闻发布会在时间选择方面决不能随意，需要尽量避免以下事项的发生。

（1）避免与重大政治事件在同一时间举行。

（2）避免与竞争对手在同一时间举行。

（3）避免选在一天中的上午较早的时间或者是晚上举行。

（4）避免会议举办时间超过 1 小时。

“共享 5G 时代”新闻发布会的活动时间，如图 5-10 所示。

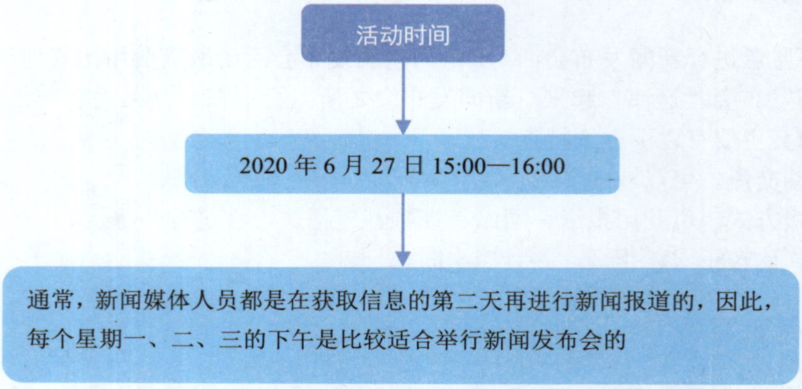

图 5-10　活动时间

五、活动主题

活动主题就是活动名称，即该新闻发布会的活动主题为“共享 5G 时代”。

六、活动对象

“共享 5G 时代”新闻发布会活动策划的对象可针对特定的群体，例如，相关媒体、开发互联网的技术型人才。

七、宣传方式

新闻发布会宣传的手段很多，“共享 5G 时代”新闻发布会可根据自身的特性选择合适的宣传方式。例如，可以通过微信、微博等社交媒体进行传播，还可以通过电视媒体等载体进行传播。

八、活动准备

通常，新闻发布会的准备工作分为三个部分，即现场布置细节、物料准备细节、工作人员的配备。“共享 5G 时代”新闻发布会的活动准备具体内容如下。

（1）现场布置细节，包括五个方面，即酒店大门外放置一个拱门、在酒店里每隔 10 m 设置一个指示牌、在活动视野最好的位置放置一个投影、在演讲台上放一个话筒和笔记本、在各座位上贴好带有公司 LOGO 的编号。

（2）物料准备细节，包括两方面。一方面是活动中需要使用的邀请函、签名笔、本子、宣传页、发言稿、摄像机、照相机、话筒、音响、笔记本、LOGO 编号、投影仪等；另一方面就是活动现场需要使用的拱门和指示牌。

（3）工作人员的配备，包括五个方面，即礼仪做好接待工作，保安维护现场秩序，布置现场人员提前做好本分工作，主持人把关活动流程，活跃气氛、服务人员热情做好相关服务事宜。

九、活动流程

新闻发布会的活动流程一定要将活动中各部分的环节精确到时间段，以下是“共享 5G 时代”新闻发布会的活动流程。

（1）14:00—14:30：礼仪人员接待来宾，进行签到且引导就座。

（2）14:35—14:55：服务人员向每位来宾礼貌发放各种资料。

（3）15:00：主持人正式宣布新闻发布会开始，并一一介绍来宾，且感谢他们的到来。

（4）15:05—15:35：总经理亲自介绍 5G 手机的特性。

（5）15:40—15:55：记者问答环节。

（6）15:55—16:00：发放与新产品相关的纪念品，以及宣告活动结束。

十、活动预算

新闻发布会的活动预算需将各个需要花费的地方都涉及，尽量做到准确、无误。

十一、活动总结

该活动很好地宣传了 5G 手机的产品特性，很好地把 5G 技术宣传给社会大众。在新闻发布会过程中，还可以从来宾的发言、提问、讨论等方面来评测新闻发布会的效果，会后还可以收集来宾对于新闻发布会的反馈信息，从而总结经验，以便下次发布会更有效地开展。

通过《“共享 5G 时代”新闻发布会策划书》可知，新闻发布会策划要素有前言、活动目的、活动地点、活动时间、活动主题、活动对象、宣传方式、活动准备、活动流程、活动预算、活动总结。

其中，活动主题要着重说明。活动主题必须内容丰富，并且能吸引媒体目光，只有这样发布会主题才会被宣传出去，才能为大众熟知。

本章小结

本章主要介绍了新媒体的法律法规与公关技巧。首先，讲解了新媒体法律与法规的基本知识，例如人格权和著作权等；然后，说明了新媒体的法律风险以及对策；最后，通过对公益活动进行介绍，帮助企业新媒体进行有效传播。

本章习题

1．若想防范新媒体法律带来的风险，可以从哪些方面做起？

2．公益活动应如何进行传播？

第 6 章　新媒体图文平台

本章导读

新媒体图文平台的火爆，让每个人都有可能成为网红和文字工作者。而随着商业模式的发展，个人的盈利方式也越来越受到关注；获得收益是每个新媒体人的最终目的。因此，掌握一定的赢利方法和平台渠道是必不可少的本领。

本章重点

- 公众号平台
- 头条号平台
- 大鱼号平台

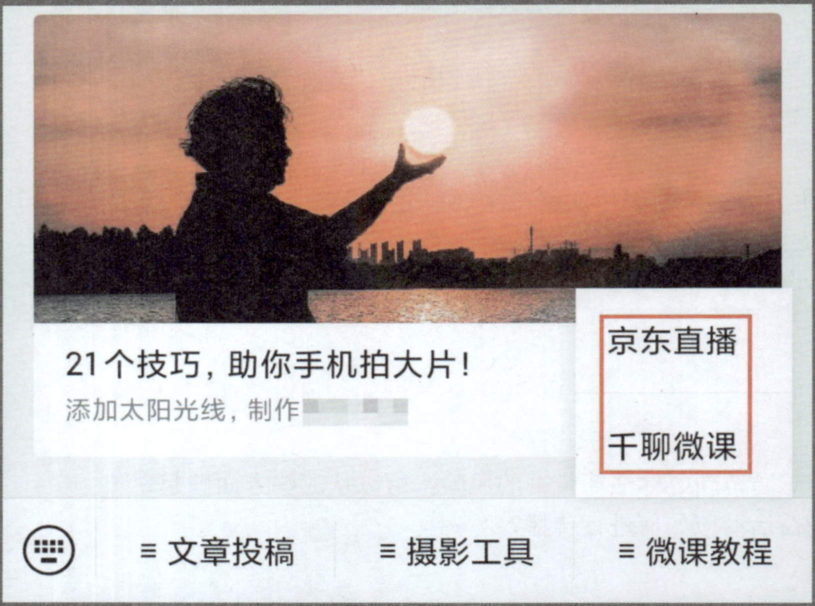

6.1　公众号平台

随着移动互联网的普及，更新信息和知识的速度前所未有地快，新事物在网络中快速而又持续地出现，使得很多人的注意力很快被吸引走。因此，对新媒体人来说，公众号营销、流量和盈利不容懈怠。

6.1.1　公众号运营方法

虽然如今热门的新媒体平台已经是短视频平台，但微信公众号平台量依然很大，在新媒体份额中占有很大的比例。下面具体介绍公众号运营的四个方法。

1．创作优质营销内容

在文章写作和布局过程中，商家想让内容能够“决胜千里之外”，吸引众多用户，就需要掌握一些表现技巧。创作优质营销内容的表现技巧主要有以下四个。

（1）塑造独特的表达风格。合适的表达风格，能给用户带来优质的阅读体验。以传播搞笑内容为主的公众号为例，那么正文的语言风格就必须诙谐幽默，并要配上一些具有搞笑效果的图片。另外，从文章的感召力方面而言，基于同类人之间的人格感召力，打造独特的个性风格无疑是吸引有着相同性格特征的人的重要力量。例如，对生活充满自信和希望的人总是乐于与乐观的人相处，而不乐于同伤春悲秋和怯弱的人交谈。

（2）营造文章的场景。商家在创作内容时，并不只是用文字堆砌成一篇文章就完事了，而是需要用平平淡淡的文字拼凑成一篇带有画面的文章，让读者能边读文字，边想象出一个与产品相关的场景。

（3）打造代表性专题。人们在阅读时，总是趋向于寻找同一类型或主题的文章，力图全方位了解和熟悉有关该类型和主题的知识。因此，在内容写作上，商家可着力打造一些具有代表性的专题，迎合用户的阅读兴趣和习惯。

（4）借热点提升人气。商家要有灵敏的鼻子，才能抓住最新热点，成为以热点而获利的幸运儿。商家可以多找一些热门词，不过一定要抓住时机，不要等热点冷却了一段时间，才发布出营销文章，因为不会有几个人愿意去阅读过时的信息。

因此，商家在利用热门或头条事件编辑新媒体内容时，应该从以下三个方面着手。

①寻找合适的热点撰写网络营销内容。

②紧跟新闻事件，获得访问量。

③保持新闻敏感性，富有创意。

2．提供有价值的内容

微信公众号平台之所以受到用户的关注，就是因为他们从该平台上可以获取信息。因此，商家提供的信息必须具有价值，那些人云亦云、胡乱编写的营销内容带给读者的只能是厌烦情绪。因此，在公众号内容运营中，商家一定要保证推送的内容具有价值，用户能从中学到一些具有实用性和技巧性的生活常识或操作技巧，从而帮助他们解决一些难题。

3．提高文章品质的秘技

在微信公众号平台上，商家如果要发布网络营销内容，就需要对文章栏目和内容进行排版优化，以有利于读者阅读和接受。

（1）设置分类栏目。商家了解一些栏目设置的要求是非常有必要的。在微信公众号上，商家设置分类栏目的是能清楚、全面地呈现内容。

所谓“清楚”，即要确保读者在看到栏目名称时，就可分辨出该栏目的营销内容是什么，所要寻找的内容在哪一个栏目中可以快速地找到。

以“手机摄影构图大全”微信公众号为例，在该公众号的栏目设置中，读者如果想查看直播教程，那么就可以点击“微课教程”主栏目，然后再查看“京东直播”或者“千聊微课”直播形式构图技巧讲解，如图 6-1 所示。

图 6-1　“手机摄影构图大全”公众号查找“直播教程”内容

同时，商家在设置微信公众平台的自定义菜单栏的版式时，还要注意全面性。所谓“全面”，即栏目的分类和取名要全面，既要保证新媒体内容要全面呈现，能够在栏目的分类中可以全部找到；又要保证其栏目名称的设置要具有概括性和全面性，不能出现某些内容无法查找的情况。

（2）排版有利于读者浏览。商家在设置栏目时，排版样式必须吻合视觉习惯，运营效果才会更好，设置栏目的重点在于方便读者浏览。关于设置栏目要方便读者浏览的要求，实际操作有 3 个方面的特征。

其一，简洁性。平台界面的简洁性是方便用户查看这一要求的基本特征。在微信公众号平台上，平台的栏目设置是非常简单的，一般的自定义菜单栏是由三个栏目组成的。如果在主栏目下还有其他分类内容，为了界面的简洁，其子栏目一般都进行了隐藏设置，用户只要点击主栏目即可弹出子栏目。

其二，人性化。具有人性化特征的栏目设置，主要体现在用户可以根据自己的习惯和兴趣设置令自己满意的界面。

其三，有序性。在微信公众号和小程序上，无论是主栏目还是子栏目，都按照一定的顺序进行排列，而不是杂乱无章地呈现出来。如图 6-2 所示为“手机摄影构图大全”小程序的界面设置。

图 6-2　“手机摄影构图大全”小程序的界面设置

可以看出，该小程序整个界面设置得井然有序，用户浏览起来十分方便，一眼就能找到想要的东西。

4．用交流来激活用户

对于商家来说，最有价值的莫过于流量了，流量成为衡量新媒体运营价值的一项重要指标，这个指标并不单指注册用户人数或者会员用户人数，更多的是指活跃用户数量。

何为活跃用户数量？对于网络平台而言，就是指频繁使用平台的用户；对于新媒体而言，就是经常会查看信息并乐于互动的关注者。微信带有很强的社交属性，因此商家可以比较轻松地与用户进行社交互动，并以此来激发他们的活跃度，达成新媒体运营的目的。

商家与用户社交互动的基础形式就是文字沟通，运营公众号时与用户进行文字沟通的技巧主要有以下几个。

（1）后台消息自动回复。在微信公众号中，“自动回复”是一个非常好的功能，商家应该好好利用起来。通常，自动回复功能有三种模式，分别是被关注回复、收到消息回复和关键词回复。

（2）后台关键词自动回复。对于任何一个想要做好公众号运营的商家来说，设置好关键词回复都是必不可少的环节，关键词回复的作用是当用户输入关键词时，就会触发自动回复功能，让用户能够及时了解到网络营销信息。

关键词回复的开发空间超乎商家的预计，通过自定义关键词回复接口，用户可以通过输入关键词，查看最新的营销活动。

除此之外，很多用户通过自定义回复功能和公众号互动功能提出了大量宝贵的意见，有的商家甚至可以在微信内生成微信贺卡，更有部分商家已经实现了微信导航。

（3）后台回复消息宣传推广。其实，很多商家都没意识到后台消息回复也可以成为一种营销手段。例如，某些精明的商家做微信公众号，其目的是在网络上进行营销，从而实现赢利。如果商家想利用后台消息回复来做新媒体营销，那么后台消息回复的内容需要注意以下问题。

其一，不宜过长。后台回复的消息不宜太长，最好言简意赅，太长的话，用户可能会看不下去，不管商家是要宣传，还是要做新媒体营销，首先都应该从用户角度看待问题。

其二，不宜过短。后台回复消息也不能太短，为产品做网络营销，消息太短可能会出现语焉不详之处，无法向用户讲清楚产品的具体功能。

其三，富有新意。后台消息最好是富有新意，不要一股脑地把产品信息都吐出来，并且要求用户必须关注自己的公众号。这样会让用户感到厌烦，无法达到营销的预期效果。

（4）回复网友文章评论留言。文章有人看，自然也会有人评论留言，而且每个人思考问题的角度都不一样，对于同一问题的看法和立场也不尽相同。新媒体人就是要去回复这些有自己看法和立场的留言，其实回复留言的过程也就是与网友互动交流的过程。

6.1.2 公众号扩大流量秘诀

一个公众号获利的多少，在一定程度上取决于粉丝的多少，因此新媒体人一定要吸引足够多的粉丝，才能让公众平台火起来。

1．利用爆款活动扩大流量

通过微信公众平台，商家可以多策划一些有趣的活动，以此来调动用户参与活动的积极性，从而拉近商家与用户的距离，并以此留住用户。

除了发布活动之外，商家还可以通过其他活动拉近与用户之间的距离。例如，通过问卷调查了解用户的内在需求，通过各类专栏与用户展开积极的互动等。只有用户参与其中了，才会对商家的公众号有归属感和依赖感。

无论是大品牌还是小品牌，商家为粉丝定期策划一些有心意的活动，是一种很好的增强粉丝黏性的行为，而在有新意的活动策划中，最重要的一个环节就是对目标群体和活动目标进行分析，具体内容如下。

- 企业的目标人群。
- 目标人群的需求。
- 吸引目标人群的内容。
- 本次策划活动的最终目的。

只有对目标用户和营销目的有了专业的、精准的定位分析，商家才能策划出吸引人的活动方案；只有策划出了吸引人的活动方案，商家才能留住用户，提高粉丝的黏性。

相对于传统营销活动来说，公众号活动的策划并不拘泥于某种固定的形式，商家可以采用某种单一的形式，也可以同时兼具多种方式策划活动。

微信策划活动如果做得好，新媒体人还可以打通线上线下，这样不仅加大宣传的力度，同时也获得更多的用户关注率，吸引更多用户的参与。

（1）线上活动策划。线上活动有很多种类，例如抽奖、转盘和转发有礼等，新媒体人可以根据自身需求选择合适的方式进行活动策划和运营。

商家作为活动策划人员，需要了解自己的职责。具体内容如下。

①负责方案的策划、沟通及执行。

②负责活动数据整理及效果分析。

③负责活动的监测和改进。

④负责活动环节设计和具体落实工作。

⑤能够深度了解用户的需求。

⑥能够把握活动风险情况。

对于商家而言，还需要撰写相应的活动方案。通常来说，一个完整的活动方案包括如下内容：活动主题、活动对象、活动时间、活动规则、活动礼品设置、活动预计效果以及活动预算。在活动结束后，新媒体人需要进行活动总结，分析活动的效果、亮点和不足，以及提出一些实在的建设性意见。

（2）线下活动策划。线下活动策划和执行时，运营人员的主要工作如下。

①负责方案的策划和执行。

②负责活动数据整理及效果分析。

③负责活动的监测和改进。

④根据活动要求考察活动场地。

⑤和合作方或者供应商洽谈活动细节。

⑥对活动现场的人力、物力安排进行调度。

⑦组织搭建活动现场。

线下活动相比线上活动来而言，有时候更为复杂，从活动策划、场地安排、人员管理到活动预算、现场演讲安排、互动游戏等多方面都有涉及。

2．利用线上微课吸引用户

线上微课是指按照新课程标准和教学实践的要求，以多媒体资源（如电脑、手机等）为主要载体，记录教师在课堂内外教育教学过程中围绕某个知识点而开展的网络课程。

线上微课有如下几个主要特点：教学实践较短、教学内容较少、资源容量小、资源组成情景化、主题突出、草根研究、趣味创作、成果简化、多样传播、反馈及时以及针对性强。

3．通过好友互推扩大流量

好友互推指的是新媒体人在个人微信号和企业微信号的朋友圈里发布广告，让朋友圈好友关注商家公众号的一种扩大流量的方法。

新媒体人在进行好友互推时，可以把微信公众号文章转发至朋友圈，引导朋友圈好友点开文章阅读。新媒体人可以每天坚持转发，只要文章质量高，就能够吸引好友关注公众号。

通过这种方法，商家在分享自己动态的同时，也宣传了公众号，是个不错的推广方法，而且也不容易引起朋友圈中好友的反感。

总之，新媒体人可以利用朋友圈的强社交性为自己的公众号扩大流量，而朋友圈的强社交性主要表现在以下两个方面。

（1）新媒体人在朋友圈的影响力。

（2）朋友圈好友高效的传播能力。

新媒体人引导用户转发分享，可激发他们分享传播的动力。这些动力来源于很多方面，可以是活动优惠和集赞送礼，也可以是能打动用户的内容。不管怎么样，只要能给用户提供有价值的内容，才会引起注意。

6.1.3 公众号盈利手段

大部分公众号靠粉丝盈利，毕竟粉丝数量多，可以多开展一些营销活动，或者带有商业性质的活动，这样不仅能吸引更多用户关注公众号，还可以实现赢利，真可谓一举两得。

1．通过特卖入口盈利

对于品牌电商来说，在微信公众接入“京东超市”“京东秒杀”等链接，让用户直接点击进去，充分发挥了移动平台优势，既方便了用户，又获取了赢利的机会。如图 6-3 所示为“京东超市”与“京东秒杀”入口界面。

图 6-3　京东特卖入口界面

在通过电商品牌特卖入口推送品牌信息的过程中，商家只有把握好推送的时间和推送技巧，才能为平台创造更多的赢利收入。推送时间和推送技巧的含义如下。

（1）把握好推送时间：新媒体人要选择最合适的时间推送消息，为自己的公众号吸引更多的粉丝。

（2）把握好推送技巧：新媒体人在推送消息时，可以通过添加图片的方式，让文章或品牌活动更具说服力，以提高用户对品牌的满意度和依赖感。商家需要明白，图片对于新媒体营销具有很大的作用，具体表现在以下四个方面：文字中含软性植入广告、展示品牌产品的详情、让用户产生品牌代入感，以及让用户产生购买欲望。

2．发布软广、硬广，实现盈利

随着互联网的发展，现在新媒体营销的方式越来越多，最基本、最广泛的还是软文营销。商家想做好软文营销，实现商业盈利，就需要懂得一些软广营销的规律和要素，才能让软文营销发挥其最大作用。

头条软文广告是指在微信公众平台上，新媒体人将广告嵌入在头条消息中的一种广告形式。头条消息就是在推送消息中，摆在首要位置的消息。

头条消息作为公众号最重要的流量入口，成为商家紧盯的目标，将广告投放到头条消息中，能够收获到更加完美的效果。

3．开通流量主获得收益

在微信公众号后台，有一个“流量主”功能，流量主功能是腾讯为微信公众号量身定做的一个展示推广服务。下面将从三个方面对“流量主”功能进行介绍。

（1）功能阐述。“流量主”是微信公众号平台官方的唯一广告系统，开通流量主的公众号会将自身公众号内的指定位置（通常是公众号文章页面底部）分享出去，给广告主作广告展示，开通流量主功能的公众号可以按月获得广告收入。如图 6-4 所示。

开通门槛

- 微信公众账号运营到 500 粉丝（该账号关注用户）才能申请开通
- 同一主体最多允许 20 个公众账号申请开通流量主
- 存在刷粉行为的公众账号不予通过，规则请参见《微信公众平台运营规范 3.2》

图 6-4　流量主的功能阐述

流量主展示的位置在图文消息的全文页面底部，如图 6-5 所示。流量主广告的展示形式包括图文、图片、关注卡片以及视频等。

图 6-5　流量主广告

（2）功能优势。流量主广告的功能优势包括四个方面，如图 6-6 所示。

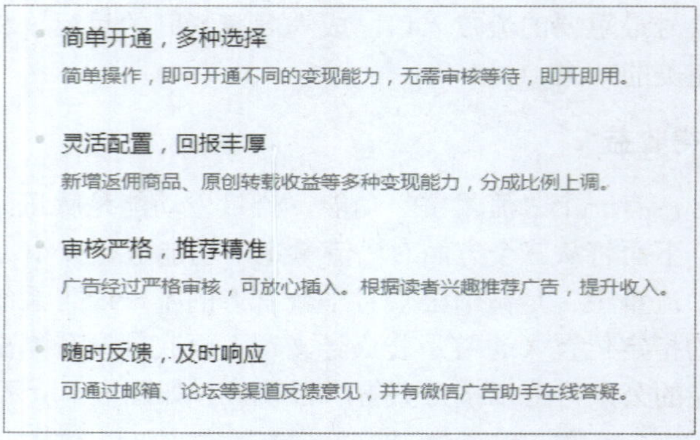

图 6-6　流量主的功能优势

（3）功能介绍。流量主包括三大功能，分别是报表统计、流量管理和财务管理。

其一，报表统计。根据微信平台给出的说明，报表统计的功能是按时间筛选查询数据，提供关键指标趋势图，显示数据变化拐点。

其二，流量管理。流量管理是指创建、修改广告，设置精准定向及出价。如图 6-7 所示为流量管理界面。

其三，财务管理。新媒体人可通过微信公众号后台的财务管理功能，查看每天广告收益明细，定期自动提现到银行账户。商家开通流量主必须满足如下所示的要求。

①已经开通了原创功能的账号要有 1 万粉丝才能申请开通流量主功能。

②没有开通原创功能的公众号要有 2 万粉丝才能申请开通流量主功能。

③同一个运营主体不能有超过 20 个公众号开通流量主。

所以，想要通过流量广告进行盈利的商家，首先要做的就是提高公众号的用户关注量。只有提高了用户关注量，才能开通流量主功能，进行盈利。

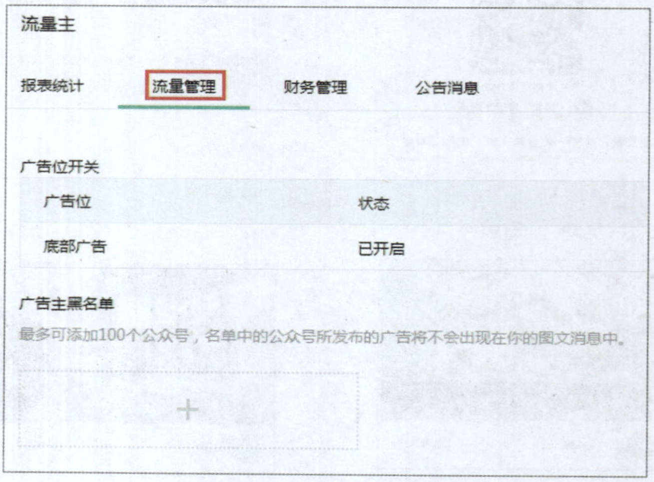

图 6-7　流量管理界面

4．发布文章获得收益

为了鼓励运营者推出优质的微信公众号内容，微信推出了“赞赏”功能，开通该功能之后，就多了一种赢利的方式，运营者可以通过在图文消息的最下方放置赞赏功能，让粉丝及用户自行赞赏。

很多微信公众号依靠赞赏功能，一天之内也有不少收入。当然，你推送的图文消息是要对粉丝及用户具有吸引力的，不然也是白忙活一场。

5．举办商业收费盈利

付费盈利的方式多种多样，在实际运营中，运用得最多的是付费阅读盈利与 VIP 会员盈利。本节主要介绍付费阅读盈利和 VIP 会员盈利的两种不同的方式。

（1）付费阅读盈利。付费阅读是微信公众平台里新兴的一种阅读盈利模式，付费阅读的形式很多，例如“打赏获得全文”与“￥×元阅读本文”等都属于付费阅读盈利模式。

例如，某科技公众号将刷机教程文章，设置成了付费阅读盈利模式。其主要程序是，新媒体人撰写了一篇优秀文章，然后将文章设置为付费阅读，如图 6-8 所示。

（2）VIP 会员盈利。新媒体人还可以通过招募 VIP 会员的方式实现商业盈利。既然是公众号的会员读者，就一定拥有一些普通读者不具备的特权，譬如：

①会员不需要付费就能阅读全文。

②会员提出的问题，平台会在第一时间给予解答。

③会员可以参加平台组织的线下活动，进行面对面的交流等。

招收付费会员也是公众号盈利的方法之一，最典型的例子就是“××思维”公众号，它成功地推出了付费会员制：

①5 000 个普通会员：200 元/个。

②500 个铁杆会员：1 200 元/个。

普通会员是 200 元/个，而铁杆会员是 1 200 元/个，这个看似不可思议的会员收费制度，其名额却在半天就售罄了。

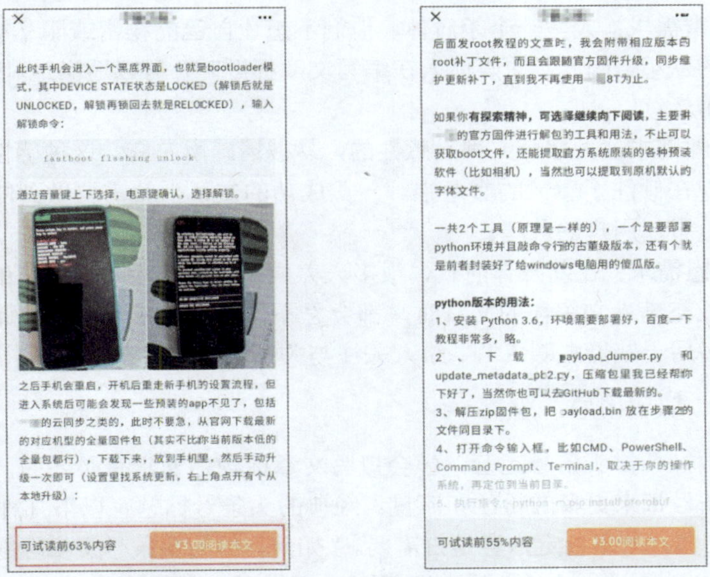

图 6-8　付费阅读

6.2 头条号平台

“信息创造价值”是今日头条平台的广告语。作为一款个性化推荐引擎软件，今日头条能够为平台的用户提供各种信息，也能为新媒体人实现自身价值和获取利益提供平台。

6.2.1 内容管理技巧

在头条号平台上，运营者可以发布多种类型或多个频道的内容，如图文、西瓜视频、微头条、“悟空问答”和小视频等，这些都是头条号打造爆款和树立品牌形象的内容基础。本节主要介绍头条号爆款内容打造手段，以帮助新媒体人收获10W+的阅读量。

1．把握心理，增加点击

新媒体人进行头条号内容运营时，一个获取用户关注的关键点就是必须能够满足用户的需求，只有这样才能吸引用户关注。

（1）学习价值需求：有部分用户在浏览各种新闻或文章时，抱有获取有价值的内容、扩充知识面和增加技能等目的。因此，在编辑文章时，新媒体人可考虑这一因素，给用户一种能够满足价值需求的感觉。

（2）探索未知需求：人都是充满好奇心的，对于那些未知的和刺激的东西，他们总会有一种想要去探索和了解的欲望。新媒体人可抓住用户的这一特点，通过富有神秘感的标题来满足用户的猎奇心理。

（3）寻求娱乐需求：有些人会阅读头条号里的各种文章，是出于消磨闲暇时光的目的，因而那些搞笑或幽默的文章，则会比较容易满足用户的娱乐需求，如冷笑话与笑话集锦类的头条号，其文章内容能给用户带来愉悦之感。

（4）窥探秘密需求：人是一个矛盾体，他们不想让自己的秘密或隐私被他人知晓，但却有窥探他人隐私的欲望。因此，新媒体人在编写文章标题时，可以适当地利用这种窥探欲望，从而吸引用户点击阅读。

（5）情感感性需求：大部分人都是感性的，易被情感所左右，这种感性不仅体现在真实的生活中，还体现在倾注了感情的文章中。一篇成功的文章，就需要做到能满足用户的情感需求，打动用户，引起用户的共鸣。

（6）寻求安慰需求：在新媒体时代，很多人养成了从文字中寻求慰藉的习惯，当他们看见那些温暖人心或充满人文关怀的文章时，都会忍不住去点赞或分享。因此，新媒体人在编写文章标题时可多用一些能温暖人心、给人关注与关怀的语句，满足用户求抚慰的心理需求。

2．重视标题，吸引用户

新媒体人要做好今日头条号运营，学会拟写文章标题是非常有必要的，有吸引力的文章标题，才会给头条号带来更多的粉丝和流量。经典的头条号标题有以下几种类型。

（1）“如何”体：一眼判定内容是否需要。“如何”体的头条号文章标题是指在文章标题上会有“如何”的字样出现，这种标题能让用户一眼就能分辨出文章内容是否是自己想要的，从而决定是否继续阅读该文章。

（2）“福利”体：传递“阅读即赚到”的感觉。“福利”体标题是指在文章标题上让用户觉得新媒体人是在发放福利，让用户自然而然地想要去阅读该文章。

（3）借势型：传播范围更广，更易被搜索。借势型标题是指在文章标题上借助一些事实热点、新闻的相关词汇给文章造势，增加点击量。

（4）合集式：总结分类和数字带来冲击感。合集式标题是指在标题上对文章所涉及的内容进行总结分类，并直接写出分类后的具体数字。文章标题看起来较集中，能给用户带来较强的视觉冲击感，用户在阅读时会感觉比较值。

（5）速成型：让人更有动力去阅读文章。速成型标题是指从标题上给用户传递一种只要阅读了本篇文章，就可以快速掌握某些技巧或者知识的信心。用户在看见这种标题时，会更有动力去阅读文章，因为他们会觉得学会这个技能所需成本低，不用花费过多的时间和精力。

（6）专业化：更大专业价值，精准吸引用户。专业性标题是指在标题中使用行业专用词语，让文章显得专业。这种标题能吸引相关专业领域的用户，从而达到精准吸引用户的目的，这样的用户群能给头条号带来更大的价值，而且他们的追随度会比其他粉丝更高。

（7）本地化：利用地域优势吸引关注。本地化标题是在标题中带入当地地名，以吸引更多本地用户的关注。

（8）趣味型：营造一个愉悦的阅读氛围。趣味性的标题是指在标题中使用有趣的词语，是整个标题充满幽默感。趣味型标题往往可以营造愉悦的阅读氛围，因此就算文章中包含产品宣传的广告，也难以让用户产生反感。

（9）揭露式：揭露隐藏秘密，传递兴奋感。揭露式标题是指通过文章的标题，为用户揭露某件事物隐藏的不为人知的秘密。这种标题可以抓住用户的猎奇心理，给用户传递一种莫名的兴奋感，能充分引起用户的兴趣。

3．图片亮丽，吸引点击

在头条号的文章内容中，一张合适的图片有时能胜过千言万语。图片能给头条号的用户带来更好的视觉效果，也能为平台上的文章锦上添花。在文章中使用图片时需要注意以下几个地方。

（1）封面。文章封面设置得好坏，会影响到用户点开文章阅读的概率，漂亮、清晰的封面图片能瞬间吸引用户的眼球，从而让用户有兴趣进一步深入阅读。

（2）修图。在使用图片给头条号增色时，新媒体人可以通过一些后期处理方法美化图片，让图片更加有特色，吸引更多用户。

（3）色彩。新媒体人想让自己的图片吸引用户的眼球，那么所选的图片颜色搭配要好看，给人一种顺眼、耐看的感觉。图片要尽量选择色彩明亮的，因为这样的图片能给头条号带来更多的点击量。

（4）内容。图片的内容要和标题一样，让人扫一眼就知道文章讲的是什么内容。例如，你写了一篇讲述小狗的文章，那么就不能放一张猫的照片上去，否则就会让人感觉你的内容文不对题。

4．内容要点，创造黏性

在运营头条号的过程中，运营者除了通过内容吸引用户扩大流量外，还应该通过内容积极建立起用户对头条号的黏性。提升用户黏性主要有以下几点。

（1）内容特色：助你抓住用户眼球。内容要有特色，首先要抓住受众的需求，也就是抓住用户的眼球。抓住用户眼球的内容要求主要有以下几点。

其一，具有实用价值。从实用性的角度提供价值，就是指运营者为用户提供对他们日常生活有帮助的内容。

其二，具有趣味性。受众都喜欢有趣的信息，新媒体人如果能做到这点，对宣传效果必定大有裨益。

其三，具有震撼性。新媒体人在编写内容时做到意外性和稀缺性，能够提升内容的震撼性。什么是意外性和稀缺性？就是能让人感到意外，同时题材也十分稀缺的内容。对于越是少见的内容，用户越是感兴趣，它的传播价值也就越大。

（2）提前预告：实现有效推广。对于好的内容，新媒体人一定要提前对内容进行预告，这就像电影上映前的宣传手段一样，通过提前预告的方式让用户对内容有一定的期待性。

（3）排版布局：打造舒适的体验。文章的排版对一篇文章有很重要的作用，它决定了用户是否能够舒适地看完整篇文章。因此，新媒体人在给用户提供好内容的同时，也要注意文章内容的排版，从而让用户拥有一种精神与视觉的双重体验。

今日头条号文章排版时应该注意以下几个问题。

其一，风格要选对。选好属于自己的内容排版方式，能够形成头条号的独特风格，从而与其他头条号形成差异化，吸引更多用户。

其二，颜色要搭配好。新媒体人在进行文章内容排版时，要特别注意色彩的搭配。人们的眼睛对色彩非常的敏感，不同的颜色能够向人们传递不同的感觉，例如红色可以给人以热情、奔放的感觉，蓝色可以给人以深沉、忧郁的感觉。

其三，间距要适宜。给文章的内容选择合适的字体大小，以及合理的间距，能够让版面看起来更和谐、美观，用户的阅读体验也会更好。

其四，版面要简洁：新媒体人在追求版式特色的同时，也要注意版式的简洁，在一篇文章中不要使用太多的排版方式。

5．运营思路，打造创意

在头条号的日常运营中，新媒体人要懂得创意内容的运营思路。例如，利用连载的形式勾起用户的观看欲望，又如把热门事件插入到故事中等。内容运营的思路主要有以下几个。

（1）内容连载：系列推送，引导用户长期关注。这里的连载并不像小说那样，写很长的连载故事，而是指新媒体人可以围绕同一类话题进行写作，形成一系列的专题故事。

（2）福利直白：激发好奇心，让阅读量“飞起来”。做过新媒体运营的人就知道，很多时候将福利直白地说出来，会比较好。新媒体人可以在标题上将福利展现出来，也可以在图片上将福利展现出来，让用户一眼就能知道福利是什么，例如“免费送××”“买一送一”“转发就送××”等，这样能够更好地激发出用户的好奇心，从而提升文章的阅读量。

（3）热门事件：凭借事件传播度，提高点击量。一个有价值、有传播度的热门事件，在今日头条中的阅读量可能是上百万。有时候，新媒体人在标题中嵌入热门词汇，就是为了提高用户的点击率。一条有热门词和一条没有热门词的普通标题，对文章的推荐量的影响可能是几万、十几万，甚至几百万的点击量的差距。由此可见，热门事件对于内容运营者是多么重要。

（4）节日话题：让传播效果更好的有效途径。在节日时，新媒体人发布与节日相关的话题是很有必要的，一方面可以烘托节日的气氛，另一方面可以让用户感受到过节的氛围。在节日期间，发布与节日话题相关的内容，往往要比其他普通内容扩大流量的效果更好。

6.2.2　专栏营销技巧

付费专栏是头条号平台重点打造的一个内容盈利产品，可以更好地帮助内容创作者获得红利。新媒体人在做付费专栏的营销推广时，可以通过一定的方法提升推荐量和阅读量，进而提升专栏流量，创造更多价值。

1．章节推荐，增加获客

新媒体人设置“章节推荐”功能后，此章节将进入今日头条首页推荐，有机会被全部用户看到，其中就包括专栏的潜在用户。同时，该章节在推荐中将被免费试读，用户如从其他途径看到此章节或试读专栏内其他章节，都将需要付费。通过“章节推荐”功能，可以帮助新媒体人获得更大的流量，从而提升专栏的获客能力。

2．限时优惠，稳抓用户

限时优惠设置成功后，专栏详情界面即可显示优惠信息，如图 6-9 所示。新媒体人通过“创建限时优惠”功能，可以为自己的付费专栏设置限时低价，刺激用户下单购买，提高专栏的获客能力。

运营者在设置限时优惠时，还需要注意以下事项。

（1）限时优惠的关闭。限时优惠无需手动关闭，而是在生效时间达到后自动关闭。

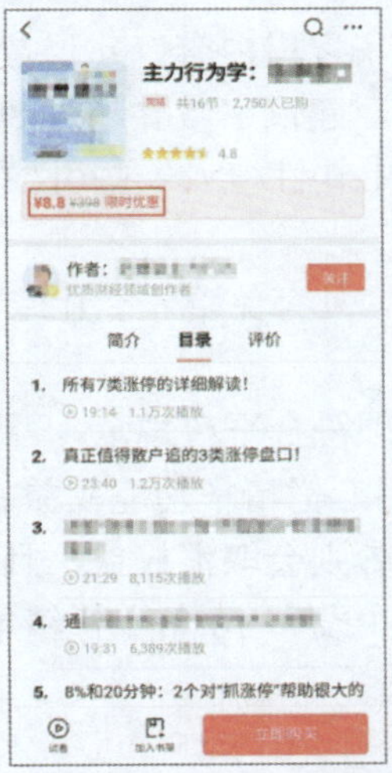

图 6-9　专栏详情页面展示的优惠信息

（2）优惠价的设置。优惠价需大于 0 且小于原价，最多支持到小数点后两位。对于已经设置了优惠价的专栏，运营者在修改专栏原价时，必须大于优惠价。

3．用优惠券，刺激用户

新媒体人可创建专栏优惠券，从而刺激潜在用户付费，提升专栏盈利的效果；同时还可以结合平台活动、直播推广或者借用节假日，通过优惠券来刺激价格敏感型的用户及时下单。

在设置优惠券时，还需要注意以下事项。

（1）选择合适的优惠券类型。优惠券类型包括“指定商品券”和“全量商品券”两种，“指定商品券”可针对所选专栏使用优惠券，“全量商品券”则可对所有符合要求的专栏生效。

（2）优惠券名称。这里设置的优惠券名称，即为在专栏页面中展示的优惠券名称，展现的对象为用户。

（3）优惠券的发放方式。发放方式包括“公开领取”和“定向发放”两种，前者针对的是所有进入专栏详情页的用户皆可领取优惠券；后者则需要新媒体人自己选择部分人群定向发送优惠券链接让他们领取。

4．专栏精华，推荐抓手

专栏精华是指付费专栏中最精彩的内容，运营者可以根据专栏章节的推荐量数据筛选部分精彩内容，将其制作为专栏精华素材推送到推荐流中，从而增加流量曝光和用户订单。

开通专栏精华功能，头条号需要同时满足以下所有条件。

（1）已经开通付费专栏功能。

（2）账号无违规记录。

（3）有图文或者视频的原创权限。

（4）付费专栏创作者等级达到 Lv4 及以上。

创建专栏精华的重点在于找到好素材，下面介绍一些专栏精华的设置技巧：

（1）制作精华素材内容时不仅要与专栏主题相关，同时也要有一定的差异化，建议与原章节内容的重合度低于 80%。

（2）音频或视频形式的专栏精华素材内容，建议持续时长要超过 2 分钟。

（3）图文形式的专栏精华素材，建议字数要超过 800 字。

（4）新媒体人可以在精华素材中软性植入一些引导购买的提示信息，多宣传和推广自己的付费专栏。

（5）精华素材不要设置为付费，只有免费才能让专栏精华被更多用户看到，从而让更多用户了解到专栏内容。

（6）专栏精华素材中的内容必须符合平台规范，否则一旦被判定为违规素材，不仅不可能通过审核，而且严重的还将会收回专栏精华功能权益。

（7）精华素材不可重复使用，否则会取消权益，且永不恢复。

（8）新媒体人要注意每个月至少发布 10 条专栏精华，否则该权益会被系统收回。

5．试听试看，引发好奇

新媒体人设置付费章节的“试看/试听”后，用户可以先试看或试听前面一部分内容，更好地了解章节内容，再决定是否购买整个章节或专栏。新媒体人可以通过精彩的试看或试听内容，勾起用户的好奇心，促进他们积极购买专栏。

当用户打开相应的试看章节内容时，在图文内容中间会出现“购买本节解锁剩余 65%的内容”提示，如图 6-10 所示。

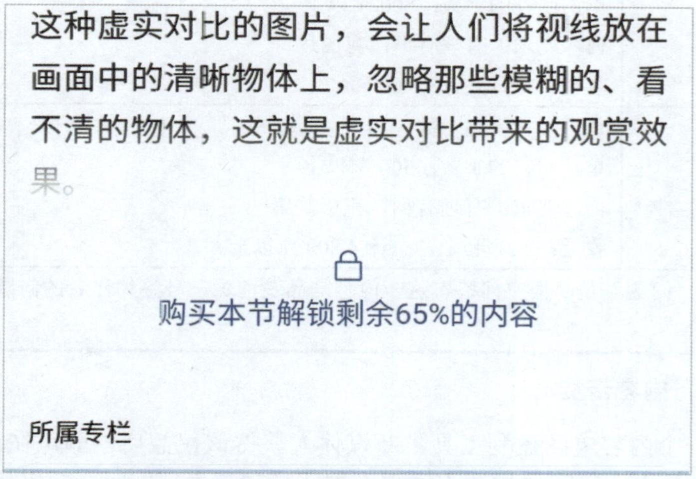

图 6-10　图文试看效果

6.2.3　盈利手段解析

运营者还可以在今日头条平台或其他头条系产品中找到更多盈利方式。本节筛选了一些有价值的头条号盈利方式，帮助创作者拓宽内容盈利的途径，增加收入。

1．签约作者，固定收益

在今日头条平台上，签约作者每个月是有固定收益的，这也是今日头条平台一种主要的盈利形式。那么，如何成为头条签约作者呢？主要有以下两种方法。

（1）系统邀请。当新媒体人为平台贡献了足够多的有价值的优质原创内容，并成为某一方面的专家，或是有着很高的知名度后，才有可能收到今日头条系统邀请成为签约作者，这是一种平台主动邀请的方式。

（2）主动申请。与系统邀请相反，主动申请是一种新媒体人自主申请、平台被动审核的方式。主动申请的具体流程是——新媒体人登录头条号，然后关注今日头条官方账号，并在后台选择发送私信，把相关的资料传送给系统审核。当审核通过后，新媒体人也就可以成为头条签约作者。此时，新媒体人只要完成平台每月的任务，即可获得签约作者应得的收益。以今日头条的“悟空问答”为例，具体介绍头条号作者成为头条“悟空问答”签约作者的条件。在“悟空问答”平台上，签约作者也是有等级之分的，具体条件如表 6-1 所示。

表 6-1 “悟空问答”的签约作者条件和收益

级别	具体含义和依据
一级	每月回答问题个数：20 个 单篇回答的字数：500 字以上 内容要求：有理有据，有图片 收益：每月共计 10 000 元
二级	每月回答问题个数：24 个 单篇回答的字数：500 字以上 内容要求：有理有据，积极健康 收益：200 元/个，总计 4 800 元以上
备注：这里所指的“问题”是“悟空问答”这一内容产品邀请头条号签约作者的问题，而不是其自主选择的问题	

2. 头条小店，内容带货

头条小店是一个内容电商盈利工具，新媒体人获得该权益后，即可在自己的今日头条、西瓜视频、抖音以及火山等载体的个人主页中展示店铺界面。同时，新媒体人可以通过图文、微头条、小视频、视频以及直播等多种内容形式展示商品信息，方便用户直接购买。

头条小店有一定的入驻门槛，只有个体工商户或企业才能申请，同时还需要提供相关的营业执照等资料。新媒体人可以按照相关指引完成入驻申请，工作人员将在 5 个工作日内审核。另外，入驻头条小店时，新媒体人还需要缴纳 10 000 元保证金。若新媒体人无违规等操作，保证金可退。入驻完成，新媒体人可申请开通放心购频道业务，以及设置相关的商品推广业务。

3. 创作活动，有奖征文

新媒体人可以通过体裁类型、参与状态和垂直领域等标签，筛选适合自己的相关创作活动来参与，如图 6-11 所示。在该界面中，新媒体人可以看到活动标题、活动简介、最高奖金和参与人数等信息。

图 6-11 “创作活动”界面

新媒体人选择相应活动后，即可进入活动详情界面，可以查看详细的活动介绍，包括活动时间、发文方向、参与方式、奖项设置、评选规则和参考资料等，如图 6-12 所示。

图 6-12　活动详情页面

6.3　大鱼号平台

大鱼号全称为 UC 大鱼•媒体服务平台，该平台基于 UC 浏览器而打造，其显著优势主要体现在打通了优酷、土豆以及 UC 三大平台的后台，目前拥有约 6 亿用户，以及每个月大约 4 亿的活跃用户，为新媒体人提供了绝佳运营条件。

6.3.1　大鱼号的转正

新媒体人必须通过“试运营”转正，来获得大鱼号平台给予的更多收益、权限和流量扶持。对于符合“试运营”转正条件的新媒体人来说，大鱼号平台会自动将其转正为普通等级的创作者；尚未达到“试运营”转正条件的新媒体人，则需要努力提高内容质量和活跃度，同时做到合规运营，争取早日转正。

1. 晋升转正，三大好处

当新媒体人提交的入驻申请资料被大鱼号平台审核通过后，即可成为大鱼号运营者，同时账号进入“试运营”状态。

试运营和转正的主要区别表现在以下三个方面。

（1）账号收益：“试运营”期间的大鱼号没有收益；只有转正之后才会获得收益。

（2）发文权限：“试运营”期间，新媒体人每天只可以发文 3 篇，转正后每天可以发文 10 篇。

（3）后台权限：“试运营”期间，新媒体人可以发布文章或视频等内容；转正后，运营者会获得更多权益类功能，如原创权益、商品推广和扶持计划等。

2．账号转正，基本要求

大鱼号平台主要是根据新媒体人的文章数量和质量，来判断该账号是否达到转正标准。当账号文章被平台推荐过多次以后，会自动触发申请转正考核，然后平台将会根据文章的质量和账号情况进行综合判断，决定账号能不能通过考核。

新媒体人如果想快速转正，必须做到以下三点。

（1）提供有价值的内容，如干货教程、影评都可以，但不要写内涵空洞的文章。

（2）要有明确的领域定位，发布的每篇文章都要与自己的领域定位相符。

（3）账号的昵称和简介要与所选择的领域相符。

关于平台审核转正的标准，必须做到以下三个方面。

（1）内容质量：文章获得平台的推荐占比≥80%；信用分=100。

（2）账号活跃度：运营者连续 7 天进行日更。日更即天天更新的意思，就是每天都发一篇新文章。

（3）合规运营：运营者必须完成实名认证。

根据数据显示，按照以上要求发文、运营的情况下，一般一周时间就可以转正。需要注意的是，在转正时必须连续 7 天保持日更，否则会清零，需要重新计算 7 天日更。

3．查看进度，弥补不足

成长等级表示的是大鱼号运营者的运营能力，具体评估标准如下。

（1）新媒体人的原创能力。

（2）发布文章的内容质量。

（3）新媒体人发文的活跃度。

（4）新媒体人的粉丝运营能力。

（5）新媒体人的影响力等。

大鱼号目前包括试运营、普通创作者、“铜 V”创作者、“银 V”创作者和“金 V”创作者五个等级。当新媒体人达到一定要求后，即可晋升到对应的等级，并且获得相应的权益，如图 6-13 所示。

图 6-13　查看当前等级的权益

6.3.2　提升内容运营能力

商家或新媒体人在运营大鱼号时，内容是重中之重，没有好的内容，就谈不上有好的流量和盈利渠道了。因此，新媒体人需要重点加强自己的内容创作能力，做好精准的内容定位，用内容吸引“忠实粉丝”，让自己的内容在粉丝心目中变得不可代替，这样才有可能获得成功。

1．插入内链，发表连载

新媒体人可以在大鱼号平台上发布连载类的作品，只需在创作图文内容时，使用“插入超链接”功能在文章中插入内部链接，来实现连载类作品上下文的衔接。

在创作连载类作品时，新媒体人还需注意一个基本原则，那就是插入的内部链接需要与正文内容相切合，保证上下文逻辑清晰、合理。如果新媒体人没有根据平台规则使用文章链接，则可能会受到平台处罚，包括文章不推荐下发、关闭功能权益、信用扣分等处罚措施。

▶ 专家指点

内部链接的不合规使用行为主要包括以下两种。

（1）文章中出现随意的内链堆砌。

（2）内链与正文完全不相关，纯粹是诱导读者阅读的内链。

大鱼号平台针对不同的连载类作品，制定了不同的规则，具体内容如表 6-2 所示。

表 6-2　连载类作品的基本规则

内容形式	链接内容	链接数量
连载内容	内容为上一章节及下一章节	每篇允许使用两个链接
同事件或同人物新闻	同主题新闻扩展阅读	每处允许使用一个链接
扩展或引用资料	正文内容的补充说明、信息来源标注等	每处允许使用一个链接

2．平台规范，切记遵守

大鱼号平台不仅推出了《大鱼号平台作品发布规范》，而且还针对不同领域的内容创作者制定了相关的内容规则，新媒体人在创作内容时一定要提前了解这些规则，避免出现违规行为。如图 6-14 所示为大鱼号平台的《财经专业内容发布规则》。

除了财经专业内容，健康专业内容同样需要获得“健康专业内容许可”，为用户提供更加专业、准确的健康资讯内容，防止用户被虚假内容误导。有财经或健康资质的新媒体人，可以在后台上传相关资质证明。

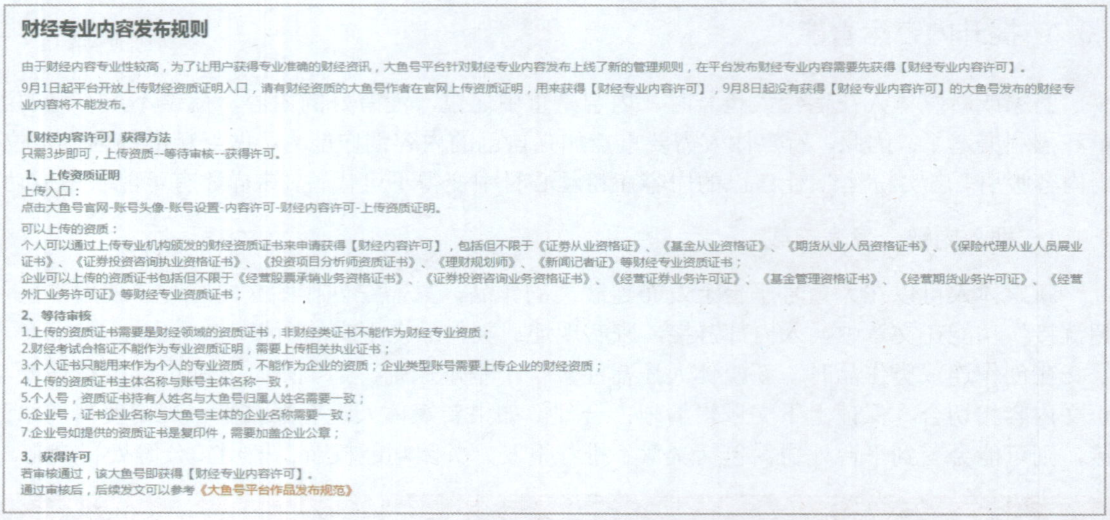

财经专业内容发布规则

由于财经内容专业性较高，为了让用户获得专业准确的财经资讯，大鱼号平台针对财经专业内容发布上线了新的管理规则，在平台发布财经专业内容需要先获得【财经专业内容许可】。

9月1日起平台开放上传财经资质证明入口，请有财经资质的大鱼号作者在官网上传资质证明，用来获得【财经专业内容许可】，9月8日起没有获得【财经专业内容许可】的大鱼号发布的财经专业内容将不能发布。

【财经内容许可】获得方法
只需3步即可，上传资质--等待审核--获得许可。

1、上传资质证明
上传入口：
点击大鱼号官网-账号头像-账号设置-内容许可-财经内容许可-上传资质证明。

可以上传的资质：
个人可以通过上传专业机构颁发的财经资质证书来申请获得【财经内容许可】，包括但不限于《证券从业资格证》、《基金从业资格证》、《期货从业人员资格证书》、《保险代理从业人员展业证书》、《证券投资咨询执业资格证书》、《投资项目分析师资质证书》、《理财规划师》、《新闻记者证》等财经专业资质证书；
企业可以上传的资质证书包括但不限于《经营股票承销业务资格证书》、《证券投资咨询业务资格证书》、《经营证券业务许可证》、《基金管理资格证书》、《经营期货业务许可证》、《经营外汇业务许可证》等财经专业资质证书；

2、等待审核
1.上传的资质证书需要是财经领域的资质证书，非财经类证书不能作为财经专业资质；
2.财经考试合格证不能作为专业资质证明，需要上传相关执业证书；
3.个人证书只能用来作为个人的专业资质，不能作为企业的资质；企业类型账号需要上传企业的财经资质；
4.上传的资质证书主体名称与账号主体名称一致，
5.个人号，资质证书持有人姓名与大鱼号归属人姓名需要一致；
6.企业号，证书企业名称与大鱼号主体的企业名称需要一致；
7.企业号如提供的资质证书是复印件，需要加盖企业公章；

3、获得许可
若审核通过，该大鱼号即获得【财经专业内容许可】。
通过审核后，后续发文可以参考《大鱼号平台作品发布规范》

图 6-14　大鱼号《财经专业内容发布规则》

3．找关键词，设定标签

在创作“商品文”内容时，大部分新媒体人都是带着卖货的目的编写内容的。其实，这种心理是错误的，这样做出来的文章很难得到用户认同。让“商品文”被广大用户接受，还需要你的内容能够为用户带来价值，这样他们才会点击认可的文章，并购买你的产品，才能有好的转化率。因此，新媒体人一定要找到用户痛点，根据他们的需求创作“商品文”的内容，从而打动用户，促进他们购买产品。要找出用户痛点，新媒体人首先要学会找精准用户群体的关键词，并设定标签，如图 6-15 所示。

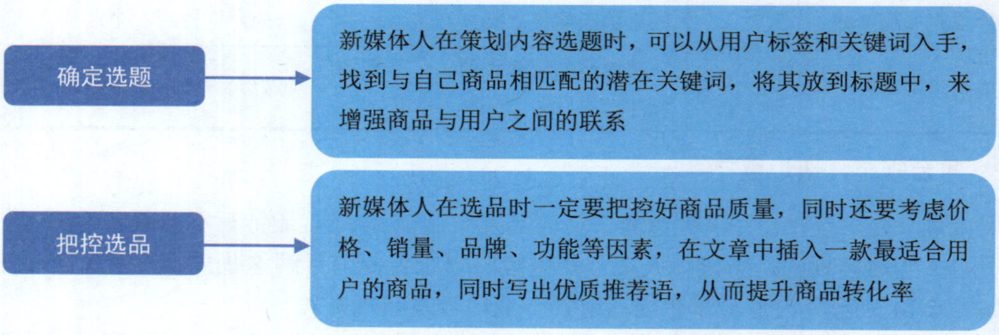

图 6-15　创作“商品文”的技巧

另外，新媒体人在创作“商品文”内容时，还应注意一些事项，如图 6-16 所示。

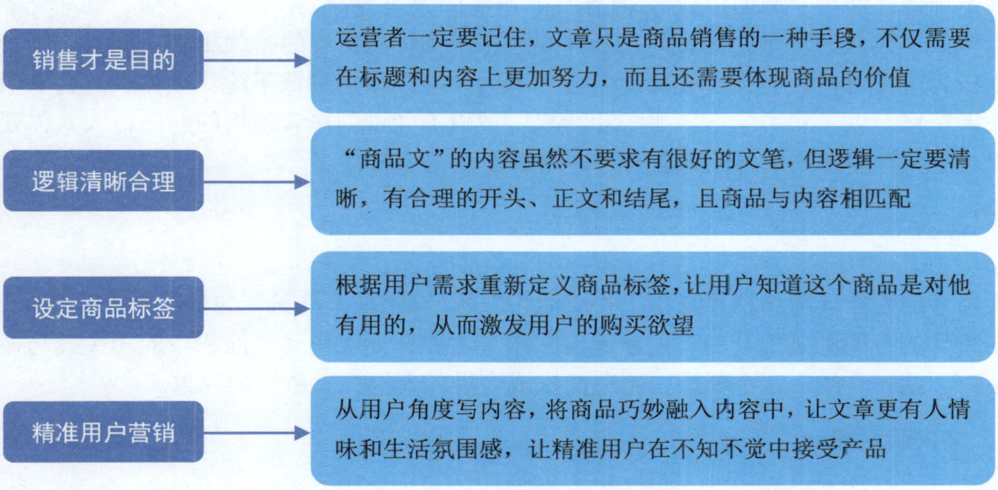

图 6-16　创作“商品文”的注意事项

4．细分领域，锚定风格

新媒体人一定要坚持深耕细分领域，并形成自己的内容创作风格，这样才能更好地从所在领域内脱颖而出。例如，抖音上非常火的猫咪，其实是一只搞怪卖萌的折耳猫，而搭档“瓜子”则是一只英国短毛猫，账号主人为其配上幽默诙谐的语言对话，加上两只小猫有趣搞笑的肢体动作，这种创作风格不同于常规的宠物类内容，备受粉丝的喜爱。

打造个性化的内容风格的相关技巧如图 6-17 所示。

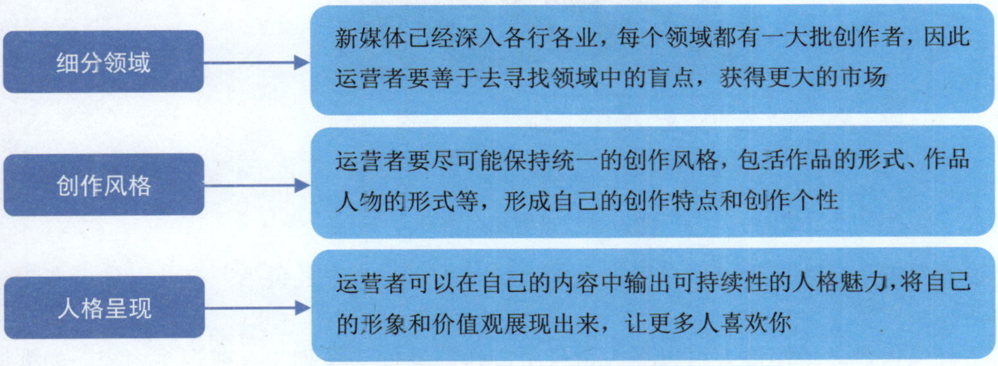

图 6-17　打造个性化的内容风格的相关技巧

5．能量标识，具有特权

新媒体人获得大鱼号能量创作者标识后，将拥有更多特权，包括专属客服、快速审核、专属服务手册、上榜加权、流量倾斜以及优先体验新产品等。另外，能量创作者每天可发布 15 篇作品，极大地增加了内容的推广面。

能量创作者目前不支持主动申请，平台综合评估运营者的行业知名度、平台贡献度、作品原创度以及持续创作能力等，邀请有实力的新媒体人加入能量创作者行列。目前，能量创作者基本都是开通了“原创标识”，且作品质量高的大鱼号。

当新媒体人成为能量创作者后，还需要注意保持优质内容的持续更新。同时，平台会对能量创作者进行考核，对于连续两周创作频率为 0、作品质量低下的新媒体人，会取消其能量创作者资格，以及相关的专属服务和特权。被取消能量创作者资格的新媒体人，需要在大鱼号平台上持续创作高质量的原创作品，来重新获得该权益。

6.3.3 粉丝运营技巧

大鱼号的粉丝运营包括“涨粉”和“活粉”两个部分，“涨粉”的目的是提升粉丝数量；而“活粉”的目的则是提升粉丝的活跃度。本节主要介绍大鱼号“涨粉”的相关技巧，具体包括站内、站外和线下三个渠道，帮助商家或新媒体人提升大鱼号的权重。

1．站内吸引粉丝，平台推广

站内吸引粉丝是指商家或新媒体人利用大鱼号本身的平台渠道进行推广，达到“涨粉”的目的。大鱼号站内吸粉主要有以下三种方法。

（1）设置关注语。新媒体人可在文章内容下方加入一些关注语，提醒用户关注自己，如图 6-18 所示。如果用户没有在文章结尾看到这句话，可能他就没有关注你的意识。

图 6-18　设置关注语

（2）设置欢迎语。欢迎语可以呈现自己的大鱼号为用户带来的价值，有效引导潜在粉丝关注。

（3）系列化内容。新媒体人可以在大鱼号中创作联系性的系列文章或视频内容，如类似电视连续剧中的第一集、第二集等，或者课程目录的入门篇、精通篇和高级篇等，吸引粉丝持续关注。

2．站外吸引粉丝，线上推广

除了大鱼号本身的平台推广功能外，新媒体人还可以在微博、微信、QQ 空间、钉钉和今日头条等互联网渠道推广，吸引站外的粉丝关注。例如，新媒体人在发微博时，可在结尾处加上引导关注大鱼号的话语，吸引微博平台的粉丝关注大鱼号。再例如，新媒体人可以将大鱼号的内容转发到自己的微信朋友圈，引导微信好友关注，如图 6-19 所示。

图 6-19　将内容转发到微信朋友圈吸引粉丝

总之，只要是可以写文章和发视频的互联网平台，新媒体人都可以在这些平台中为大鱼号扩大流量。当然，有些平台对此比较反感，因此新媒体人在扩大流量时要尽量利用软文的形式，在潜移默化中吸引粉丝关注。

3. 线下扩大流量，更多渠道

大鱼号的线下扩大流量渠道包括商家个人的人脉圈、会议推广、地推以及定制化的新媒体营销等方式，尽可能利用各种渠道资源推广大鱼号。

例如，定制化的新媒体营销这种方法主要是在各种宣传广告中植入大鱼号的账号或二维码，感兴趣的用户在看到广告内容后，通常会扫码来注大鱼号的最新动态。商家可以参考如下的方法进行操作，如图 6-20 所示。

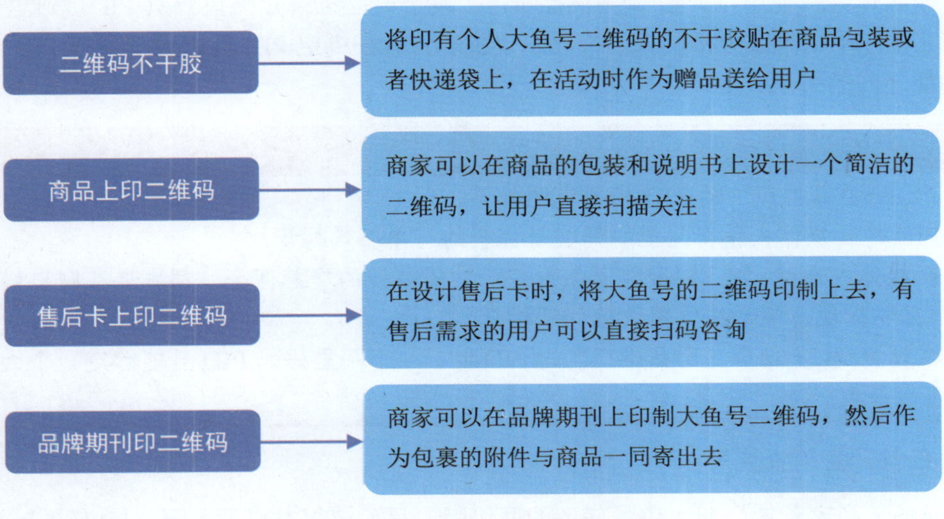

图 6-20　定制扩大流量的参考方法

虽然这些渠道可能营销效果都不大，但商家也不能忽视它们，只要坚持不懈，这些线下渠道也能通过日积月累，为大鱼号带来巨大的流量。

6.3.4 快速获得收益

总之，大鱼号的主要盈利渠道包括U+任务•商品推广收益、U+任务•商家营销收益、UC分润收益、优酷粉丝激励收益、优酷流量分成收益、视频认领权益收入、U 创激励计划奖金收益、淘票票商品推广、参加有奖征文活动、积分商城兑换礼品等，本节将分别进行介绍，帮助运营者获得更多收入。

1．U＋任务，推广收益

“U＋任务•商品推广”权益是“U＋任务・内容电商”的子权益，包括“U＋任务・图文商品推广”、“U＋任务・短视频商品推广”、“U＋任务・小视频商品推广”等方式，符合权益条件的新媒体人可以按官方给出的流程申请。当新媒体人获得“U＋任务•商品推广”权益后，将有 30 天的权益保留期。在权益保留期内，新媒体人可以在自己想保留的创作方向上，满足平台的发文要求，平台会在权益保留期过后重新评估，给予合适的权益类型。

在申请“U＋任务•商品推广”权益类型时，选择自己擅长的创作类型权益。例如，短视频领域的新媒体人，则可以申请“U＋任务・短视频商品推广”权益。

平台评估主要根据以下因素综合评定新媒体人的创作类型权益。

（1）新媒体人专注的发文领域。

（2）新媒体人发文的内容质量。

（3）新媒体人发文产生的消费情况。

（4）新媒体人在平台的信用违规情况。

总之，发文领域越专注且适合内容带货、内容质量越优质、消费情况良好，申请通过的概率会大大提高。

另外，新媒体人在使用“天猫/淘宝商品推广”功能时必须绑定阿里妈妈 PID，阿里妈妈 PID 是淘宝客推广中用来区分推广人的代码。建议运营者在绑定 PID 前，合理安排 PID 与绑定大鱼号功能之间的关系。

> ▶ 专家指点
>
> “U＋任务•商品推广”的 PID 相关说明如下。
>
> （1）PID 是新媒体人获得阿里妈妈交易佣金的订单归属标识。
>
> （2）新媒体人通过“天猫/淘宝商品推广”功能获得的交易佣金，都需要在阿里妈妈后台进行结算和提现，佣金结算需依赖此项标识。
>
> （3）在设置“U＋任务・商品推广”的 PID 时，一个阿里妈妈 PID 只能绑定一个大鱼号，30 天可以修改一次。

2．U＋任务，营销收益

“U＋任务・商家营销”即大鱼号任务的升级版，目前该权益已调整至“U+任务・内容电商”模块。“U＋任务・商家营销”主要用于对接商家的商业合作需求，赋能大鱼号创作者实现商业盈利。

在“U＋任务·商家营销”平台中，品牌广告主、大鱼号官方和商家等用户都可以发布有偿的撰稿任务，吸引优质创作者在自己的内容中插入商品卡片，当商品通过创作者的内容实现成交后，创作者即可获得成交佣金收入。

“U＋任务·商家营销”的 PID 与“U＋任务·商品推广”权益的 PID 区别如下。

（1）“U＋任务·商家营销”PID 是大鱼号账号通过“阿里 V 任务”平台接受商家任务的唯一身份标示。

（2）“U＋任务·商家营销”的费用结算和淘宝客推广的佣金结算，都需要依赖此 PID。

（3）“U＋任务·商家营销”绑定 PID 后不能再进行修改，而且该 PID 必须同阿里妈妈账号和“V 任务身份”一一对应。

“U＋任务·商家营销”包括官方任务和商家任务两种类型，其具体区别和参与方式，如表 6-3 所示。

表 6-3 “U+任务·商家营销”的任务类型

任务类型	官方任务	商家任务
任务发布者	由大鱼号平台创建并发布	由需求方即商家创建并发布
任务接受者	面向所有创作者和需求方进行“招标”	定向派单给某个大鱼号，大鱼号作者确认是否接受
参与方式	任务发布后，创作者和商家根据任务与自身的匹配程度，确定是否报名。商家会从已报名的作者中选择中意的大鱼号进行合作	商家任务通常会要求作者在文章中进行商品推广，因此作者除了任务本身的稿酬外，还有机会通过用户购买商品而获得推广佣金

新媒体人在申请“U＋任务·商家营销”权益前，还需要满足以下三个条件中的任意一个，即有机会开通权益。

（1）原创账号，有一定的软文创作能力。

（2）大鱼号的质量指数＞105 分。

（3）大鱼号的累计粉丝数＞3 000。

对于满足条件的新媒体人，平台会向其发出开通“U＋任务·商家营销”权益的邀请，新媒体人可以多关注站内通知，自助完成开通申请。当新媒体人成功获得“U＋任务·商家营销”权益后，若没商家下单发配任务，也可以自己主动通过以下渠道联系商家。

（1）“阿里 V 任务”平台中的“商家广场”或“官方活动”。

（2）曾为店铺做过淘宝客推广并有成交的商家。

（3）淘宝联盟平台上开设佣金的商家等。

在“U＋任务·商家营销”这种盈利模式中，新媒体人创作的内容是任务的主要产出物，因此酬劳也是针对这些内容设定的。新媒体人可以根据自己的内容流量，结合平台提供的建议报价，自定义设置任务的酬劳，即内容创作费用。

3．UC 分润，广告收益

“UC 分润”是 UC 端上的权益，属于一种平台广告的收益方式。新媒体人可在 UC 端发布内容时添加“UC 分润”功能，这样平台会在内容页面中插入相应的广告卡片，当这些图文或视频内容被有效阅读或播放时，运营者即可获得收益。

“UC 分润”收益的计算维度包括作品本身质量、读者消费情况以及优化互动情况 3 个维度；其基本条件包括已转正、信用分等于 100 以及已获“图文/视频原创声明”权益等。

在获得“UC 分润”权益后，新媒体人可以进入大鱼号后台查看详情的收益情况。下面介绍一些可以帮助新媒体人提高“UC 分润”收益的方法，如图 6-21 所示。

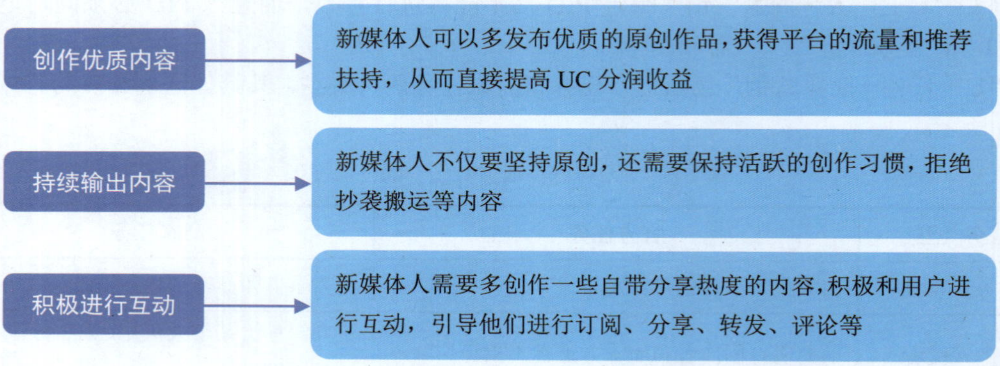

图 6-21　提高“UC 分润”收益的方法

只要用户对新媒体人的内容偏爱程度越高，内容对于平台的贡献度自然也越高，最终可获得的“UC 分润”收益也会更多。

大鱼号平台发布了《UC 广告分成权益规则调整》公告，新规定关于“UC 分润”权益关闭规则作了一些细节补充，如表 6-4 所示。同时，对于已开通“UC 分润”权益的新媒体人，如果符合权益关闭要求，平台会给予 3 天调整期。新媒体人若在超过调整期还没有解决这些问题，平台将会取消其“UC 分润”权益，直到新媒体人再次符合开通资格。

表 6-4　“UC 分润”权益关闭规则细节补充

调整前	调整后
存在以下任一行为，则关闭权益： （1）存在广告刷量作弊行为 （2）其他违规的且性质比较严重的情况	账号符合以下任一情况，则关闭分成权益 （1）存在广告、内容刷量等作弊行为 （2）信用分少于 80 分 （3）近 90 天发文（图文、视频和图集）少于 3 篇

4．优酷粉丝，激励收益

不同于“UC 分润”权益的是，“优酷粉丝激励”这种盈利模式是仅针对优酷端的权益，同时与“优酷流量分成”权益绑定，如图 6-22 所示。

开通“优酷粉丝激励”权益后，新媒体人可以鼓励优酷端的粉丝，吸引他们观看自己发布的视频，并让他们积极参与评论和分享。同时，平台会根据大鱼号的粉丝观看量和互动量级进行评估，给予新媒体人 2～60 倍的收益加权。

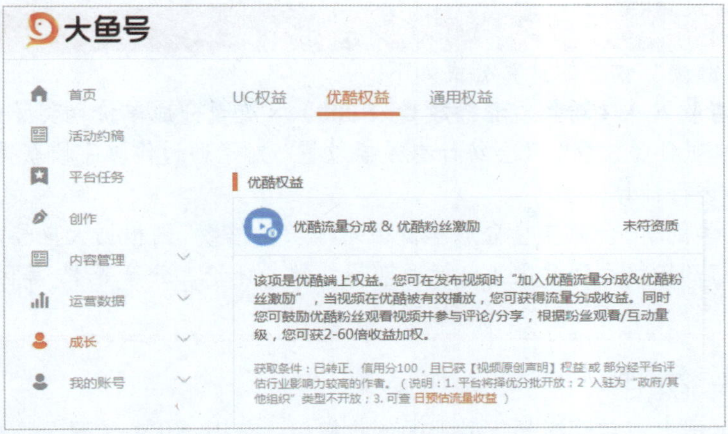

图 6-22　“优酷流量分成&优酷粉丝激励”的申请入口

开通“优酷流量分成&优酷粉丝激励”权益的基本条件为“账号已转正，信用分为满分”，同时还需要满足以下任一条件，即获得“视频原创声明”权益，或被平台评估为行业影响力较高的大鱼号。提高“优酷粉丝激励”收益的方法如图 6-23 所示。

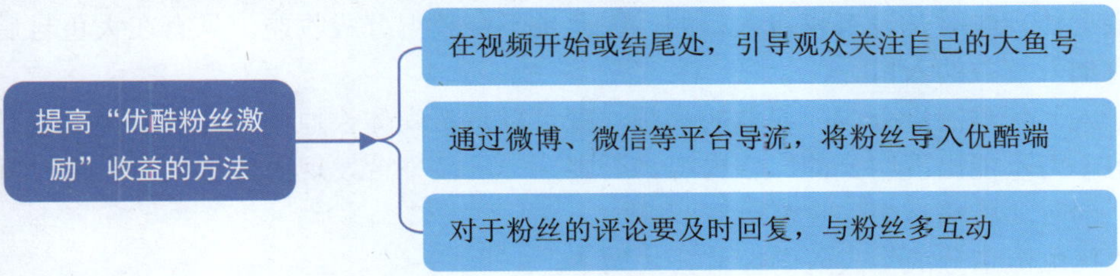

图 6-23　提高“优酷粉丝激励”收益的方法

新媒体人可以在大鱼号后台查看前一日的“优酷粉丝激励”收益情况，同时可以在每月的 10 日，查看上一个月的“优酷粉丝激励”收益情况。另外，大鱼号还针对“优酷流量分成&优酷粉丝激励”权益制定了相关的关闭规则，如图 6-24 所示。新媒体人一定要合规运营，避免权益被关闭，影响到收益。

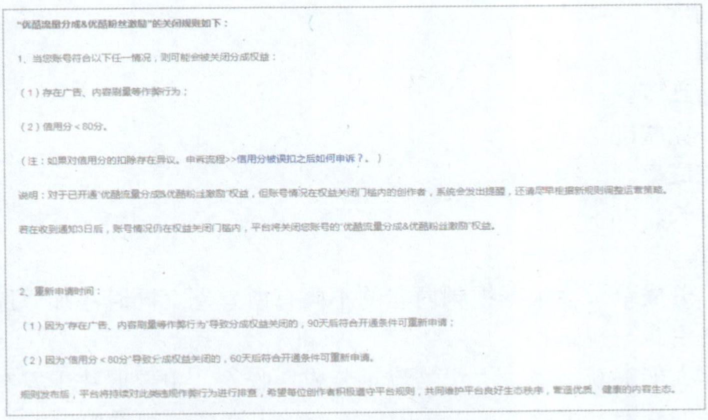

“优酷流量分成&优酷粉丝激励”的关闭规则如下：

1、当您账号符合以下任一情况，则可能会被关闭分成权益：

（1）存在广告、内容刷量等作弊行为；

（2）信用分＜80分。

（注：如果对信用分的扣除存在异议。申诉流程>>信用分被调扣之后如何申诉？。）

说明：对于已开通“优酷流量分成&优酷粉丝激励”权益，但账号情况在权益关闭门槛内的创作者，系统会发出提醒，还请尽早根据新规则调整运营策略。

若在收到通知3日后，账号情况仍在权益关闭门槛内，平台将关闭您账号的“优酷流量分成&优酷粉丝激励”权益。

2、重新申请时间：

（1）因为“存在广告、内容刷量等作弊行为”导致分成权益关闭的，90天后符合开通条件可重新申请；

（2）因为“信用分＜80分”导致分成权益关闭的，60天后符合开通条件可重新申请。

规则发布后，平台将持续对此类违规作弊行为进行排查，希望每位创作者积极遵守平台规则，共同维护平台良好生态秩序，营造优质、健康的内容生态。

图 6-24　“优酷流量分成&优酷粉丝激励”权益的关闭规则

▶ 专家指点

“优酷粉丝激励”收益的计算公式如下。

创作者收入 =（粉丝观看播放量÷1 000）× 流量分成单价 × 奖励倍数

其中，“粉丝观看播放量”只会统计有效播放量，对于通过作弊手段获得的粉丝观看播放量，平台不会进行计算。

“流量分成单价”与优酷流量分成单价相同，“奖励倍数”则根据大鱼号内容产生的“粉丝观看播放量级”“粉丝互动量级（包括净增粉丝数、评论、分享等）”等因素，综合计算得出。

5．优酷流量，分成收益

“优酷流量分成”权益同样是优酷端的创收权益，获得“优酷流量分成&优酷粉丝激励”权益资格的新媒体人可以在发布视频的同时加入权益，这样当视频在优酷端获得有效播放时，新媒体人会得到相应的流量分成收益。

新媒体人开通“优酷流量分成&优酷粉丝激励权益”后，在发布视频内容时，选中“加入优酷流量分成&优酷粉丝激励”复选框，这样视频就能为新媒体人带来收益。需注意的是，优酷端上传视频时是没有权益入口的，因此也不会获得分成收益。只有在大鱼号后台上传视频才有加入权益的入口。

加入“优酷流量分成”权益的视频，既可以是新媒体人原创的内容，也可以是非原创视频，但千万不能出现明显的广告内容。否则，一旦被平台发现内容里面有广告，就不会通过审查，同时还将核减相关收益结算。

“优酷流量分成”收入的计算公式如下。

创作者流量分成收入=（加入流量分成视频的有效播放量÷1 000）×流量分成单价

（1）有效播放量：包括以下两个必要条件。

①视频被观众打开。

②视频正片内容被观众正常播放。

注意，通过作弊或不正当方式获取的播放量，不会计入有效播放量。

（2）流量分成单价：主要受到以下因素的影响。

①视频的原创度。

②视频内容质量。

③上传视频活跃度。

④视频品类、完整度。

⑤用户观看完成率。

⑥用户观看时长。

⑦用户喜爱度。

需注意的是，分成单价会根据视频内容的不同有所差别，同时添加“原创声明”的视频获得的分成加权会更高一些。

总之，新媒体人能够获得多少“优酷流量分成”收入，主要取决于发布的视频能够被多少观众观看及观看的次数。运营者可以采用以下方法提高视频的播放量。

➢　努力提高视频的内容质量，优化标题及封面，增加视频的点击率和播完率，获得更多的平台流量和推荐资源。

➢　多发优质的原创视频，获得平台给予的更多分成加权。

新媒体人也可以在开通“优酷流量分成”权益的同时，继续开通“UC 分润”权益，同时获取两种收益。

本章小结

本章以公众号平台、头条号平台和大鱼号平台为例，介绍了它们各自独特的运营方法及其扩大流量、盈利和转正的技巧，以帮助运营者更加全面地了解新媒体账号的发展，从而在海量新媒体账号中脱颖而出。

本章习题

1．流量主具有哪三大功能？

2．新媒体人在设置优惠券时，还需要注意哪些事项？

第 7 章　新媒体音频平台

本章导读

音频内容的传播适用范围非常广泛，人们能够在任何悠闲时刻收听音频节目。音频营销相比其他新媒体营销模式来说，更能满足人们的碎片化需求。本章主要介绍音频平台相关的内容与技巧，帮助商家用声音吸引客户，获得实际收益。

本章重点

- 音频营销
- 音频平台

7.1　音频营销

音频营销是一种新兴的营销方式，它主要以音频为内容的传播载体，通过音频节目运营品牌和推广产品。随着移动互联网的发展，以音频节目为主的网络电台迎来了新机遇，与之对应的音频营销也进一步发展。音频营销具有以下两个特点。

（1）闭屏特点：闭屏的特点能让信息更有效地传递给用户，这对品牌、产品推广营销而言更有价值。

（2）伴随特点：相比视频、文字等载体而言，音频具有独特的伴随属性，它不需要视觉上的精力，只需双耳在闲暇时收听即可。

7.1.1　内容中植入广告营销

内容植入是网络营销推广中常用的方式，音频内容植入广告的方式有不一样的地方。用户能在开车、散步等多种场景中收听音频节目，因此音频广告效果要比平面广告、视频广告好得多。除了用户在收听接受上的方便外，音频的广告植入效果主要受以下因素影响，具体如图 7-1 所示。

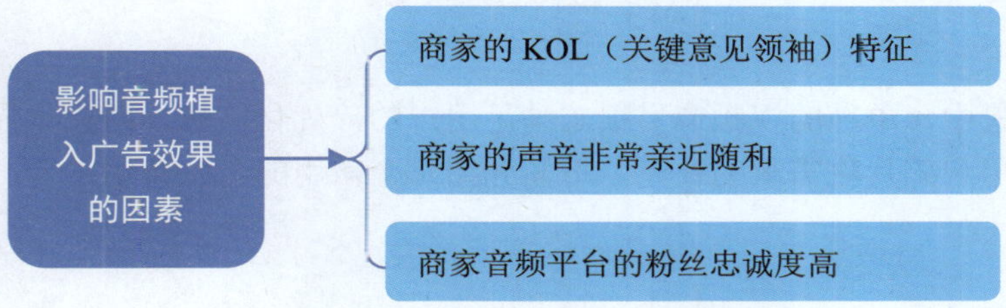

图 7-1　影响音频植入广告效果的因素

7.1.2　创建音频新媒体营销

相比建立微信公众号和开通官方微博，商家搭建自己的音频新媒体平台，也是一种很好的拓展营销渠道方式，对于推广品牌和提高粉丝黏性具有积极效果。当然，商家建立音频电台要结合自身特点选择合适的电台定位和发展方向，具体可参考以下几种类型。

（1）知识攻略型。

（2）达人互动型。

（3）幽默搞笑型。

（4）活动传播型。

（5）美文疗伤型。

7.1.3　通过专题节目营销

策划专题节目指的是商家通过专题节目促进营销，它在粉丝参与度方面比例较高，是不常用的一种音频营销形式。如图 7-2 所示为完整的音频专题节目营销需要经历的三个阶段。

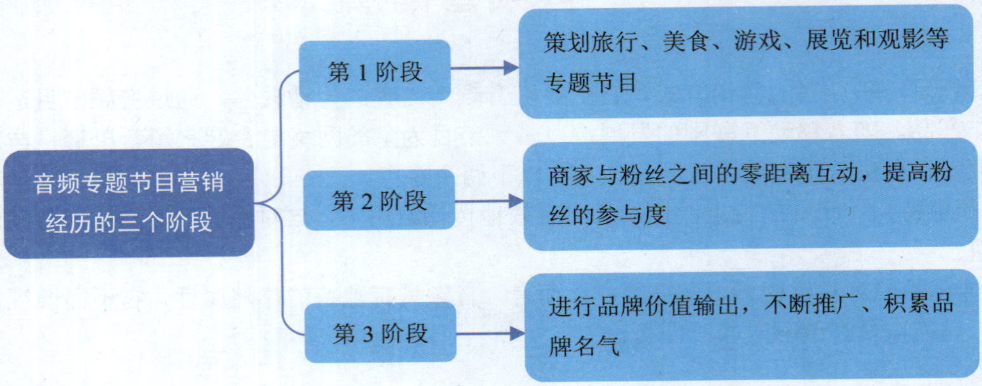

图 7-2　音频专题节目营销经历的三个阶段

内容植入、新媒体搭建和专题节目策划这三种核心的音频营销方式，可以有很多形式的创意玩法。商家可以根据公司和产品的情况，选择一种或多种方式，发挥出音频营销的潜力。

7.2　音频平台

在各种移动场景中，单纯的视频节目很难满足用户的碎片化需求，而原本显得没落的音频节目恰好能作为用户碎片化需求的补充。下面介绍几个常用的音频营销平台，让大家更为了解音频营销。

7.2.1　喜马拉雅 FM

喜马拉雅 FM 是国内顶尖的音频分享平台，用户可以在平台里上传、收听各种音频内容，它支持手机、电脑和车载终端等多种智能终端。下面对喜马拉雅 FM 进行详细分析。

1. 栏目信息

喜马拉雅 FM 平台官网首页的热门推荐有三个热门音频节目，商家可以与喜马拉雅 FM 进行合作，将自己的音频节目置顶，获得更大的营销曝光度。

喜马拉雅 FM 平台上有很多不同种类的音频节目，具体包括有声书、音乐、娱乐、相声评书、儿童、资讯、脱口秀、情感生活、历史、人文、教育培训、英语、广播剧、戏曲、电台、健康养生、旅游、汽车、动漫游戏以及电影等多种节目类型。

在喜马拉雅 FM 首页有榜单入口，如热播榜、新品榜和付费畅销榜，如果商家的营销产品能通过此榜单展示出来，必定能获得不少的关注，如图 7-3 所示。音频内容的传播适用范围更为多样，用户在运动、读书甚至工作等多种场景中，都能悠闲地收听音频节目。音频相比视频来说，它更能满足人们的碎片化需求。

在喜马拉雅 FM 平台上，用户可以通过它收听国内外等地区的几十万个音频栏目。而且“喜马拉雅 FM”相比其他音频平台，具有以下功能特点，如图 7-4 所示。在喜马拉雅 FM 平台上，商家可以直接通过搜索栏寻找自己喜欢的音频节目。对此，商家只需根据自身内容，选择热门关键词作为标题，便可将内容传播给目标用户。

此外，商家还应该充分利用用户碎片化的需求，通过音频平台发布直播信息广告，音频广告的营销效果相比其他形式的广告投放更为精准。而且，音频广告成本也比较低，十分适合新人。

图 7-3　喜马拉雅 FM“有声书”分类中的音频节目

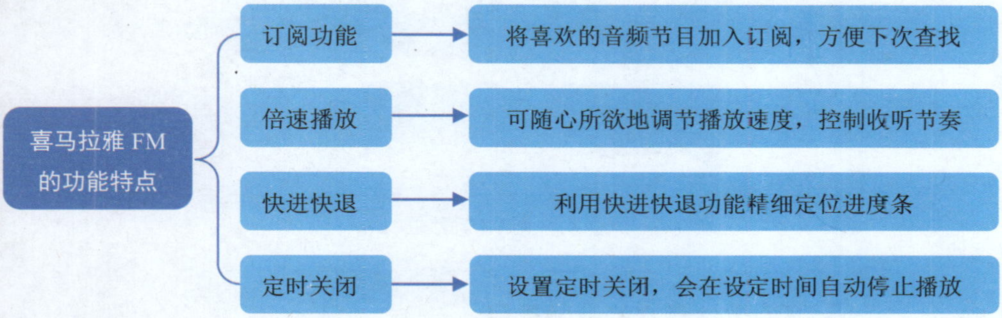

图 7-4　喜马拉雅 FM 的功能特点

例如，美食主播可以与“美食”相关的音频栏目组合作。因为这些节目通常有大量关注美食的用户收听，广告的精准度和效果会非常好。商家还可以在自己或别人的音频节目的弹幕和评论区发送营销信息，获得更多用户的关注，实现新媒体营销的目标，如图 7-5 所示。

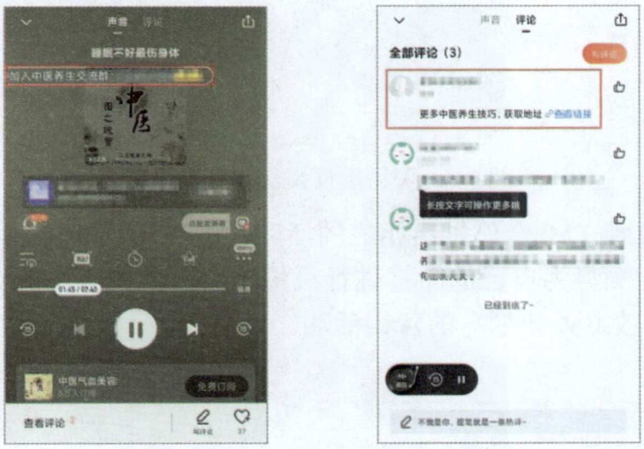

图 7-5　在弹幕和评论区发送营销信息

2. 针对性扩大流量

根据相关数据显示，喜马拉雅 FM 上的女性用户大多关注的是情感、轻音乐、娱乐、家庭以及婚姻之类的栏目，如图 7-6 所示。18~30 岁以内的女性用户，主要对星座、情感、娱乐、八卦和轻音乐等栏目感兴趣；而 30~40 岁的女性用户将心思大多置于家庭、婚姻、魅力养成等栏目上。

与此有类似规律的是喜马拉雅 FM 上的男性用户，他们大多关注的为汽车、创业、历史、相声以及社交之类的栏目，如图 7-7 所示。18~30 岁以内的男性用户为上班族，正处于人生打拼阶段，他们对休闲性质的新闻、创业、励志和社交类栏目感兴趣；而 30~40 岁的男性用户将心思大多置于相声、历史、怀旧歌曲等栏目上。

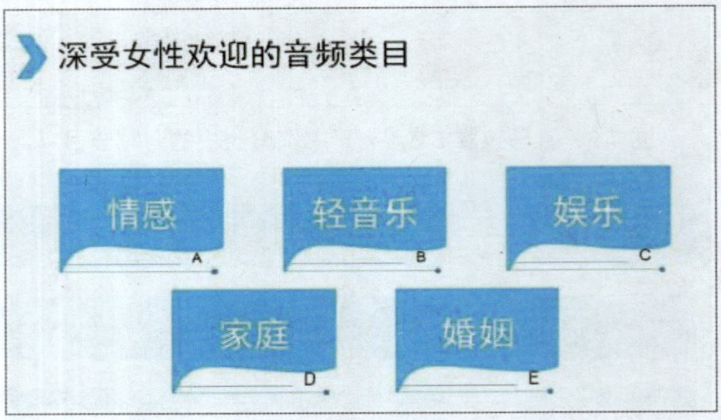

图 7-6 深受女性喜欢的音频类目

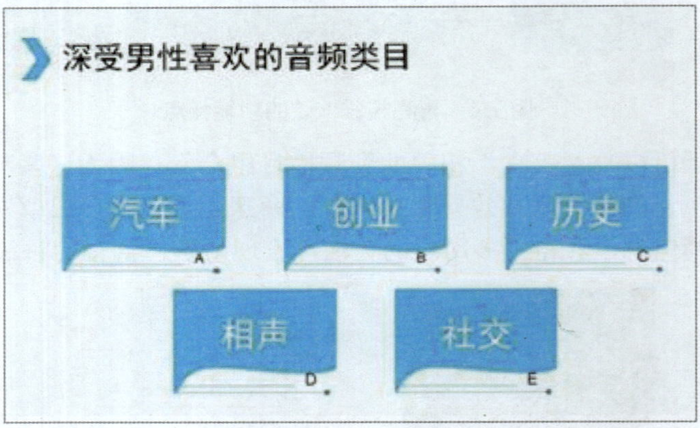

图 7-7 深受男性喜欢的音频类目

商家可以与喜马拉雅 FM 合作推出相应的活动，吸引用户和主播积极参与活动，让他们有机会获得丰厚福利，顺势为自己的品牌进行流量推广。如图 7-8 所示为某品牌在喜马拉雅 FM 平台上推出的“拯救上火计划”的营销活动。

图 7-8　喜马拉雅 FM 官方活动

7.2.2　蜻蜓 FM

蜻蜓 FM 是一款强大的广播收听应用，用户可以通过它在线收听国内和海外等地区千个广播电台。下面对蜻蜓 FM 平台进行详细分析。

1．栏目信息

蜻蜓 FM 相比其他音频平台，具有诸多功能特点，如图 7-9 所示。

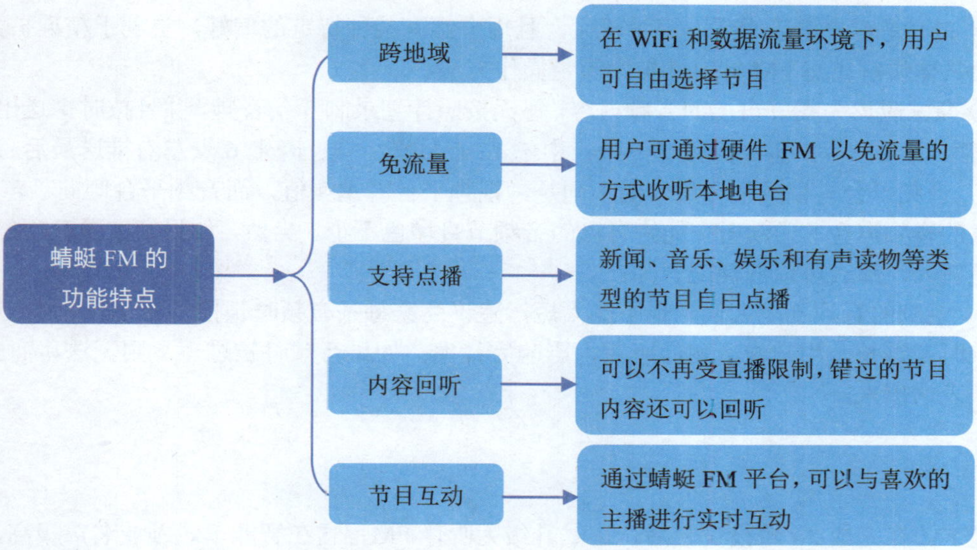

图 7-9　蜻蜓 FM 的功能特点

蜻蜓 FM 的内容分类十分丰富，包括小说、音乐、相声小品、脱口秀、情感以及历史等多种类别，它为商家的营销推广提供了多样性发展的可能，如图 7-10 所示。

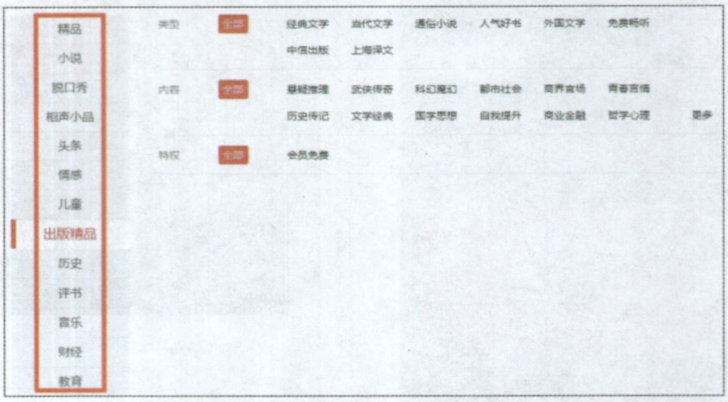

图 7-10　蜻蜓 FM 内容分类页面

商家应该充分利用用户碎片化需求，通过蜻蜓音频平台发布产品营销信息，音频成本比较低廉，十分适合本地中小企业或商家做网络营销。

2．营销案例

以某品牌为例，具体分析蜻蜓 FM 的音频营销操作及效果。我国的儿童穿戴市场已经进入快速发展阶段，加之各种高科技的加持，儿童穿戴设备已成为集娱乐、教育和安全守护于一身的热门产品。

在这种背景下，某品牌选择与蜻蜓 FM 合作，开始涉及音频营销领域，推出了少儿有声绘本。

3．针对性扩大流量

蜻蜓 FM 是客户覆盖面广、流量较大，且用户都有某种特定的偏好，更利于精准扩大流量。下面具体讲解蜻蜓 FM 针对性扩大流量操作方法。

（1）商家应该先找好自己的音频内容，每天按照计划录制 3 条音频，并且按时推送出去。譬如，商家可以上午 7 点~8 点推送一条；中午 12 点推送一条；晚上 6 点左右推送最后一条。

（2）音频平台与视频平台最大的不同是，视频平台看重颜值，而音频平台倾向于声音。如果商家的音频声音非常动听，能为自己的音频节目增色不少。当然，如果商家嗓音不好听，加之又是新人，那么可以雇佣配音师。

（3）录制的音频不能太长，也不能太短，建议商家每条音频时长控制在 10 分钟左右。如果音频时长过长，用户没有耐心听完，影响完播率；如果音频时长过短，则无法将商家的内容完整表达出来。

7.2.3　听伴 FM

考拉 FM 在完成 A+轮投资之后，正式升级为听伴 FM，它在智能车载领域名声极高，其最大的优势在于个性化音频流量，在聚集了大批粉丝的同时，逐步实现商业化运作。听伴 FM 要进驻直播领域，其推出的直播功能主要服务于行业大事件的现场直播，例如演唱会、发布会、电影节以及娱乐明星专访等，如图 7-11 所示。

图 7-11　考拉 FM 主播界面

听伴 FM 还提供认证服务，商家直接登录平台，❶直接在个人中心点击“设置”按钮进入设置界面；❷点击“主播 V 认证”按钮，即可进入相应界面申请认证，如图 7-12 所示。

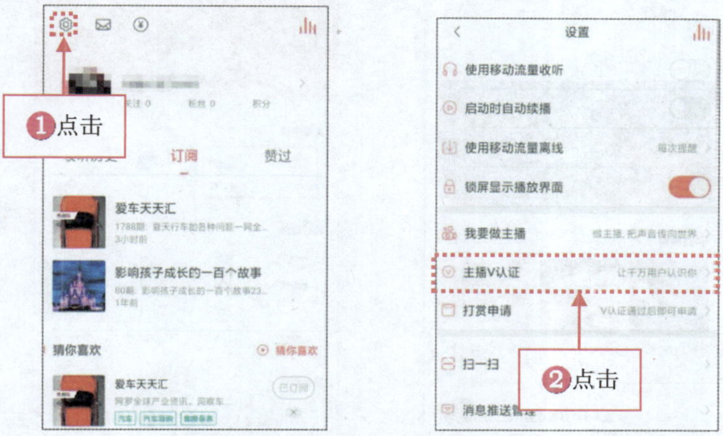

图 7-12　经过认证才能进行直播

听伴 FM 价值点除了移动客户端外，它深耕的领域便是车载。2019 年，它曾与某知名车企进行合作，推出了全新的听伴 FM——品牌电台。具体来说，品牌电台是一个定制的智能化车载音频平台，车企可以通过该平台，面向广大车主传递品牌传播、活动直播和生活资讯等多种营销内容，如图 7-13 所示。

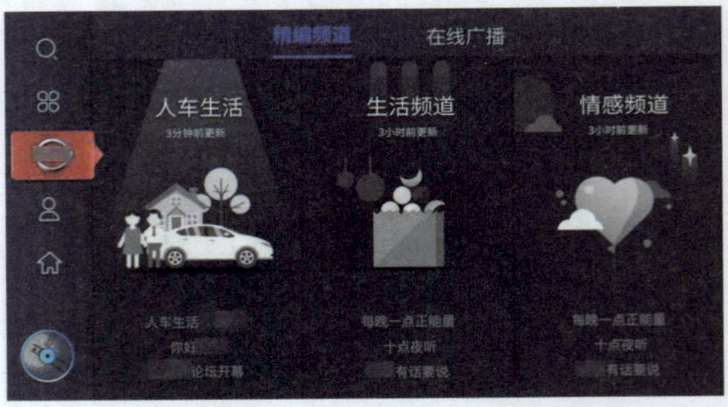

图 7-13　品牌电台

对于商家而言，通过听伴 FM 的品牌电台进行音频营销，主要有以下几个好处。

（1）车载环境是一个封闭环境，例如车主在开车听音频广播或节目时插入相关营销广告，触达率比其他形式的营销更高。

（2）通过品牌电台，商家需要展现的营销内容往往更有温度，也更容易博得车主信赖。

（3）通过听伴 FM 独家的 AI 技术，商家的营销广告能更精准触达人群。

7.2.4　荔枝 FM

要想进入荔枝 FM 节目录制界面，只要在默认界面中点击“我的”按钮，进入“我的”界面，选择要推出的节目类型“录声音”或“开直播”，即可开启节目录制，如图 7-14 所示。

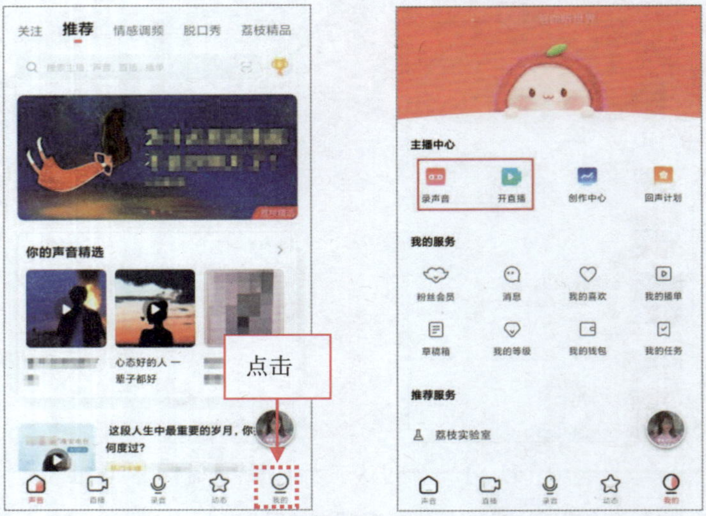

图 7-14　进入荔枝 FM 的节目录制界面

▶ 专家指点

在音频营销渠道中，荔枝 FM 无疑是一个值得商家关注的语音直播平台。在这个平台上，用户不仅可以收听各种优秀的电台节目，更重要的是，就如其宣传语“人人都是主播”一样，它是一个支持在手机终端推出新媒体电台的平台。同时，荔枝 FM 打造了一条从节目录制到一键分享到各社交平台的完整的生态链。

由此可见，商家如果选择荔枝 FM 这一音频渠道运营，可以通过创建音频新媒体的方式来实现网络营销目标。其实，相比建立微信公众号和开通官方微博，商家搭建自己的音频新媒体平台，也是一种很好的拓展营销渠道的方式，对于推广品牌和提高粉丝黏性具有积极效果。当然，商家在荔枝 FM 平台上建立音频新媒体平台时，有些问题也要多加注意，如图 7-15 所示。

图 7-15　企业建立音频新媒体平台要注意的问题

如果是资金相对雄厚的商家或企业，还可以联合荔枝 FM 开展跨界营销。例如，某零食品牌曾就与荔枝 FM 开展过以说唱为主题、年轻化为特点的跨界营销活动，当时荔枝 FM 就将此活动海报放在 APP 首页，如图 7-16 所示。

图 7-16　跨界营销活动海报

本章小结

本章通过喜马拉雅 FM、蜻蜓 FM、听伴 FM 和荔枝 FM 这四大平台，具体介绍了新媒体音频营销的基本内容，帮助读者搭建音频新媒体平台，并能通过专题节目促进营销，提高粉丝黏性。

本章习题

1．音频营销具有哪两个特点？
2．喜马拉雅 FM 具有哪些功能特点？

第 8 章　新媒体视频平台

本章导读

随着 5G 时代的来临，数据传输效率更高、传输速度更快，新媒体人之间“你追我赶”，都想通过各种运营技巧和吸引粉丝手段获得收益。同时，短视频平台之间的竞争也越来越大，虽然目前抖音已力压快手，但是随着 B 站的“破圈”和微信视频号的推出，未来的新媒体短视频行业将会更火热。

本章重点

- ➢ 抖音短视频
- ➢ 快手短视频
- ➢ 微信视频号
- ➢ B 站短视频

8.1 抖音短视频

抖音内容的主要特点可以用三个字来形容，那就是“短”“快”“新”，能够契合用户的实际需求。在注册抖音账号之前，需要了解抖音，然后才能创建账号和进行账号运营。对于企业或个人而言，抖音都是一个不错的宣传媒介，利用好了，带来的效益不可估量。

8.1.1 抖音概念趋势

抖音的口号（slogan）是“专注新生代的音乐短视频社区”，抖音的目标用户是年轻人，其产品形态是音乐短视频，其愿景是打造音乐社区。

现在市场上同类短视频 APP 有很多，为什么抖音能脱颖而出呢？下面首先简单了解一下它的平台特点和优势。

1．平台特点

抖音是头条系的短视频社交 APP，但它在品牌调性（品牌调性是指产品或品牌积累而成的市场印象，它往往决定了品牌和产品所面向的消费群体，从品牌与产品人格化的模式来说，它等同于人的性格）上和今日头条不同。

今日头条的品牌调性类似于快手，其内容通俗易懂，比较生活化，用户基本集中在三四线城市和广大农村。而抖音用户大多为一二线城市的年轻用户，85%以上的用户是“95 后”和“00 后”人群，因此内容更加时髦和年轻化。

抖音与快手的功能基本差不多，它们经常被进行比较。但是，如果进行仔细分析，发现两者最大的区别还是品牌调性和用户画像，快手更加“真实”和“接地气”，而抖音更加“高大上”和酷炫。

2．内容特点

抖音团队一开始想做的是音乐短视频 APP，早期内容以音乐短视频为主。后来用户量和群体不断增长，内容逐渐变得多元化。打开抖音 APP，可以看到各种时尚化妆短视频、极限运动镜头、电影电视吐槽合集，以及搞笑段子等内容，最直观的感受就是有创意、有趣、高颜值和潮流酷炫。当年众多短视频 APP 如雨后春笋般冒出来，而抖音能独占鳌头，其关键之一就是这些好玩、有趣的视频内容。

抖音的崛起离不开配乐，抖音配乐大多是电子音乐和舞曲，节奏感很强。此外，用户拍摄抖音短视频也容易上手，无须电脑端复杂的剪辑软件，也可以做出优秀的短视频。

当用户自觉打开抖音 APP，就能看到诸多有趣、好玩的短视频，能够给忙碌或枯燥的人生平添一抹欢喜。同时，当用户有创意时，可以快速创作出酷炫的大片作品，秀出自己的高颜值和才艺，满足其表现欲和创作欲。另外，抖音的社交属性可以让用户看到并认识很多有趣的朋友，所以抖音能“火”也是一种必然。

3．营销趋势

从 2018 年初开始，抖音发力迅猛，慢慢地挤掉了微信、微博和今日头条的霸主地位，长期占据各大应用商店下载榜第一名。伴随而来的是，越来越多的品牌驻扎抖音，不仅为抖音电商化贡献了一份力量，还玩出了新潮营销手段。如图 8-1 所示为抖音品牌的营销趋势。

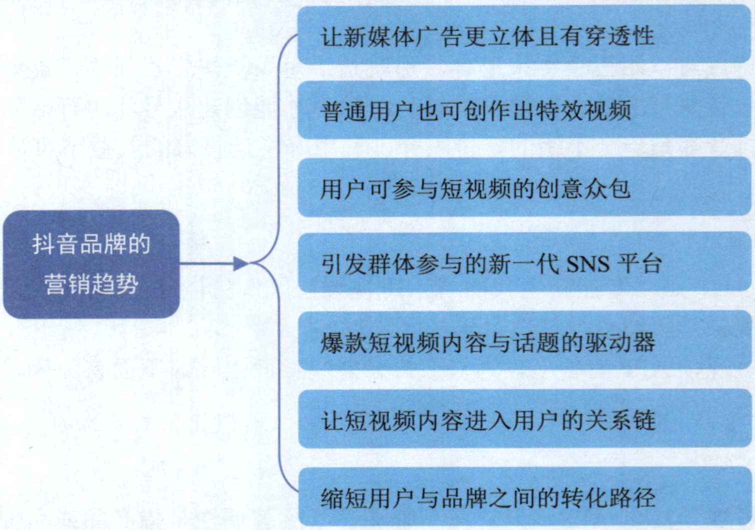

图 8-1　抖音品牌的营销趋势

在市场方面，抖音的软文推广和“带货”能力都很好，那些拥有百万粉丝的账号，他们接一个广告的费用就是好几万元。随着抖音从一、二线城市开始向三、四、五线城市扩展，用户越来越多，市场也越来越好，可以这么说，抖音的前景和市场之间是相辅相成的。

8.1.2　抖音扩大流量技巧

抖音扩大流量有一些基本的技巧，掌握这些技巧之后，新媒体人的流量推广效果将变得事半功半。本节主要对抖音几种基本的扩大流量的技巧分别进行解读。

1．推荐机制

抖音是当下最热门的短视频 APP，字节跳动公司会根据用户的位置、年龄和喜好，不断优化自己的推荐算法，以此来不断贴近用户的审美观和偏好。

在运营机制上，抖音可以说是集合了各种优点，如有节奏的电子音乐和人物靓丽新潮的打扮等。现代生活让人们的时间越来越碎片化，刷抖音则成了大家最常见的打发碎片化时间的最佳选择。同时，诸多明星和企事业机构入驻抖音，TikTok 长期霸占国外下载榜和热搜榜，更加说明了抖音不是一种简单的成功，它的崛起绝不是偶然。

在流量巨大的抖音平台上，新媒体人要想成为短视频领域的超级 IP，首先要想办法让自己的作品火爆起来，这是成为 IP 的一条捷径。如果用户没有那种一夜火爆的好运气，则需要一步步脚踏实地地做好自己的短视频内容。当然，这其中也有很多运营技巧能够帮助用户提升短视频的关注量，而平台的推荐机制就是不容忽视的重要环节。

以抖音平台为例，用户发布到该平台的短视频需要经过层层审核才能被大众看到，其背后主要算法逻辑分为三个部分，分别为“智能分发”“叠加推荐”“热度加权”，如图 8-2 所示。

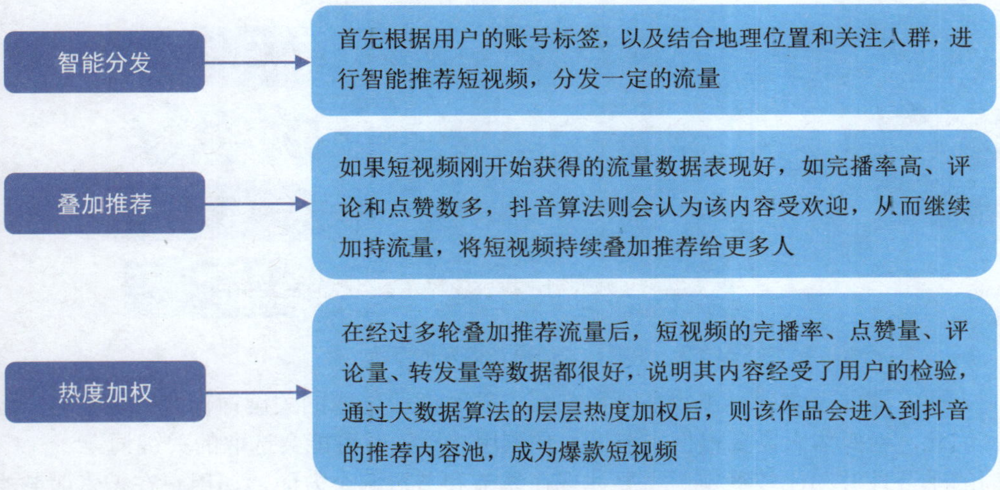

图 8-2　抖音的算法逻辑

2．多发内容

对于新媒体人来说，多发送一些用户感兴趣的内容非常关键。这不仅可以增强粉丝的粘性，还能吸引更多用户成为自己的粉丝。

3．SEO 引流

搜索引擎优化（Search Engine Optimization，SEO）是指通过对内容的优化获得更多流量，从而实现自身的营销目标。

抖音短视频同样是可以进行 SEO 优化的。例如，可以通过运营抖音短视频，实现内容霸屏，从而让相关内容进行快速传播。抖音短视频 SEO 优化的关键就在于视频关键词的选择，而视频关键词的选择又可细分为两个方面，即关键词的确定和使用。

（1）视频关键词的确定。用好关键词的第一步就是确定合适的关键词。通常，关键词的确定主要有两种方法。

其一，根据内容确定关键词。什么是合适的关键词？它首先应该是与抖音号的定位和短视频内容相关联的。否则用户即便看到了短视频，也会因为内容与关键词不对应而直接滑过，这样一来，选取的关键词也就没有太多意义了。

其二，通过预测选择关键词。除了根据内容确定关键词之外，还需要学会预测关键词。用户在搜索时所用的关键词可能会呈现阶段性的变化。

许多关键词都会随着时间的变化而具有不稳定的升降趋势，因此新媒体人在选取关键词之前，需要先预测用户搜索的关键词。下面从两个方面分析如何预测关键词。

第一个方面，社会热点新闻是人们关注的重点，当社会新闻出现后，会出现一大波新的关键词，搜索量高的关键词就叫热点关键词。因此，新媒体人不仅要关注社会新闻，还要会预测热点，抢占最有力的时间预测出热点关键词，并将其用于抖音短视频中。预测社会热点关键词的方法如图 8-3 所示。

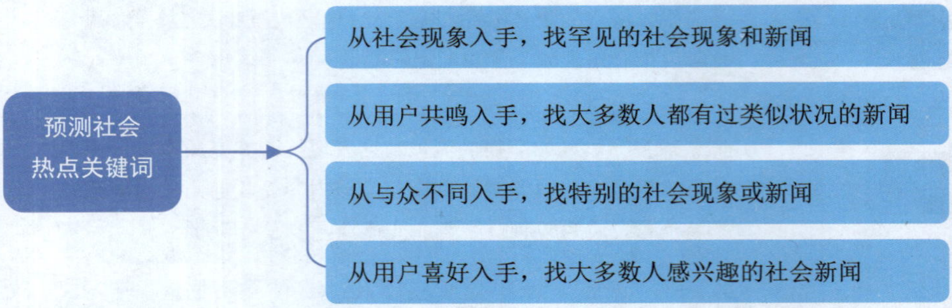

图 8-3　预测社会热点关键词的方法

第二个方面，即便搜索同一类物品，用户在不同时间段选取的关键词仍有可能会有一定的差异性。因此，新媒体人需要根据季节性，预测用户搜索时可能会选取的关键词。

关键词的季节性波动比较稳定，主要体现在季节和节日两个方面，如用户在搜索服装类内容时，可能会直接搜索包含四季名称的关键词，即春装、夏装等；节日关键词会包含节日名称，即春节服装、圣诞装等。季节性的关键词预测还是比较容易的，新媒体人除了可以从季节和节日名称上进行预测，还可以从以下几个方面进行预测，如图 8-4 所示。

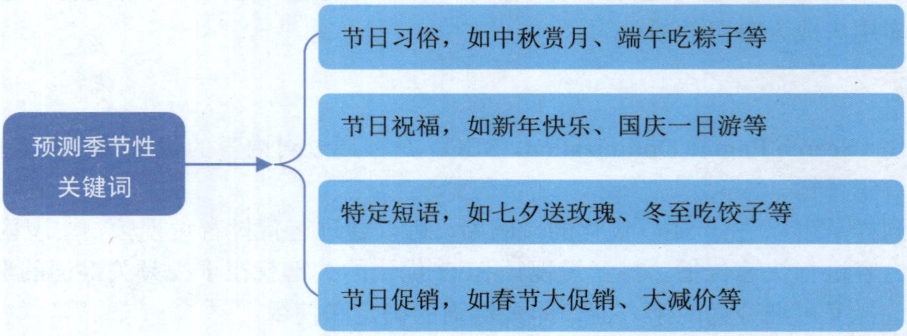

图 8-4　预测季节性关键词

（2）视频关键词的使用。在添加关键词之前，新媒体人可以通过查看朋友圈动态、微博热点等方式，抓取近期的高频词汇，将其作为关键词嵌入抖音短视频中。需要特别说明的是，新媒体人统计出近期出现频率较高的关键词后，还需了解关键词的来源，只有这样才能让关键词用得恰当。

除了选择高频词汇，还可以通过在抖音号介绍信息和短视频文案中增加关键词使用频率的方式，让内容尽可能地与自身业务直接联系起来，从而给抖音用户一种专业的感觉。

8.1.3　抖音盈利方法

抖音无时无刻都在产生巨大的流量，而通过一些卖货渠道即可获得收益。这些卖货渠道可以是购物车，也可以是抖音小店，或者是抖音广告，它们都能带来大量的流量转化。

（1）赚取佣金盈利。新媒体人开设自己的店铺不仅需要一定的成本，还需要花费大量的时间和精力进行管理。因此，大多数新媒体人可能并不具有通过自营店铺盈利的条件。于是，抖音平台特意打造了佣金盈利模式，让没有自营店铺的运营者也能轻松盈利，如图 8-5 所示。

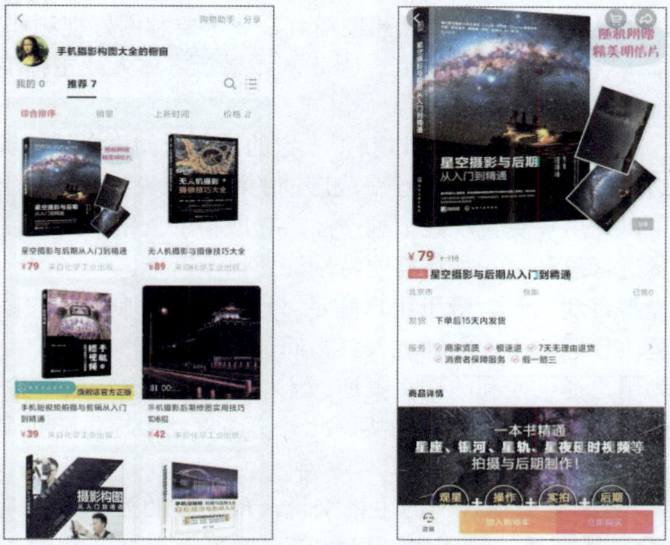

图 8-5　商品橱窗盈利

例如，在给商品橱窗添加商品时，新媒体人可以看到每个商品中有“赚××”的字样，新媒体人可以添加该商品到商品购物车，如果用户通过这个链接购买东西，新媒体人能获得的一些佣金收入。

（2）自营店铺盈利。新媒体人可以自己开设一个抖音小店，或者将自己网店中的商品添加至抖音视频、直播中，通过自营店铺进行盈利。例如，将自己店铺中的商品添加至抖音视频时，视频中就会出现一个购物车链接，用户只需点击该链接，便可进入对应界面购买商品，而新媒体人便可以借此实现盈利，如图 8-6 所示。

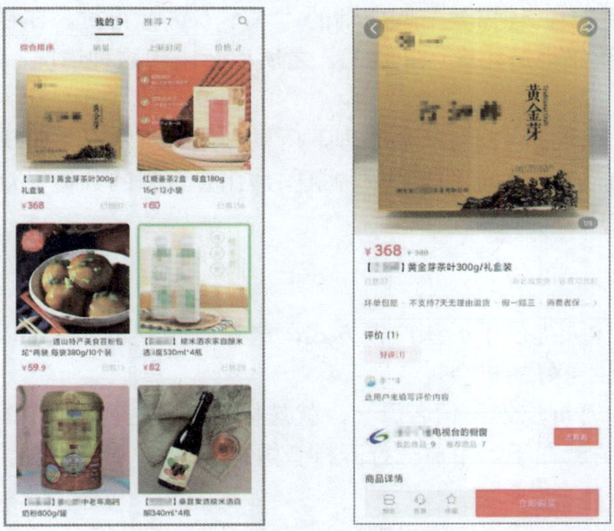

图 8-6　自营店铺盈利

1. 直播盈利

在抖音平台上，如果新媒体人或主播想要盈利，一定要利用好视频和直播。相比于视频，直接面对用户的直播，会更容易受到欢迎。因此，如果新媒体人或主播能做好抖音直播，就能获得惊人的“吸金”能力。

（1）直播卖货。通过直播，主播可以获得一定的流量。如果主播能够借用这些流量进行产品销售，让受众边看边买，直接将粉丝变成店铺的潜在消费者。相比于传统的图文营销，这种直播导购方式可以让用户更直观地把握产品，它取得的营销效果往往也要更好一些。

在通过直播卖货进行盈利时，主播需要特别注意以下两点。

①主播一定要懂得带动气氛，吸引用户驻足。这不仅可以刺激用户购买产品，还能通过庞大的在线观看数量，让更多用户主动进入直播间。

②要在直播中为用户提供便利的购买渠道。因为有时候用户购买产品只是一瞬间的想法，如果购买方式太麻烦，用户可能会放弃购买。此外，在直播中提供购买渠道，也有利于主播为用户及时答疑，增加产品的成交率。

（2）直播打赏。对于有直播技能的主播来说，最主要的盈利方式就是通过直播打赏来赚钱了。粉丝在观看主播直播的过程中，可以在直播平台上充值购买各种虚拟的礼物，在主播的引导或自愿情况下打赏给主播，而主播则可以从中获得一定比例的提成收入。

这种盈利方式要求主播具备一定的语言和表演才能，而且要有一定的特点或人格魅力，能够将粉丝牢牢地“锁在”你的直播间，而且还能够让他们主动为你花费钱财购买虚拟礼物。

直播在许多人看来就是在玩，毕竟大多数直播都只是一种娱乐。但是不可否认的一点是，只要玩得好，玩着就能把钱给赚了。因为主播们可以通过直播，获得粉丝的打赏，而打赏的这些礼物又可以直接兑换成钱。

要通过粉丝送礼赚钱，首先，需要主播拥有一定的人气。这就要求主播自身要拥有某些过人之处，只有这样，才能快速积累粉丝数量。

其次，在直播过程中，还需要一些所谓的“水军”进行帮衬。在粉丝给主播送礼物的相关界面，可以看到，粉丝都是扎堆送礼物的。之所以会出现这种情况，“水军”可以说是功不可没的。

这主要是因为很多时候人都有从众心理，所以如果有“水军”带头给主播送礼物时，其他人也会跟着送，这就在直播间形成了一种氛围，让看直播的其他受众在氛围之中也跟着送礼物。

2. 广告盈利

抖音官方为新媒体人提供了一些广告方式，这些广告方式不仅可以为新媒体人提供营销渠道，还能为盈利提供更好的机会。

（1）开屏广告。开屏广告，顾名思义，就是打开抖音短视频 APP 之后就能看到的一种广告。这种广告的优势就在于，用户一打开抖音短视频 APP 就能看到。因此，该形式的广告的曝光率较高。

按照内容的展示形式，开屏广告可细分为三种，即静态开屏（一张图片到底）、动态开屏（中间有图片的更换）和视频开屏（以视频的形式呈现广告内容）。品牌主可以根据自身需求，选择合适的展示形式。

（2）信息流广告。信息流广告就是以短视频的形式呈现广告内容，其文案中会出现“广告”字样，而用户点击视频中的链接，则可以跳转至目标页面，出售商品，实现盈利。

（3）Topview 超级首位。Topview 超级首位是一种包含两种形式的广告呈现方式。其包含了前面几秒的抖音开屏广告和之后的信息流广告。

从形式上来看，Topview 超级首位模块很好地融合了开屏广告和信息流广告的优势。既可以让用户在打开抖音短视频 APP 的第一时间就看到广告内容，也能通过信息流广告对内容进行完整的展示，并引导用户了解广告详情。

8.2　快手短视频

因为当年 4G 移动网络的普及，逐渐带火了一批短视频应用，其中快手短视频便是火遍大江南北的佼佼者。那么对于一个新媒体人而言，如何运营好快手短视频账号？这是摆在新媒体人眼前的一个难题。

8.2.1　快手运营手段

新媒体人想要运营好自己的快手账号，可以从精准推送、质量至上、加强沟通三个方面进行尝试。

1．精准推送

从内容消费角度来说，快手的核心主要包括内容和人两项。

（1）内容。目前为止，机器的光学字符识别（Optical Character Recognition，OCR）技术虽然可以识别和读取图片，但是还没有那么准确。换句话说，快手单纯靠算法来读取视频内容，以判断其是否受欢迎，这种方法至少现在还不现实。因此，快手的算法是模糊性读取并将视频分成很多类，然后推送给部分快手用户。接着，快手会接收到来自点赞和评论区等多个角度的反馈，算法根据反馈分析，进一步扩大视频的传播度。如果该视频传播够大，那么算法会随机挑选一些视频放入快手的“发现”界面。

（2）人。不仅人与人之间需要时间互相熟悉，机器也需要时间了解一个人。在刚注册快手时，快手算法结合用户观看行为和内容，进而推荐更多类似的视频。当然，一个用户拥有的特征越多，算法推荐的视频结果则越精准。因此，快手算法需要大量的用户记录和习惯，以建立算法模型，为用户实现精准推荐。

2．质量至上

在运营快手时，如果能够生产出足够优质的内容，就可以快速吸引到用户的目光。新媒体人可以通过为受众持续性地生产高价值的内容，从而在用户心中建立权威，加强他们对你的信任度和忠诚度。新媒体人在自己生产内容时，可以运用以下技巧，轻松打造持续性的优质内容。

（1）做自己真正喜欢和感兴趣的领域。

（2）做更垂直、更差异化的内容，避免同质化内容。

（3）多看热门推荐的内容，多思考总结其亮点。

（4）尽量做原创的内容，最好不要直接搬运。

3．加强沟通

平时快手刷得多的用户能够发现一个问题：某些新媒体人基本不在评论区互动。不管是偏向秀场的抖音，还是偏向生活记录的快手，用户其实是喜欢被尊重的。如果新媒体人秉持这个理念，用心去回复评论，从而可增强用户的黏性，提高带货能力。

8.2.2　快手内部吸引流量

快手短视频已经是一个发展大趋势，影响力日益增强，其平台用户也越来越多。对于快手这个聚集大量流量的地方，新媒体人肯定是不会放弃的。那么，新媒体人又该怎么在快手平台扩大流量呢？

1．快手直播引流

在互联网商业时代，流量是所有商业项目生存的根本，谁可以用最少的时间获得更高更有价值的流量，谁就有更大的盈利机会。

真人出镜的要求会比较高，首先新媒体人需要克服心理压力，表情要自然和谐，同时最好有超高的颜值或才艺基础。因此，真人出镜通常适合一些“大 V”打造真人 IP，积累一定粉丝数量后，就可以通过接广告、代言来实现 IP 盈利。

对于一般的普通人，在通过短视频或直播扩大流量时，也可以采用“无人物出镜”的内容形式。这种方式的粉丝增长速度虽然比较慢，但可以通过账号矩阵的方式来弥补，以量取胜。下面介绍“无人物出镜”的具体操作方法。

（1）真实场景+字幕说明。发布的直播内容可以通过真实场景演示和字幕说明相结合的形式，将自己的观点全面地表达出来，这种直播方式可以有效避免人物的出现，同时又能够将内容完全展示出来，非常地接地气，自然能够得到大家的关注。

（2）图片+字幕（配音）。新媒体人可以将自己的直播过程录制下来，然后采用“图片+字幕（配音）”的内容形式重新剪辑，制作成短视频在快手上发布。

（3）图片演示+音频直播。通过“图片演示+音频直播”的内容形式，可以与学员实时互动交流。用户可以在上下班路上、休息间隙、睡前、地铁上、公交上以及上厕所时边玩 APP 边听课程分享，从而节约宝贵时间，带来更好的体验。

（4）游戏场景+主播语音。大多数快手用户看游戏类直播，重点关注的可能还是游戏画面。因此，这一类直播，直接呈现游戏画面即可。另外，一个主播之所以能够吸引快手用户观看直播，除了本身过人的操作之外，语言表达也非常关键。因此，“游戏场景+主播语音”就成为许多主播重要的直播形式。

2．矩阵加互推

当新媒体人遇到瓶颈——粉丝数量增长缓慢、掉粉数量日益增多等，可以尝试采用矩阵加互推的扩大流量的方案。

（1）账号互推。通过爆款大号互推的方法，即快手账号之间进行互推，也就是两个或者两个以上的新媒体人，双方或者多方之间达成协议，进行粉丝互推，达到共赢的目的。

在采用快手账号互推吸引粉丝扩大流量引流的时候，需要注意的是，互推快手账号平台类型尽量不要跟自己的平台是一个类型的，因为这样的新媒体人之间会存在一定的竞争关系。

两个互推的快手账号之间尽量以存在互补性为好。例如，当快手账号是卖健身用品的，那么选择互推时，就应该先考虑那些推送减肥等教程的快手账号，这样获得的粉丝才是有价值的。

快手账号之间互推是一种快速增加粉丝的方法，它能够帮助新媒体人的快手账号短时间内获得大量的粉丝，效果十分可观。

（2）矩阵账号。所谓快手营销矩阵，简单的理解就是将多个快手账号组合起来共同营销。根据账号运营者的不同，快手矩阵大致可分为两类：一是个人矩阵；二是团队矩阵。

个人矩阵也就是一个运营主体（可以是个人，也可以是团队）同时运营多个快手账号。团队矩阵则是将有联系的新媒体人联合起来，共同进行营销。常见的团队矩阵包括家庭矩阵和企业团队矩阵。

3．内容造势扩大流量

虽然一个企业或个人在平台上的力量有限，但这并不能否定其内容的传播影响力。要想让目标群体全方位地通过内容了解产品，比较常用的招式就是为内容造势。

（1）传播轰动信息。新媒体人给受众传递轰动、爆炸式的信息，借助公众人物为头条号造势，兼具轰动性和颠覆性，立刻能够成功吸引用户的眼球。

在这个媒体泛滥的年代，想要从众多新颖的视频内容中脱颖而出，就要制造一定的噱头，用语出惊人的方式吸引受众的眼球。

（2）总结性的内容。扣住“十大”就是典型的总结性内容之一。所谓扣住“十大”，就是指在标题中加入“十大”之类的词语，例如《2020 年十大好电影推荐》等。这种类型的视频标题其主要特点就是传播率广、在网站上容易被转载和产生一定的影响力。

（3）自制条件造势。除了可以借势外，在推广内容时还可以采用自我造势的方式，获得更多的关注度，引起更大的影响力。任何内容运营推广，都需要两个基础条件，即足够多的粉丝数量和与粉丝之间拥有较为紧密的关系。

新媒体人只有紧紧地扣住这两点，通过各种活动为自己造势，增加自己的曝光度，从而获得许多粉丝。为了与这些粉丝保持紧密关系，新媒体人可以通过各种平台经常发布内容，还可以策划一些线下的活动，这样通过自我造势带来轰动，引发观众围观。

总之，自我造势能够让消费者清晰地识别并唤起他们对产品的联想，并进行消费，可见其对内容运营推广的重要性。

4．扩大影响力

对于新媒体人来说，个人（或运营团队）的力量毕竟有限。因此，在账号运营的过程中，新媒体人可以适当地借助粉丝的力量，让粉丝变成账号的推广员。当然，要想让粉丝变成账号的推广员，首先还得让粉丝对账号的运营工作产生认同感。让粉丝对账号的运营工作产生认同感主应做好以下三点。

（1）及时回复粉丝私信。及时回复粉丝的私信，看起来只是一件很小的事情，但在粉丝看来却是很重要的。如果新媒体人在收到私信之后，马上就进行了回复，粉丝就会觉得自己受到了重视，甚至会觉得有些受宠若惊。在这种情况下，粉丝就会觉得得到了尊重，而在获得尊重之后，粉丝自然也会更乐于帮你进行推广。

（2）增强粉丝的信任感。新媒体人需要与粉丝建立好信任感，让粉丝觉得你的账号是值得推荐给其他人的。增强粉丝的信任感最主要的一点就是答应了的事情一定要做到。

（3）让粉丝看到你的价值。对于大多数快手用户来说，只有在其看来有价值的账号才值得被推荐。因此，在快手号的运营过程中，一定要让粉丝看到价值。

例如，摄影类快手号应该分享一些优质的照片，让粉丝看后觉得赏心悦目；或者分享摄影技巧，让粉丝看后能很快学会。如图 8-7 所示为某运营者经常发布家常菜的做法，该账号的短视频不仅点赞量高，粉丝也经常转发。

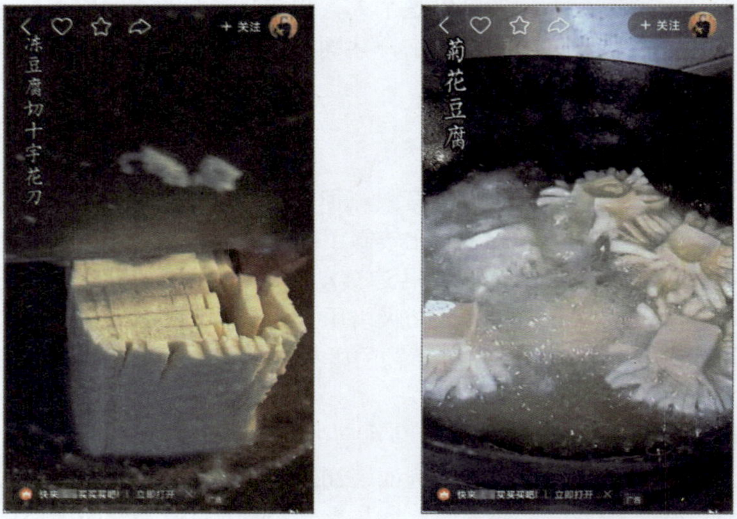

图 8-7　对粉丝有价值的短视频

8.2.3　快手高效盈利

在快手平台，新媒体人或主播除了提供优质的内容外，也需要盈利来实现自身的价值，达到最终目的。因为不管新媒体人的内容有多优质，都需要借助广告投放、直播以及知识付费等手段来盈利。同时，这样也可以获取更多快手用户的关注。

1．直播卖货

主播会根据自身的定位和条件在直播间添加商品，例如定位为服装行业的快手账号添加的商品是服装商品。因此，该快手账号不仅能卖出大量的服装商品，还能吸引一大批喜爱服装的粉丝，如图 8-8 所示。

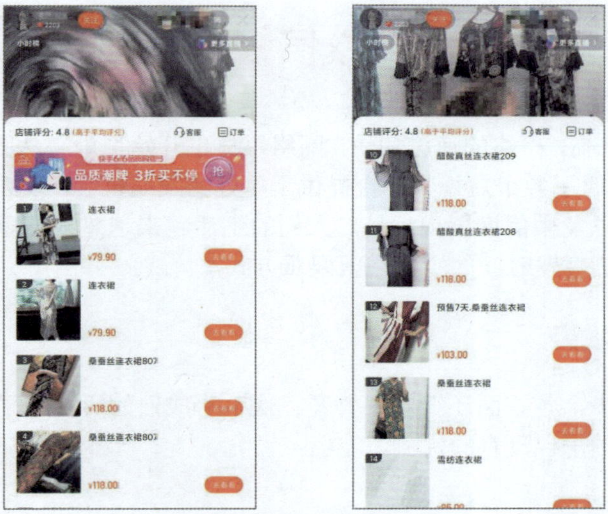

图 8-8　某账号的服装商品

对于知名主播而言，他们通常会和厂家进行合作，以最低的价格买进商品，从而他们的商品在性价比上形成压倒性的优势。此外还有一些快手号本身就是知名品牌，他们直播带货的商品都是自家的。

在直播卖货时，主播需要遵循的原则如下。

（1）热情主动。如果主播热情主动地与快手用户沟通，让用户觉得像朋友一样亲切，那么用户自然会愿意为主播买单；反之，如果主播对用户爱搭不理，让用户觉得自己被忽视了，那么用户可能连直播都不想看，也就更不用说去购买直播中的产品了。

（2）保持一定频率。如果主播能够保持一定的直播频率，那么忠实的用户便会养成定期观看的习惯。这样主播将获得越来越多的忠实用户，而用户贡献的购买力自然也会变得越来越强。

（3）为用户谋利。每个人都会考虑到自身的利益，快手用户也是如此。如果主播能够为用户谋利，那么用户就会支持，贡献购买力。

2．品牌盈利

品牌能够借助火爆的短视频内容效应吸引粉丝，从而达到流量与价值的双重盈利。超级 IP 与品牌通过短视频将双方紧密结合，是快手盈利的一个新渠道。当然，通过快手进行品牌盈利时，新媒体人还需要注意如下两点。

（1）快手和超级 IP 的共性。快手可以为品牌带来大量的流量，同样地品牌也具备这个能力。在互联网中创业，流量是最重要的“武器”，没有流量就难以赢得市场，没有消费者就不会有收益。可以说现在就是一个“粉丝时代”，拥有流量的品牌或 IP 才能真正做好做大。

（2）做好品牌。根据快手的基础用户画像报告显示，快手用户的男女比例基本持平，年龄大部分在 35 岁以下，整体学历不高，最高学历为高中，而且大部分用户来自二线城市或三、四线城市人群。

从快手用户群体可看出，其存在明显的圈层，因此品牌如果想扩散到更广泛的人群，就必须在内容上下功夫，此时定位就相当重要了。

8.3 微信视频号

随着 5G 时代的来临，网络的速度加快，网络媒体也开始把重心从图文向视频靠拢。不得不说，5G 时代的来临给了各个短视频平台提供了更好的发展机会。现在，随着抖音和快手电商化道路逐渐成熟，以及微信推出视频号，人们的生活越来越离不开短视频，可以这样说，刷短视频已经成为人们打发时间的主要休闲娱乐方式。

8.3.1 分析视频号优势

视频号虽刚刚起步，各方面还很难跟抖音、快手等成熟的短视频平台抗衡，但是视频号有抖音和快手等短视频平台没有的优势。

1. 流量巨大

以抖音为例，抖音是字节跳动推出的一款产品，属今日头条旗下。今日头条本身就拥有很大的流量，字节跳动就采取高频打低频的策略，借助今日头条的巨大流量带动抖音流量的快速增长。

虽然今日头条的流量很大，但是和微信比起来是有不小差距的。据统计，微信的日活跃用户达 10 亿，所以这种用高频打低频的策略同样适用于微信视频号，然后再借助微信的社交关系，利用得好就会给视频号吸引巨大的流量。

大家还记得微信是如何崛起的吗？最开始流行的是 QQ，微信是后起之秀，但是慢慢地，微信就基本取代 QQ，成了最常用的社交软件。当年腾讯就是利用 QQ 的社交关系网，将流量引至微信的。

抖音就很难利用微信的社交关系，抖音用户很难直接吸引微信用户关注自己的抖音号，就算是将自己的抖音视频分享到朋友圈，其引流的效果也不见得有多好。因为微信和抖音是两个不同的 APP，微信好友看过别人的分享之后想要关注他，还需要重新打开抖音再关注，这样也会损失一部分流量。

视频号属于微信推出的产品，不需要两个 APP 之间来回折腾，所以其引流效果也会更好，而且更有利于视频号的推广。

2. 降维渗透

通常，一个新产品的推广都是先基于某一个圈层，然后再向其他圈层渗透。例如，快手是从四、五线城市向上探，也就是说先在四、五线城市推广开来，最后渗透到一线城市，抖音则相反，它是从一线城市向下探。

在这一方面，视频号则基本上从一线城市到四、五线城市是同步发展的，也就是说视频号是无差别降维渗透，这样更利于视频号大量的引流和未来的发展。

3. 私域流量

前面所说的两点是针对视频号的，而建立社交闭环和私域流量更多的是对新媒体人有利，当然也有利于视频号平台自身的发展。

在抖音中有很多的新媒体人会将自己的微信号写在账号主页的简介处，他们此举也是为了建立自己的私域流量池，将抖音用户导流到微信中去，建立更亲密的社交关系，便于后面盈利。

视频号的战略定位就是补全微信的内容生态，其与微信的相关联系更加快速和精确，导流效果也会更好。你可以通过微信好友、社群、朋友圈以及公众号推广自己的视频号，也可以将视频号用户转化为微信好友，建立“微信+社群+公众号+视频号”的社交闭环和私域流量生态。

8.3.2　平台内部扩大受众群体技巧

新媒体人如何进吸引粉丝进而扩大流量是一件很重要的事情。当然，运营者的短视频流量一般是从视频号平台内部开始的。下面将介绍一些内部平台扩大流量的具体方法。

1．找准搜索关键词

搜索扩大流量最好的方式就是抢占搜索入口，而抢占搜索入口最重要的部分就是视频号的关键词（视频号的名称和视频号的标题）。例如，当用户搜索“摄影”时，推荐的账号名称中都带有“摄影”两字，如图 8-9 所示；推荐的视频号动态也带有“摄影”两字，如图 8-10 所示。

图 8-9　搜索关键字“摄影”

图 8-10　搜索“摄影”推荐的动态

2．讨论度高自来流量

话题扩大流量就是新媒体人在发布内容的时候，要带上与所发布内容相关的话题一起发布。视频号发布一次内容可以多带几个话题，这样用户在搜索这类内容或话题时，视频号平台就会把这则内容推送给其他用户，这自然就达到了话题扩大流量的目的。

3．妙笔生花赢取流量

一个好的标题，能够吸引大量视频号用户的关注，因为标题处于视频号内容界面的最显眼处，视频号用户在刷到一则短视频时，第一眼看到的是视频封面，第二眼便是标题了。

在内测期间，视频号的内容封面都是视频开始的第一幕，没有办法自己设置，后面陆续更新才开放自定义视频封面功能。新媒体人在设置好内容封面后，再配上一个优秀的标题，更能吸引人的眼球。

当然，视频号标题应简洁明了，如果运营者文笔比较好，可以写得文艺一点。通常，文艺类的标题都比较受欢迎，但是不可脱离视频内容的中心思想，标题与视频内容不符容易引起用户的反感。

8.3.3 多种方式轻松盈利

大部分新媒体人运营视频号的目的是盈利，视频号盈利的方式如下。

1．销售商品盈利

视频号最直观有效的盈利方式当属销售商品。借助视频号平台销售产品或服务，只要有销量，就有收入。

（1）自营店铺挣钱。视频号是一个人人可以创作、人人可以分享美好生活的平台，但是随着短视频盈利的成熟，以及抖音、快手等短视频平台盈利模式的成功，视频号在盈利方面也被寄予厚望，其商业价值也一直被外界看好。

对于拥有淘宝、京东等平台店铺的新媒体人来说，通过自营店铺直接卖货无疑是一种十分便利、有效的盈利方式。新媒体人可以通过短视频介绍自己的店铺，展示自己店铺的产品，引起视频号用户的兴趣。

通常，有公众号的新媒体人可以在视频号下方插入介绍产品并附有购买链接的公众号文章。视频号用户通过链接就可以找到该篇公众号文章，里面一般会有产品详细的介绍和购买的链接或者购买方式，然后点击购买链接就可以购买了。如果怕用户不懂操作，也可以在评论处补充说明。

（2）博主带货卖货。新媒体人除了可以在视频号上直播卖货外，还可以将自己带货卖货的短视频事先剪辑处理好，然后发布在视频号上，让用户在观看视频的时候对产品产生兴趣，然后购买该产品。

例如，当你的视频号有一定的粉丝基础之后，就会有品牌方找你为他们的品牌带货，然后给你广告费，这是一种比较理想的带货盈利方式。

新媒体人可以根据自己视频号的账号定位来选择带货的产品，一般符合视频号定位的产品售卖效果会更好，效果好才能得到其他同类型客户的青睐，从而有更多的广告主愿意在你的视频号投放广告。

（3）微信小商店盈利。随着微信小商店的公测，视频号的盈利能力将得到进一步的提升。许多新媒体人或商家都开通了小商店，并在小商店内上架了诸多商品，如图 8-11 所示。

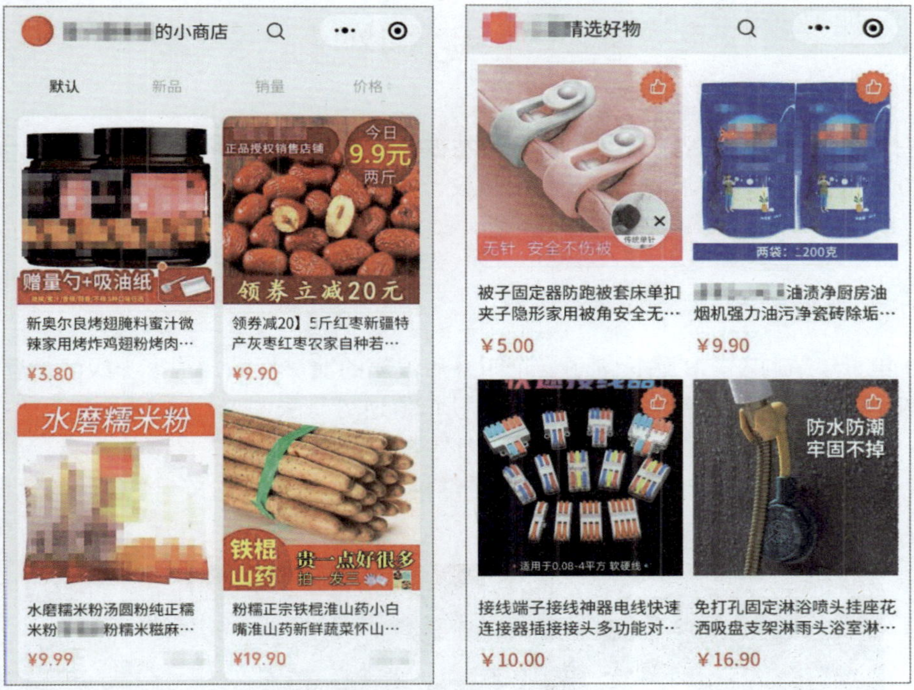

图 8-11　微信小商店

2．其他盈利方式

除了销售盈利和流量盈利之外，新媒体人还可以通过其他盈利方式提高账号的收益。

（1）社群盈利。新媒体人在视频号平台上运营一段时间之后，随着知名度和影响力的提高，如果你在视频号中留下了联系方式，便会有人开始申请加你为好友。

可以好好利用这些人群，从中寻找商机。例如，这些来自视频号的人群，都有具体的需求，有的人是想学习视频号如何运营，有的人是想学习如何营销，有的人想学习某种技能，等等。因此，新媒体人可以根据人群的具体需求进行分类，构建社群，并通过社群运营寻找更多商机。

（2）线下盈利。视频号用户都是通过微信的视频号查看线上发布的相关短视频，而对于一些在线上没有店铺却有实体店的新媒体人来说，要做的就是通过短视频将线上的视频号用户引导至线下，让他们到店打卡。

如果新媒体人拥有自己的线下店铺，或者是跟线下企业合作，建议一定要认证信息点（Point Of Interest，POI），即运用在导航中，提供给用户路况和周边建筑的详细信息，方便用户查询目标位置情况），这样就可以获得一个专属的唯一地址标签，只要能在腾讯地图上找到你的实体店铺，认证后即可在视频号中直接展示出来。

8.4 B 站短视频

随着抖音、快手等短视频火爆之后，B 站被业内人士认为是最有可能破圈的一个平台。随着 2020 年 5 月 4 日《后浪》宣传片引发热议，越来越多的企业号和个人营销号运营者开始重新认识 B 站，并入驻 B 站。

8.4.1 简单认识 B 站

2020 年青年节前夕，B 站策划了一个叫《后浪》的演讲视频，国家一级演员登台演讲，赞美和鼓励年轻一代。《后浪》一经推出，B 站市值逆势暴涨 42%。

在新媒体业内人士看来，该短视频被认为是 B 站发起“破圈”之战的前奏，那 2 000 多万的播放量是潜在的流量，B 站因此被看成是继抖音和快手之后将又一个崛起的短视频平台，如图 8-12 所示。

图 8-12 《后浪》演讲视频

1. 主要业务

B 站的主要业务体现在直播、游戏、电商和漫画上。

（1）直播。B 站是国内首个关注动画、漫画和游戏（Animation Comics Games，ACG）直播的互动平台。B 站直播内容主要以游戏和电竞为主，逐渐开始覆盖娱乐和生活等领域。

（2）游戏。B 站是国内最大的二次元游戏分发平台，2014 年起 B 站开始代理发行游戏。

（3）电商。2017 年 B 站上线了自己的电商平台——“会员购”，主要以销售手办、周边、漫展演出门票、漫画图书等与二次元相关的产品。

（4）漫画。B 站是国内领先的正版漫画发行平台。

2. 发展历史

B 站是从无名小站成长为中国最大的弹幕网站的，B 站的发展史如下。

（1）B 站成立：2010 年之前的某一天，B 站创始人重启已关闭的网站，并将网站名 MikuFans 改为 bilibili，可以说 MikuFans 就是 B 站的前身。

（2）牵手陈睿：2011 年 1 月 7 日，金山软件的联合创始人以天使投资人的身份正式加入 B 站。

（3）APP 上线：2012 年 9 月 5 日，B 站移动客户端正式上线。

（4）新番承包计划：2014 年 10 月 1 日，B 站推出新番承包计划，对用户承诺在 B 站购买的正版新番永远不加广告，截至 2020 年 B 站正版新番依然是未添加广告的。

（5）上市纳斯达克：北京时间 2018 年 3 月 28 日晚 9 点 30 分，B 站在美国纳斯达克（NASDAQ）证券交易所挂牌上市。

8.4.2　B 站内部流量

B 站平台功能繁多，其内部扩大流量方式也多种多样。下面主要讲解常用的 B 站内部扩大流量技巧。

1．直播封面扩大流量

人是视觉动物，一个好的直播封面远比一个直播标题要吸引人。下面介绍两类受 B 站用户欢迎的直播封面。

（1）将直播标题或直播内容写在直播封面上，让 B 站用户一眼就能了解你。

（2）B 站虽然已经开始拓展业务，但从 B 站客户端界面风格和热门内容可以看出，还是有浓重的二次元风格。因此，新媒体人在直播时，可以选择二次元人物作为直播封面。

2．文末图文扩大流量

在 B 站专栏文章末尾，新媒体人可以放上自己的联系方式或其他平台账号使之扩大流量，如图 8-13 所示。

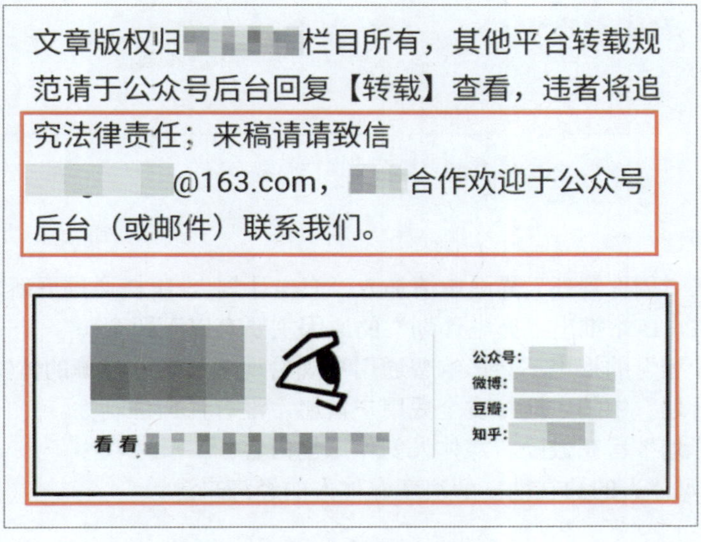

图 8-13　文末图文扩大流量

3．评论区扩大流量

当新媒体人在 B 站专栏区发完文章后，可适当挑选一些评论进行回复，以此来吸引更多的用户。

8.4.3 B 站获利方式

B 站从当年一个二次元内容分享网站逐渐成为一个综合性视频网站，其内部盈利方式也逐渐变得多种多样，下面将进行详细讲解。

1．广告盈利

如果新媒体人的粉丝多、流量大，那么就会有广告商找上门。

2．激励计划

B 站在 2018 年初推出了“创作激励计划”，让视频创作者通过自己原创的视频获得相关收入。截至 2020 年 5 月，“创作激励计划”适用的范围是 B 站的视频、专栏稿件和 BGM 素材，该计划的具体详情和 UP 主加入计划的具体条件如图 8-14 所示，符合这些条件的 UP 主可申请加入“创作激励计划”。

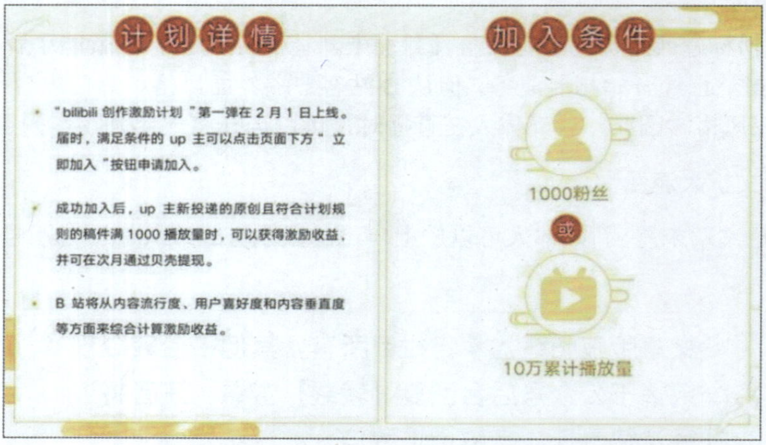

图 8-14 B 站“创作激励计划”

3．充电计划

新媒体人可在“稿件管理”界面申请加入“充电计划”，审核通过后新媒体人即可接受 B 站用户的电池打赏。B 站推出“充电计划”的原因主要有以下四个。

（1）“充电计划”的推出不会影响普通用户观看视频和发送弹幕的体验。

（2）“充电计划”中的电池打赏全凭用户自愿，没有任何强制性。

（3）“充电计划”旨在鼓励新媒体人创作原创内容。

（4）保持新媒体人的独立性，解决新媒体人的经济来源。

4．悬赏计划

新媒体人的稿件如果参与 B 站官方的“悬赏计划”，则该作品下方会推广某些商品，当用户通过点击推广购买商品时，新媒体人即可获得一定的分成。

本章小结

本章介绍了新媒体短视频平台的发展及应用情况，主要包括抖音短视频、快手短视频、微信视频号和 B 站短视频等，可以帮助读者更加全面地了解视频营销，以快速实现视频流量的盈利。

本章习题

1．抖音的广告盈利有哪些方式？
2．B 站内部扩大流量有哪些技巧？

第 9 章 新媒体直播平台

本章导读

每个直播平台有着自己的发展策略和侧重点，同时主播直播平台涉及的领域也逐渐多元化。于是面对众多的直播平台，主播选择合适的直播平台成了新媒体直播的第一步。本章主要从新媒体直播类别入手，从电商直播、社交直播和新媒体直播前期准备的角度阐述新媒体直播特点。

本章重点

- 新媒体直播特性
- 电商直播
- 社交直播
- 新媒体直播前期准备

9.1　新媒体直播特性

在“千播大战”中的直播行业面临着激烈的竞争，相统一的规模架构使得直播行业不得不逐渐回归初心，并垂直领域发展，提供纵深的服务。

从营销本质上看，关注点又回到了人与人的互动上，具体表现在三个方面：细化的用户标签、个性化的推荐以及利用“用户及时消费心理”销售产品。

9.1.1　细化用户标签

细化用户标签，主要体现在对用户进行分层，例如对用户进行分级。如图 9-1 所示为用户分层的方式。

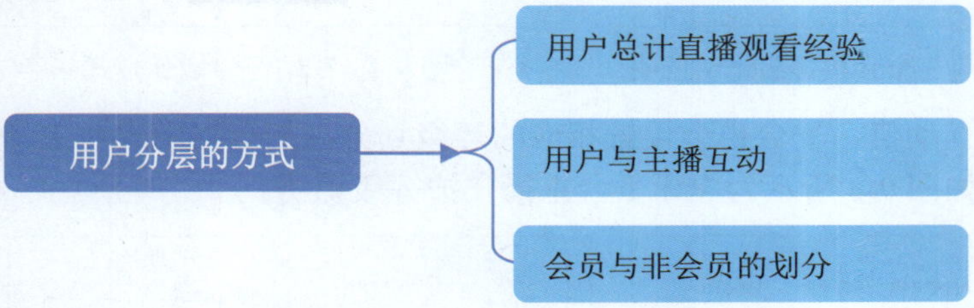

图 9-1　用户分层的方式

直播平台根据用户直播观看经验总计可以设置用户的经验等级，依照经验等级的不同，可以为用户设置不同等级的权限。如图 9-2 所示为 B 站会员不同等级权限介绍。

特权与等级	Lv0	Lv1	Lv2	Lv3	Lv4	Lv5	Lv6
滚动弹幕	×	√	√	√	√	√	√
彩色弹幕	×	×	√	√	√	√	√
高级弹幕	×	×	√	√	√	√	√
顶部弹幕	×	×	×	√	√	√	√
底部弹幕	×	×	×	√	√	√	√
视频评论	×	×	√	√	√	√	√
视频投稿	×	√	√	√	√	√	√
购买邀请码	×	×	×	×	×	1个/月	2个/月

图 9-2　B 站会员不同等级权限介绍

以 B 站为例，刚注册成功时，用户是不可以发送弹幕的，需要通过答题测试，通过后可成为 Lv1，但只能发送滚动弹幕。如图 9-3 所示为 B 站前三个会员等级详情说明。当然，直播平台也会设置相应的提升经验的方式。如图 9-4 所示为 B 站经验增长方式。

Lv0（注册会员）：

无法享受特权

Lv1：

1、发射滚动弹幕

2、参与视频评论

3、登录获得硬币

4、投稿成为偶像

Lv2：

1、发射个性弹幕（彩色、高级、顶部）

2、参与视频互动（评论、添加tag）

3、登录获得硬币

4、投稿成为偶像

Lv3：

1、发射个性弹幕（彩色、高级、顶部、底部）

2、参与视频互动（评论、添加tag）

3、登录获得硬币

4、投稿成为偶像

图 9-3　B 站前 3 个会员等级详情说明

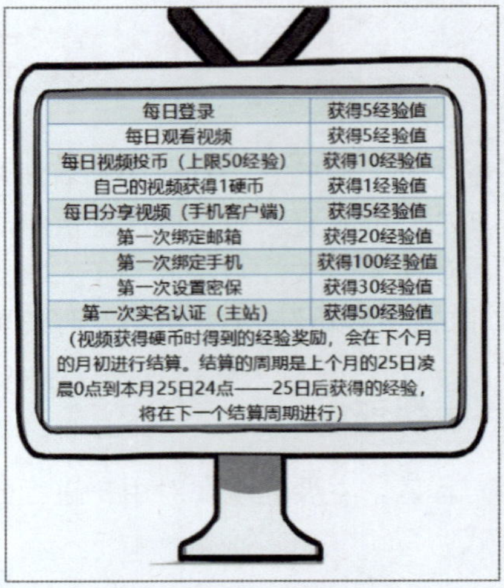

每日登录	获得5经验值
每日观看视频	获得5经验值
每日视频投币（上限50经验）	获得10经验值
自己的视频获得1硬币	获得1经验值
每日分享视频（手机客户端）	获得5经验值
第一次绑定邮箱	获得20经验值
第一次绑定手机	获得100经验值
第一次设置密保	获得30经验值
第一次实名认证（主站）	获得50经验值
（视频获得硬币时得到的经验奖励，会在下个月的月初进行结算。结算的周期是上个月的25日凌晨0点到本月25日24点——25日后获得的经验，将在下一个结算周期进行）	

图 9-4　B 站经验增长方式

关于用户与主播互动值，平台也会设置相应的等级划分，如根据用户对主播的打赏数值进行守护等级设置，如图 9-5 所示为虎牙平台主播守护等级说明。

1、成为TA的守护者，你将享有以下特权哦：

守护等级与特权	守护等级 V0	守护等级 V1-V11	守护等级 V12-V519	守护等级 V520+
尊贵专属贵宾席	✓	✓	✓	✓
守护者专属图标				
每日进入直播间领取银豆	✗	5000 银豆	10000 银豆	10000 银豆

1）若守护到期前没有续费，则直接失去守护身份，再次开通守护将按首次开通计算；

2）守护等级只会增加，不会降低，若守护到期前进行续费，则看剩余的守护时长，如果续费后剩余守护时长小于当前守护等级，则显示当前等级，如果续费后剩余守护时长大于当前守护等级则显示续费后的等级。

图 9-5　虎牙平台主播守护等级说明

用户还可以通过会员充值，享受不同的观看特权，例如哔哩哔哩，可以充值大会员，成为 B 站大会员后可享有四个特权。如图 9-6 所示为 B 站大会员的内容特权和装扮特权。

图 9-6　B 站大会员的内容特权和装扮特权

平台依照不同规则对用户进行细化分类，用户也可以根据自己的不同需求，选择自己的权限。这样细化的用户标签，有利于用户运营以及打造差异化的内容，同时也可以帮助主播增加用户黏性，满足不同用户群体的不同需求，针对不同用户进行个性化推荐。

9.1.2　利用消费心理

无论是短视频还是直播中用户都是通过观看具体内容直接下单，这样便捷的购买方式正是利用了“用户及时消费心理”来销售。

除此之外，“用户及时消费心理”还体现在限时、秒杀价这些标签的直播中，主播可以利用限量的数量方案和限时的优惠价格，吸引用户消费。

1．限量商品直播

限量商品，直播商品可以是独家款。例如，高端定制品牌的服饰，可以是限量优惠的产品，也可以是在资源少的情况下制作的服装，商家的“最后几件特卖清仓”就属于限量特惠。

2．限时商品直播

限时商品和限量商品可以是相交融的，但也可以是在直播间限时优惠，直播结束后恢复原价，这也是限时商品直播。总之，无论是限量还是限时，都会促使用户即时消费。在淘宝“双 11”直播上，可以看到某些主播就会在直播间里推出限时优惠券，如图 9-7 所示。

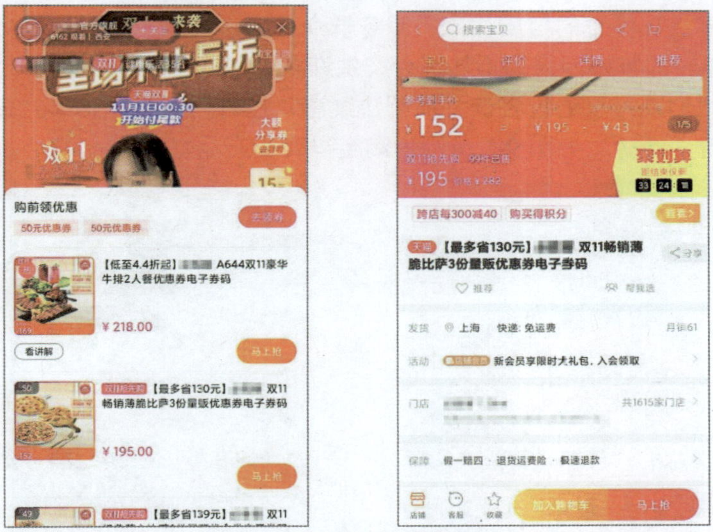

图 9-7　直播间里推出的限时优惠券

9.1.3　扩大社交圈

新型电商直播，主要是“从人到人”的社交关系，可以从以下两个方面进行理解。

（1）由用户从使用的感受中或者使用后，推广分享给新的朋友圈用户，例如拼多多直播的小红包，就是利用用户的朋友圈进行传播，用户通过分享，获得小红包，进而增加更多的

APP 使用者。

（2）其次，也可以体现在主播与用户之间的关系。主播在直播过程中，会获得人气以及粉丝，主播可以通过粉丝的经营，获得更多的粉丝，而且主播与粉丝之间的关系，也是“从人到人”的社交关系。

在直播中的互动也是人际交往的一种体现，所以直播中，重点是人，而不是商品，销售的是服务，经营的也是人。整个营销的重点是如何获得用户的信任和提高复购率，以及提升品牌影响力，促进产品价值盈利。

9.2 电商直播

本节将分别介绍电商直播的三大类型（母婴类、美妆类和服装类）和两个特点，帮助主播或新媒体人更好地熟悉电商直播。

9.2.1 母婴类电商直播

母婴类产品的用户大多为年轻的宝妈们，母婴产品主要有奶粉、纸尿裤、玩具和童装等，此外还有适合宝妈们的产品。传统的门店销售多为一对一的服务模式，并且用户需要亲自筛选产品，而电商平台的产品相对单一，用户挑选产品的难度低。

母婴类电商直播与传统的门店相比，服务群众更广，可以一对多，服务屏幕前成千上万的宝妈们。如果年轻的宝妈们因为不熟练会产生许多疑问，或者对宝宝的一些症状感觉焦虑，那么在直播中，她们既可以通过咨询主播解决疑惑，也可以通过弹幕形式跟其他宝妈进行交流，互相分享自育儿经验。如图 9-8 所示为淘宝母婴类产品直播。

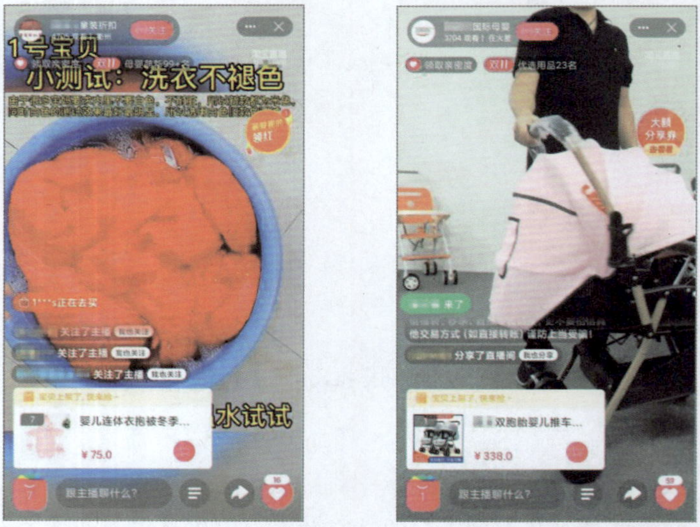

图 9-8　母婴类产品直播图

据了解，84%的宝妈们在购买宝宝所使用的产品前，都会对产品的安全性和实用性进行调查，并且经过反复思考才会购买。在母婴类产品直播间，育儿专家和富有经验的主播，可以为宝妈们介绍最适合宝宝的产品，这种全方位的讲解和展示正好解决了宝妈们选择产品的焦虑，也能为妈妈们的购买提供参考。

总之，电商直播相较于传统门店具有诸多优势，如图 9-9 所示。

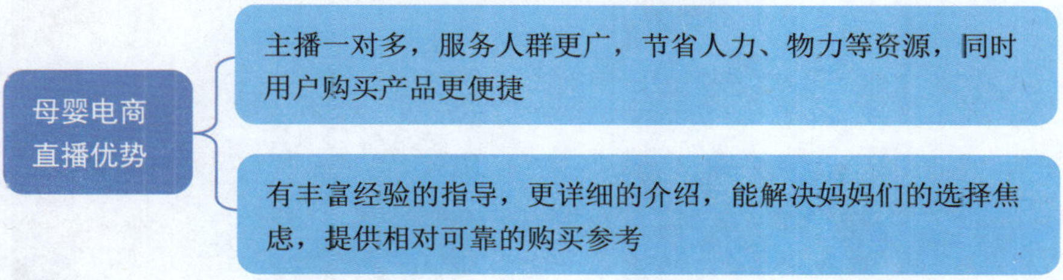

图 9-9　母婴电商直播优势

9.2.2　美妆类电商直播

美妆类电商直播针对的是高消费的女性群体，相比较其他种类的电商直播，高消费的女性群体使得美妆直播获利极大。在美妆直播中，你可以看到主播为用户试用各类产品，例如，口红试色、眼影试色以及粉底试色等。如图 9-10 所示为主播在直播中进行口红试色。

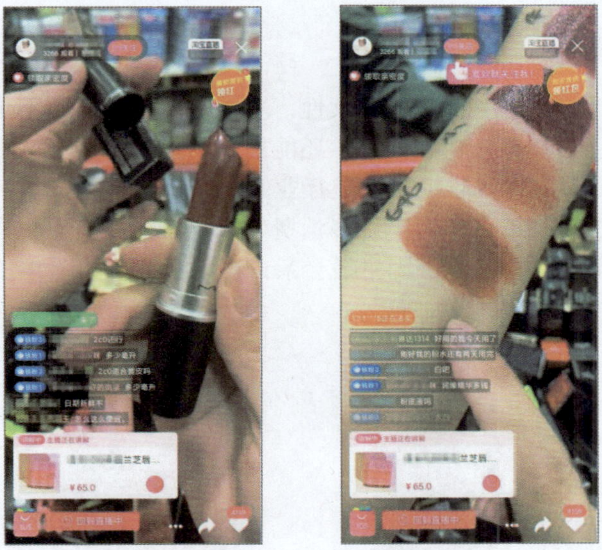

图 9-10　主播在直播中进行口红试色

随着直播越来越受欢迎，许多明星也进入了美妆直播带货的行业。根据预测，还会有更多的明星选择加入直播行业。当然，每个明星的直播方式都不同，有的明星对自己用过的产品进行分享，例如提供护肤“秘籍”与分享好物等方式进行直播。

某些知名店铺或主播，有时会邀请某些明星一起带货。如图 9-11 所示为某店铺直播时邀请某节目中的某明星进行带货。

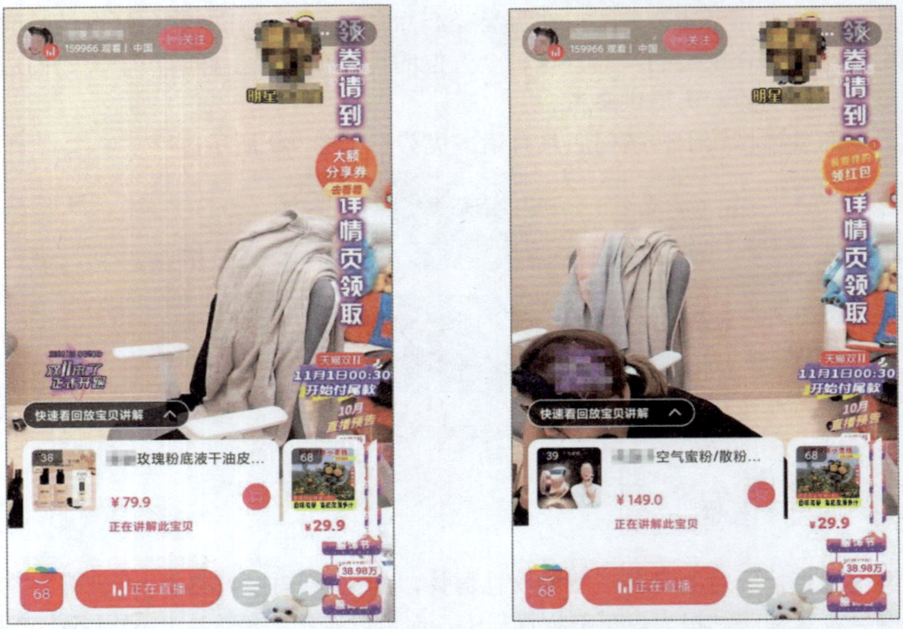

图 9-11　某明星直播带货现场

9.2.3　服装类电商直播

观看服装直播的用户多为时尚年轻的女性，主播在此类直播中不止会推荐服装，还会进行搭配展示，在提供用户穿搭技巧的同时，还能加大用户的购买力度。服饰类电商直播通过直播传递当下热门的时尚理念，推动了服装行业的发展。

总而言之，服饰的种类众多，对于许多消费者来说，如何搭配一直困扰着他们，这种困扰在服装电商直播中能找到答案，因为主播会亲自搭配示范，如图 9-12 所示。

图 9-12　主播直播亲自搭配

主播在示范服装搭配中，还会分享与之匹配的发型，为用户提供了发型参考，用户在穿搭时更具魅力。

9.2.4 挖掘产品卖点

主播在直播间进行服装销售时，要想让自己销售的商品有不错的成交率，就需要通过挖掘卖点满足目标受众的需求点。

如果在满足目标受众需求的对比中体现不出优势，那卖点就不能称之为卖点。想要使商品可以最大化地呈现出它的价值，主播就需要学会从不同的角度挖掘服装商品的卖点。

1．从宣传语方面挖掘卖点

主播也可以根据款式的风格，设计出一些新颖的宣传词，从而吸引粉丝的注意力。例如，麻混纺衬衫式连衣裙既可以作为外套披搭，也适合打造清爽舒适的日常穿搭；麻混纺半开领上衣除了斯文休闲两相宜，还可以搭配出众的半开领上衣。

通过恰当的宣传语，主播可以激发用户的好奇心，让他们向往宣传语中营造的服装效果，从而促使用户下单购买。如图 9-13 所示为麻混纺连衣裙、上衣及其宣传语。

连衣裙：可日常穿搭，可外套披搭

上衣：斯文休闲两相宜

图 9-13 通过服装宣传语挖掘卖点

2．从质量角度挖掘卖点

产品质量的完整概念就是用户的满意度。大部分人选择产品时，都会考虑产品的质量。对于大多数人来说，产品质量的好坏与否，决定了他们是否下单，以及是否愿意再次购买。

随着流水线生产模式大规模发展运行，产品的质量无法得到百分百的保证，导致部分服装商品质量欠佳，出现褪色和起球等影响服装穿着效果和穿着时长的问题，使得消费者对服装的质量问题特别关注。同时，随着社会的不断发展，人们的经济收入增多、消费能力增强以及消费需求发生变化，对产品的要求开始追求质感，于是，现代人对于产品的质量有了另一种要求。

以服装为例，用户除了关注服装的实用性、耐用性外，开始注重考虑服装能否让自己穿得自在、舒适和简单。为此，很多的服装品牌、商家想要展现产品的卖点时，会在体现产品的特色时，注重其质量方面的展现。如图 9-14 所示为商家标明服装的质量优势，形成卖点。

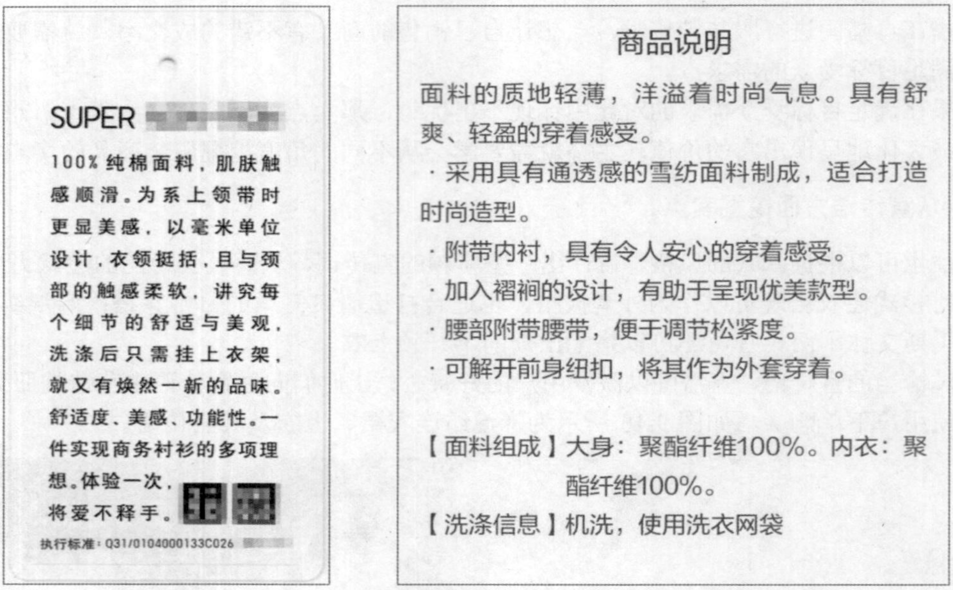

图 9-14　服装质量卖点

所以，主播在挖掘产品卖点时，可以尽情地向观众、粉丝展示服装的质量情况。例如，这款衬衫可以体现穿着者的优雅气质，而且衬衫不易起皱，不用费时打理；这款裙子质地轻薄，非常轻盈，特意搭配内衬，不易走光等。

3．结合当今流行趋势挖掘卖点

流行趋势就代表着有一群人在追随这种趋势，主播在挖掘产品卖点时，可以结合当前流行趋势分析产品卖点，这也一直是各商家惯用的营销手法。

4．针对不同消费人群突出卖点

不同的消费人群对于服装的关注、需求点不同，主播在面对这种情况时，就需要有针对性地突出产品的卖点，从而满足不同用户群体的需求。

例如关于裙装，对于成人服装款式来说，需要在卖点上突出服装的美观性、多功能性；而对于童装服饰，它的设计和风格就要突出可爱的风格，卖点宣传上会偏向于服装的实用性、舒适性。如图 9-15 所示为成人款和儿童款服装的对比效果。

图 9-15　成人款（左）与儿童款（右）服装对比效果

9.2.5　如何提供用户需求点

当用户的事情被及时解决时，用户容易得到满足。就像人口渴时，给他一杯水，让他有被满足的愉悦。

对于商家来说，想要成功让产品销售出去，就需要站在用户角度去思考产品的价值，这是因为用户作为一个信息接受者，很难直接发现到产品的价值。在这种情况下，需要商家主动去帮助用户发现产品价值。而其中最重要的一点，就是商家确保自己的产品能够提供给用户一个用户需求点。

当用户的痛点、痒点已经被找出，商家和新媒体人已经使用户产生想要解决痛点的需求，同时为用户提供了解决方向，那么下一步就是帮助用户找出解决问题的办法。商家只要把这个目的在销售技巧和肢体语言中呈现出来，就可以使得用户的情感和判断力产生偏向，让他们认同商家的观点。

1．寻找用户需求点

在产品营销中，用户需求点可以理解成用户第一次发现产品价值的时刻，通常是在用户初次使用产品，也就是用户激活的过程当中。

很多时候，能否满足用户的需求点，决定了用户是否会成为直播间的留存用户。当用户认为可以在直播间得到需求点，就相当于给用户带来了足够强烈的第一印象。这种强烈的第一印象，可以促使用户再一次进入你的直播间。

2．观察数据

主播可以通过观察直播间的数据，找到核心粉丝的行为，从而帮助用户和粉丝找到他们想要的“用户需求点”。

首先，主播可以看看在直播过程中，观众是否点击了“关注”选项，这个行为就是一个能否转化为关键粉丝的行动指标。当观众点击了“关注”，就表示他还愿意看到主播直播动态的推送，之后很可能就会成为直播间的留存用户。然后，商家和主播就可以统计、分析留存用户的行为，根据这些行为，帮助用户寻找到用户需求点。

例如，一些用户在下单前，不知道如何选择合适的尺码，于是他们会在屏幕上或者粉丝群里发问。面对这种行为，商家和主播就可以在直播界面里列出服装尺码图，即可解决用户的问题，满足用户的需求。如图 9-16 所示为直播界面标注的尺码信息。

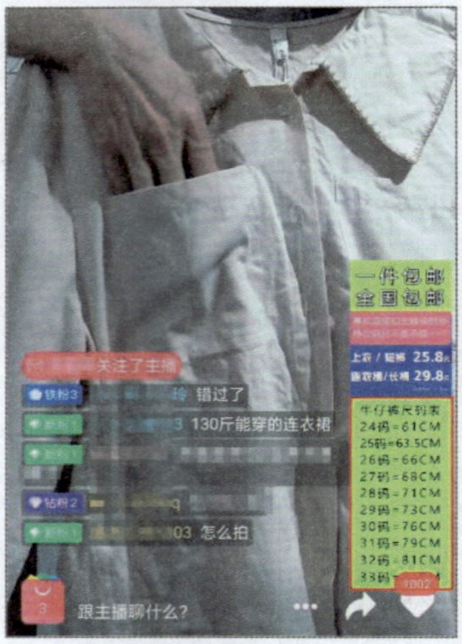

图 9-16　直播界面标注的尺码信息

3．用户反馈：参考用户反馈验证数据中的结论

当主播通过观察数据，得出用户、粉丝的一些行为指标后，最好能找到活跃粉丝或者留存粉丝，进一步根据自己从数据中得出的结论，来验证它是否符合实际情况，进行信息反馈。这样，当数据显示出某些粉丝行为跟留存度之间存在关联时，就可以通过这些粉丝行为来了解、得出关联的原因。

一个产品和服务的反馈渠道也应该是多种多样的，主播只有进行多方面的信息收集，才能够更好地做好相关工作。同时，主播也可以根据反馈信息进一步提升销售技巧，让直播间具备较强的市场竞争力。如图 9-17 所示为信息反馈类型。

反馈分类

技术bug
产品的bug遗漏、深度技术bug

功能需求
观察用户使用习惯、发现产品存在的不足，用户所提的与竞品的优劣中，获得信息

使用帮助
用户的使用提供指引

体验吐槽
为那些对产品抱有期待的用户，提供一个　　沟通渠道

图 9-17　用户反馈信息分类

如果观众和粉丝经常点击直播间的“宝贝回放”功能，有可能表明，在主播介绍这款服装时，用户没有得到自己想要了解的信息，那么主播就可以酌情考虑是否在介绍服装基本信息时，语速放慢一点，或者展示时间放长一点。

此外，主播还可以通过用户反馈得到许多其他细节，例如主播在介绍服装时，哪一种服装风格让用户的下单购买率高？哪一些服装款式无法吸引用户下单？

4．流失用户：找出流失用户流失的原因

主播可以对留存粉丝的行为进行分析，从而帮助粉丝得到想要的用户需求点，但另一方面，主播也可以去了解流失用户的行为情况。

找到流失用户流失的原因，主播才能有针对性地解决问题，从而更好地吸引粉丝、留住粉丝，避免更多粉丝流失。

9.3　社交直播

本节主要介绍社交直播，分别讲述了直播社交化趋势的优势，以及社交直播的衍生产业，让新媒体人更全面地了解社交直播的特点。

9.3.1　直播现新转机

各类型的泛娱乐社交 APP 深受移动社交厂商的喜好。陌陌平台在社交与直播的结合中是行业较早推出的，这样的业务调整，及时地改变了陌陌亏损的状态，促使其业绩增长。对于陌陌直播来说，社交化直播能有效提升用户数量以及 APP 使用黏性。

腾讯的 NOW 直播也是基于社交的因素推出的，腾讯的 NOW 直播是与其 QQ 空间相连接的，甚至可以在微信上观看。腾讯 NOW 直播具有以下三点优势，分别体现在用户、内容和分发平台方面，如图 9-18 所示。

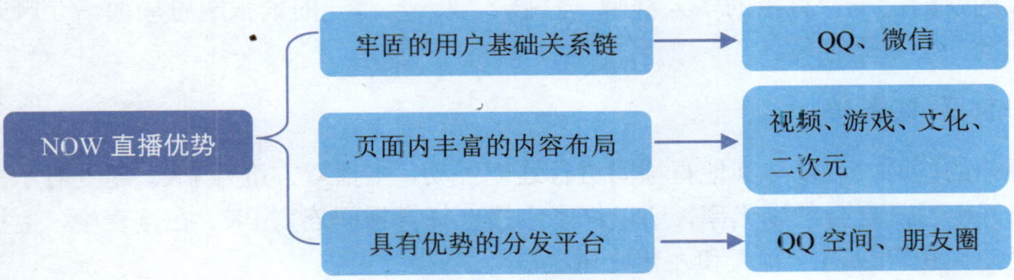

图 9-18　NOW 直播优势

这些优势的结合，既有利于 NOW 直播中直播内容的推广，也有利于 NOW 直播平台的发展。

9.3.2 衍生产业增多

社交直播衍生的产业逐渐增多，例如推出电台、小游戏、连麦 PK 以及电影等形式。这样的衍生形式让用户找到兴趣爱好相同的朋友，正满足了新媒体人的新型社交需求。以下是各类衍生产业的具体分析。

1．社交+直播+电台

在玩吧 APP 中设置语音房间界面，如图 9-19 所示。语音房间内具有电台模块，这些电台属于电台直播，用户在收听主播电台的同时，可以与收听用户进行社交互动。

图 9-19　玩吧 APP 中设置语音房间界面

例如，用户可以根据电台直播内容，发表个人见解，与共同收听的用户分享经验，进而达到相互陪伴的目的。电台直播的多人群聊，打破了双人一对一的紧张尴尬局面，让聊天变得更轻松，让社交变得更容易。

2．社交+直播+连麦 PK

主播在直播的同时，可以与其他直播间进行连麦互动，主播双方进行 PK。连麦对于主播来说，能够很好地提高自身的曝光率，所以许多主播选择直播间连麦 PK。在连麦中，主播双方可以进行互动，也可以进行聊天和才艺比拼。

3．社交+直播+电影

电影社交直播主要面对的群体为电影爱好者，在进行电影直播的时候，主播需要注意电影的版权问题，并且最新的影院电影是不允许在直播间进行个人直播的。通常，直播电影多以喜剧片为主。对于既想观看喜剧片，又想和网友互动的用户，这样的直播内容正好满足了他们的需求。如图 9-20 所示为虎牙直播上的喜剧片直播。

图 9-20　虎牙直播上的喜剧片直播

9.3.3　相关注意事项

在社交直播中，需要注意如何吸引粉丝，获得关注量。粉丝的来源一般通过平台、个人社交媒体和其他新媒体三个渠道。

1．平台

平台内获取粉丝的方式有以下几种。

（1）通过平台流量获取粉丝。

（2）通过平台内的活动曝光获取粉丝。

（3）通过平台内相似主播推荐获取粉丝。

社交直播之前，主播需要事先了解各个社交直播平台，分析选择最适合自己的平台。一个适合的平台可以决定主播的直播上限，同时对于主播来说，好的平台提供更为成熟的运行规则和产品，更有利于主播发展。需要注意的是，主播在与平台合作时，不要频繁地更换直播平台。以下是热门直播平台汇总，如图 9-21 所示。

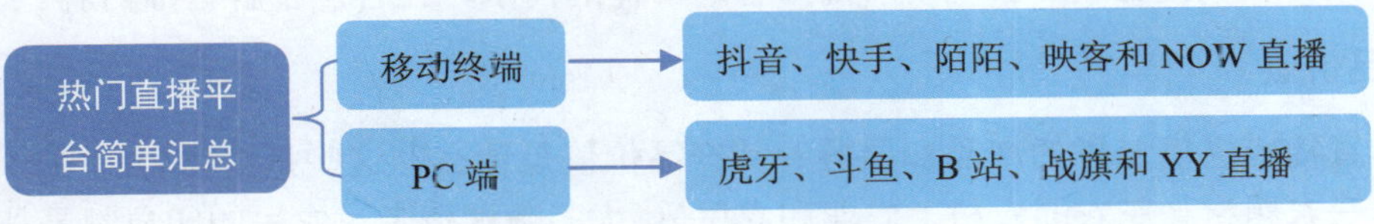

图 9-21　热门直播平台简单汇总

2．个人社交媒体

个人社交媒体是主播获取粉丝的第二个方式，在进行个人社交时，拥有一个识别度高的网名，能让用户记住你，以吸引更多的粉丝。网名制定原则如图 9-22 所示。在此基础上，主播的网名还需要符合其他原则，例如读起来顺口、听起来悦耳和记起来轻松等。

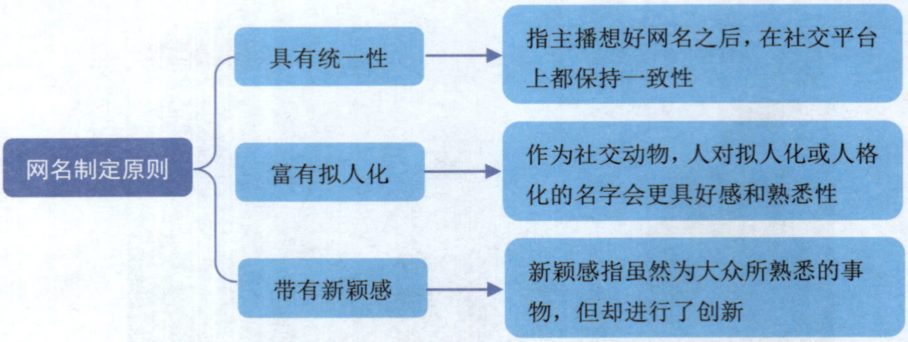

图 9-22　网名制定原则

9.4　新媒体直播前期准备

直播可以带动新媒体的发展，可以很好地提升新媒体的影响力，同时还能巩固市场基础。主播如何利用新媒体进行直播呢？本小节主要介绍新媒体直播前期准备工作。

9.4.1　了解用户需求

开辟直播市场之前，主播需要了解和调查用户对直播的需求，需要了解市场，需要具备敏锐的嗅觉和悟性。在没有市场时主播可以主动寻找用户，开辟市场。此外，主播还要思考：你能为用户提供什么样的直播？你的定位如何？他们为什么会选择你的服务？

1．客户群体

一个产品、一个行业的产生和发展通常由一线城市开始流行，接着二、三、四线城市，最后普及到乡镇和农村。直播行业越来越火热，那么处于流行末端的城市，对某些主播会是一个商机。

例如，某主播选择三、四线城市和乡镇、农村的群体为用户群体，在开始的阶段，主播要自己去寻找客户，甚至亲自去现场，询问客户群体的需求，让客户了解直播内容。

2．产品价值

新媒体直播应提供怎样的产品和服务？其产品价值是什么？这些是主播要思考的问题。例如新媒体三农题材（三农即农村、农业和农民），大多数消费者对农民的印象都是朴实的，所以农民所种植的产品也被多数消费者所喜爱。在新媒体直播中，主播选择三农类产品进行直播销售，自然也会有许多用户会通过直播购买。

城市化的发展，让越来越多的人对农村生活产生好奇。但是随着平台上出现越来越多的三农题材直播内容，同质化的现象越来越明显。所以，主播策划的直播内容要具有差异性和创意性，产品要具有价值，切不可脱离现实，失去真实性。

3．个人知名度

个人知名度，指的是运营新媒体的主播需要提高个人或者平台的知名度。主播知名度越高，关注的用户群体也就越多，那么商家自然而然地找主播合作。主要原因是这类主播能给商家的品牌提升影响力，同时也是给商家提供价值。

人们对熟悉或者相似的事物，会更具有好感。在提升知名度之前，主播需要让用户对品牌有个概念性的认识。随着品牌知名度提升，接受的群体也会有所提升，最后商家也会找这个主播进行直播。

9.4.2 做好用户定价

在市场逐步扩大之后，主播需要思考直播产品的定价。对于直播费用，应根据不同的用户进行差异化划分，例如可按照相关政府部门、大客户和普通客户的不同，费用也有所不同。图 9-23 所示为差异性收费标准参考。

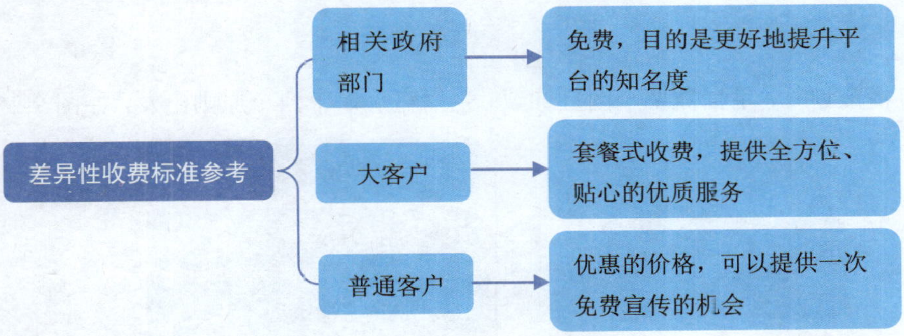

图 9-23 差异性收费标准参考

9.4.3 建立合作团队

正所谓，众人拾柴火焰高。在直播行业越来越普及的情况下，合作联盟的成立，在一定程度上能够解决个人所难以解决的问题。在新媒体行业之间，也可以进行合作，每家新媒体有各自的优势，要做的就是利用优势进行合作，如一起优化直播内容质量，以及增加直播放量等。主播可以采用各家新媒体的设备组建直播联盟，一起组织高质量、多场次的直播。

1．合作团队的选择

关于直播合作团体的选择，可以遵循以下四个原则，如图 9-24 所示。

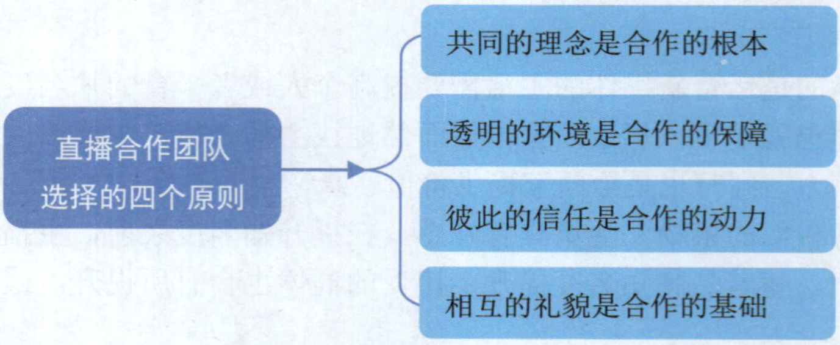

图 9-24　直播合作团队选择的四个原则

2. 合作策略的制定

在选择好合作团队之后，主播需要制定一个合作策略，包含产品策略、价格策略和渠道策略等。

9.4.4　策划直播方案

在进行直播策划时，主播需要全面且细致。主播可从以下四个原则出发，如图 9-25 所示。

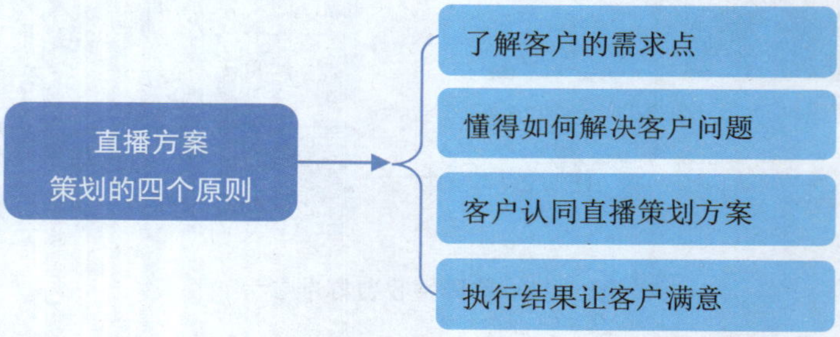

图 9-25　直播方案策划的四个原则

本章小结

本章主要介绍了新媒体直播运营技巧，即通过电商直播、社交直播和新媒体直播这三个方面详细说明了直播产品的特点、如何进行各类直播、直播方案策划、合作团队的选择以及直播需要注意的相关事项。可以帮助读者全面地了解新媒体直播行业。

本章习题

1. 主播可以从哪些角度来挖掘服装商品的卖点？
2. 关于直播合作团队的选择，可以遵循哪些原则？

第 10 章　新媒体内容写作

本章导读

对于新媒体运营而言，最重要的还是文案内容的创作，也就是怎样打造差异化内容，进而赢得用户关注的过程。针对这一问题，本章将从内容形式、开头、结尾、布局、技能和表达这六个方面论述，帮助读者更好地打造爆款文案。

本章重点

- 选对形式
- 文案开头
- 结尾技巧
- 多种布局
- 写作技能
- 表达技巧

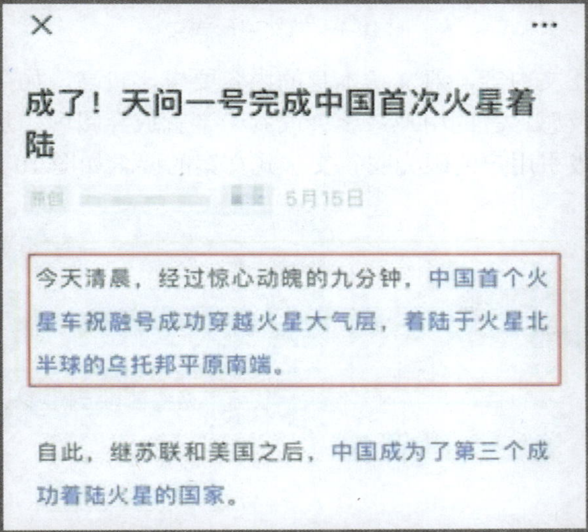

成了！天问一号完成中国首次火星着陆

5月15日

今天清晨，经过惊心动魄的九分钟，中国首个火星车祝融号成功穿越火星大气层，着陆于火星北半球的乌托邦平原南端。

自此，继苏联和美国之后，中国成为了第三个成功着陆火星的国家。

10.1 选对形式

新媒体人在编辑文案正文时，其文案形式可以是多样的，而且这些文案形式都拥有自己的特色。因此，新媒体人要掌握一些文案形式。

10.1.1 文字内容

文字式内容，指的是整篇文案除了那些提醒用户关注该新媒体平台的图片，或者是文章尾部的二维码图片外，文案中要表达的内容都是用纯文字进行描述的，没有嵌入任何其他图片。如图 10-1 所示为纯文字形式文案的案例。

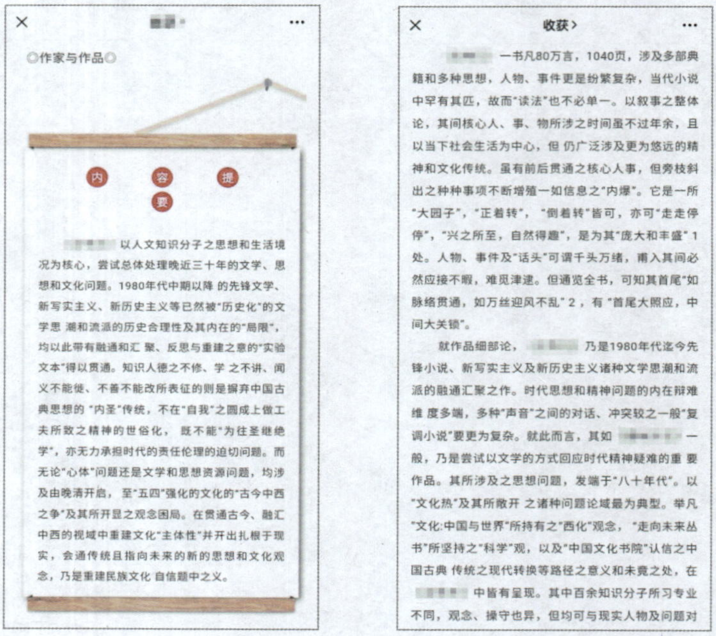

图 10-1 纯文字形式文案

这种纯文字式的正文内容，对文章本身的内容要求比较高，如果文章质量不佳且字数偏多，就会引起用户的反感，有的用户甚至会读到一半就放弃阅读。那么，纯文字式内容要达到怎样的要求，才能吸引用户的眼光呢？文字式文案的要求如图 10-2 所示。

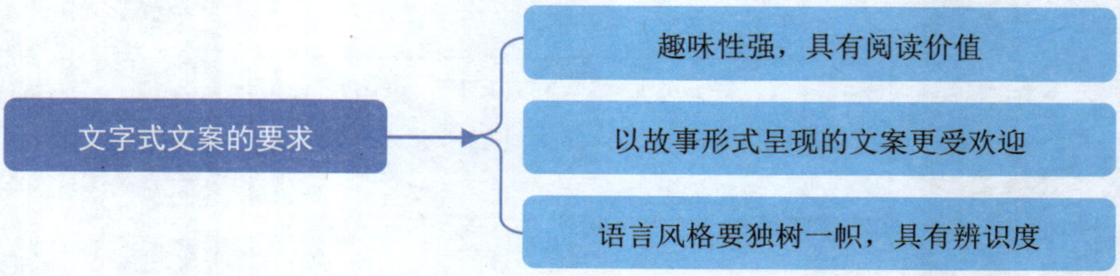

图 10-2 文字式文案的要求

文字式的内容形式虽然比较单一，但也可以通过分节、变换字体颜色等方式引起用户的注意。长篇幅的文字或多或少都会使用户产生阅读的不适感，因此新媒体人适当地对文案排版进行调整是很有必要的，这也是拯救纯文字文案内容的一种方法。

10.1.2　图片内容

图片式内容指的是在整篇文案中，其正文内容都是以图片形式表达的，没有文字或者文字已经包含在图片中了。这种图片式的文案内容也是比较常用的，特别是在各种促销活动中出现得比较频繁。

图片式内容的正文都是通过图片形式传达信息的，有的是几张图片，有的则是图片中包含文字，但都是以图为主，文字为辅。图片式内容形式的好处主要有以下几点。

（1）简洁明了，一目了然。

（2）更加抽象，值得揣摩。

（3）视觉效果，更加惊艳。

设计图片式内容形式具体技巧如下。

（1）图片的表现形式要富有创意。

（2）图片能展现出中心思想。

（3）图片的排版要符合用户需求。

图片式的内容形式往往能够传达出更为直观和生动的品牌理念、产品特色以及企业文化，对于偏向商业性的文案而言，这种形式是很实用的。不仅如此，从视觉效果的角度来看，图片也更加容易被用户接受。如图 10-3 所示为图片式内容示例。它的正文内容都是以图片为主，以极具创意的方式将生动的图片和精简的文字结合为一体，给用户带来一场视觉盛宴。

图 10-3　图片式内容

10.1.3 图文结合

顾名思义，图文结合式就是把图片和文字结合起来展示的一种形式。很多文案采用的都是图文结合式来传达正文内容。这种形式最为常见，也比较实用。

新媒体平台正文的呈现形式，可以是一张图，也可以是多张图。这两种不同的图文形式，呈现出的效果也是不一样的。打造图文结合式的要点如图 10-4 所示。

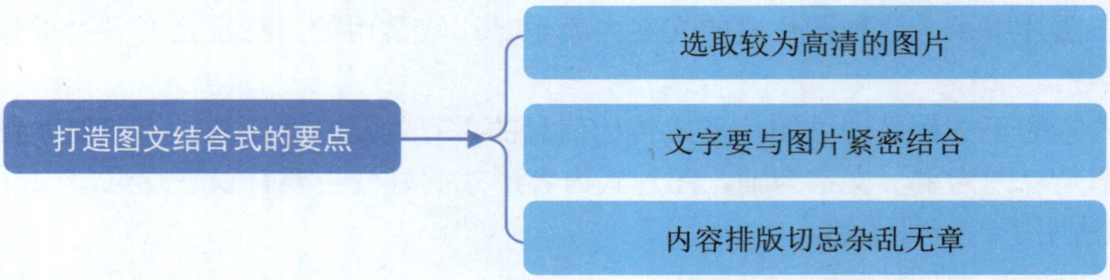

图 10-4　打造图文结合式的要点

前面提到过，图文结合式分为两种呈现形式，一种是单张图片；另一种是多张图片，两种形式传达出来的效果各有千秋。

1．单图，凸显重点

如果新媒体平台发布的是一张图片消息，那么点开文案，可以看见的是一张图片（插入广告显示出来的图片除外）配一篇文字，如图 10-5 所示。

不毁灭的背影 | 沈从文

不毁灭的背影

文| 沈从文

"其为人也，温美如玉，外润而内贞。"

旧人称赞"君子"的话，用来形容一个现代人，或不免稍稍迂腐。因为现代是个粗犷，夸侈、褊私、疯狂的时代。艺术和人生，都必象征时代失去平衡的颠簸，方能吸引人视听。"君子"在这个时代虽稀有难得，也就像是不切现实。惟把这几句作为佩弦先生（即朱自清，中国现代作家。）身后的题词，或许比起别的称赞更恰当具体。佩弦先生人如其文，可爱可敬处即在凡事平易而近人情，拙诚中有妩

收获>

那座戏楼，那个花园，在民初元恰是三十岁即开府西南，统领群雄，反对帝制，五省盟主唐继尧将军的私产。蔡松坡、梁任公，均曾下榻其中。迎宾招贤，举觞称寿，以及酒后歌余，月下花前散步赋诗，东大陆主人的豪情胜概，历史上动人情景，犹恍惚如在目前。然前后不过十余年，主要建筑即早已赁作美领事馆办公处，终日只闻打字机和无线电收音机声音。戏楼正厅及两厢，竟成为数十单身流亡教授暂时的栖身处，池子中一张长旧餐桌上放了几份报，一个不美观破花瓶，破烂萧条恰像是一个旧戏院的后台。戏台阁楼还放下那么一个"鸡尾"式文化罐头。花园中虽经常尚有一二十老花匠照料，把园中花木收拾得很好，花园中一所房子中，小主人间或还在搁有印缅总督，边疆土司，及当时权要所送的象牙铜玉祝寿礼物堆积客厅中，款待客人，举行小规模酒筵舞会，有乐声歌声和行酒欢呼笑语声从楼窗溢出，打破长年的寂静。每逢云南起义日，且照例开放墓园，供市民参观拜谒。凡此都不免更使人感到"一切无常，一切也就是真正历史"。这历史，照例虽存在却不曾保留下来，保留下来的倒常常是"不见马家宅，今作奉诚园"诗人黍离的感慨！就在那么一种情形下，《毁灭》与《背影》作者，站在住处窗口边，没有散文没有诗，默默的过了六年。这种午睡刚醒或黄昏前后镶嵌到绿荫荫窗口边憔悴清瘦的影子，在同住七个老同事记忆中，一定终生不易消失。

图 10-5　单张图片的图文结合式

2．多图，图文相间

如果新媒体平台发布的是多张图片的消息，那么用户点开文案，看到的就是一篇文案中

配有多张图片。如图 10-6 所示为某公众号多张图片的图文结合式。

多张图片的形式适用于展示产品、风景以及人物等内容，一张图片然后一段文字，可以对图片中的内容进行介绍和讲解，让用户看得更清楚、更明白。当然，图文结合式也要注意排版的合理性，文字和图片的大小、位置要符合用户的阅读习惯。

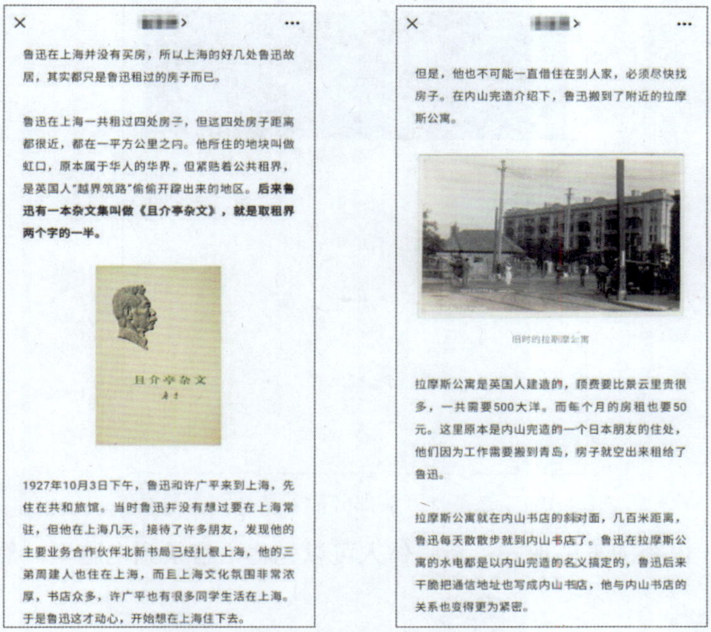

鲁迅在上海并没有买房，所以上海的好几处鲁迅故居，其实都只是鲁迅租过的房子而已。

鲁迅在上海一共租过四处房子，但这四处房子距离都很近，都在一平方公里之内。他所住的地块叫做虹口，原本属于华人的华界，但紧贴着公共租界，是英国人"越界筑路"偷偷开辟出来的地区。**后来鲁迅有一本杂文集叫做《且介亭杂文》，就是取租界两个字的一半。**

且介亭杂文

1927年10月3日下午，鲁迅和许广平来到上海，先住在共和旅馆。当时鲁迅并没有想过要在上海常驻，但他在上海几天，接待了许多朋友，发现他的主要业务合作伙伴北新书局已经扎根上海，他的三弟周建人也住在上海，而且上海文化氛围非常浓厚，书店众多，许广平也有很多同学生活在上海。于是鲁迅这才动心，开始想在上海住下去。

但是，他也不可能一直借住在别人家，必须尽快找房子。在内山完造介绍下，鲁迅搬到了附近的拉摩斯公寓。

旧时的拉斯摩公寓

拉摩斯公寓是英国人建造的，顶费要比景云里贵很多，一共需要500大洋。而每个月的房租也要50元。这里原本是内山完造的一个日本朋友的住处，他们因为工作需要搬到青岛，房子就空出来租给了鲁迅。

拉摩斯公寓就在内山书店的斜对面，几百米距离，鲁迅每天散散步就到内山书店了。鲁迅在拉摩斯公寓的水电都是以内山完造的名义搞定的，鲁迅后来干脆把通信地址也写成内山书店，他与内山书店的关系也变得更为紧密。

图 10-6　某公众号多张图片的图文结合式

10.1.4　视频内容

视频形式的新媒体内容，是指各大商家可以把自己要宣传的卖点拍摄成视频，发送给广大用户群。它是当下热门的一种传递新媒体平台文案正文内容的形式。

相比文字和图片，视频更具备即视感和吸引力，能在第一时间快速地抓住用户的眼球，从而达到理想的宣传效果。

有关视频内容的操作，在此以微信公众平台为例，新媒体人可以将想要发布的视频上传到微信公众平台上，再保存到素材库中，然后在发布视频时选择“从素材库中选择”的选项，或者将视频保存到电脑中，然后通过“新建视频”选项来添加视频。

10.1.5　语音内容

语音式的新媒体内容，是指新媒体人将自己想要向用户传递的信息通过语音的形式发送到平台上。这种形式可以让用户感受到语言的力量，拉近与用户的距离，使用户感觉平台更加亲切。

在文案中插入语音内容，通常有两种形式，一种是直接推送语音内容；另一种是在正文开头部分插入一个音频文件，如图 10-7 所示。

图 10-7　在正文开头部分插入音频文件的案例

关于语音这一内容的表现形式，新媒体人可以先将语音录到电脑里，然后再进行上传。

10.1.6　综合混搭

在新媒体文案正文内容的形成过程中，利用单一的表达形式发布的文案比较少见，更多的新媒体账号是利用两种或两种以上形式混合的表达形式发布文案。其实，除了上文中已经提到的在新媒体平台上常见的图文结合式外，还可以将其他形式的内容混搭，形成综合混搭式内容。

综合混搭式内容，顾名思义就是将上述四种形式综合起来，运用在一篇文案中。这种形式可谓是集几种特色于一身，兼众家之所长。这种形式能够给用户极致的阅读体验，让他们在阅读文案时不会感觉到枯燥乏味。新媒体文案撰写者运用这种形式传递文案正文内容也能够为自己的平台吸引更多的用户，提高平台粉丝数量。

每种形式都包含在一篇文案中的新媒体文案还比较少，但一篇文案中包含三种或者三种以上形式的还是比较常见的。

10.2　文案开头

一篇新媒体平台的文案，其开头的重要性仅次于文案标题及文案主旨。所以，新媒体人在写文章时，一定要注意在开头就吸引住用户的目光。只有这样才能让用户有继续阅读下去的念头。本节主要介绍三种文案开头方法，帮助新媒体人快速捕获用户的目光。

10.2.1　吸引用户

一篇好的文章开头能赢得用户对新媒体人的喜爱，从而吸引到大批的粉丝和关注——这是文案撰写的主要目的。基于这一思考，下面介绍文案正文开头的五种写作技巧。

1．直奔主题

直奔主题类型的文案开头，需要新媒体人在文案首段就将自己想要表达的东西都写出来，一切意图不再隐隐藏藏，而是干脆爽快。

新媒体人在使用这种方法创作正文开头时，可以使用朴实、简洁和清晰明了的语言，直接将自己想要表达的内容撰写出来，不用故弄玄虚。如图 10-8 所示为某文章开头部分，作者直接围绕标题中的“小品牌破局”提出了两个疑问，接着直接点明原因，这很显然就是一种直奔主题的写法。

在运用直奔主题类型写法撰写正文开头时，新媒体人要注意的是，正文的主题或者事件必须足够吸引人，如果主题或者要表达的事件没有办法吸引用户，那这种直奔主题的方法最好还是不使用为好。

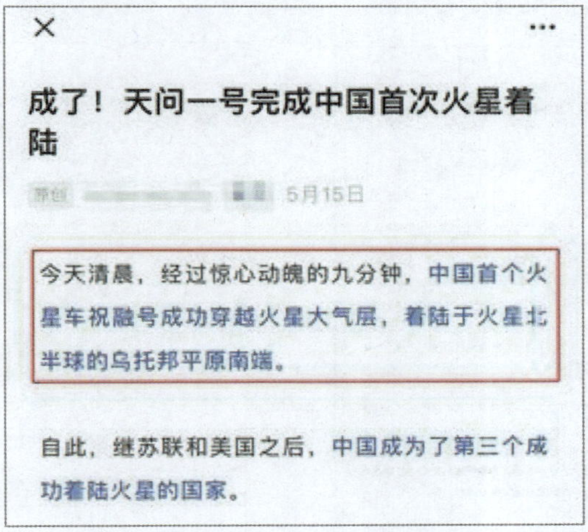
成了！天问一号完成中国首次火星着陆

5月15日

今天清晨，经过惊心动魄的九分钟，中国首个火星车祝融号成功穿越火星大气层，着陆于火星北半球的乌托邦平原南端。

自此，继苏联和美国之后，中国成为了第三个成功着陆火星的国家。

图 10-8　直奔主题的开头

2．想象猜测

新媒体人在撰写想象猜测类型的正文开头时，可以稍稍运用一些夸张的写法，但不要太过夸张，以至与现实脱轨。这种类型的开头，能让用户在看到文案第一眼的同时，就能够展开丰富的联想，猜测在接下来的文案中会发生什么，从而产生强烈的继续阅读文案的欲望。

在使用想象猜测类型的文案开头时，新媒体人要注意的是在文案开头必须留有悬念，给用户以想象的空间，引导用户思考。

3．平铺直叙

平铺直叙型开头也被叫做波澜不惊型开头，表现为在撰写正文开头时，新媒体人把一件事情或者故事有头有尾地说出来。

平铺直叙型的方式，文案正文中使用的并不多，更多的还是存在于媒体发布的新闻稿中。但是，在新媒体平台正文的开头中也可以选择性地使用这种类型的写作方法，例如重大事件或者名人、明星的介绍，通过正文本身表现出来的重大吸引力来吸引用户继续阅读。

4．幽默诙谐

幽默感是与他人之间沟通时最好的武器，能够快速搭建自己与对方的桥梁，拉近彼此之间的距离。幽默诙谐的特点就是令人高兴、愉悦。新媒体人如果能够将这一方法使用到文案的正文开头写作中，将会取得不错的效果。

在新媒体平台上，很多商家会选择在文案中通过一些幽默、有趣的故事做为开头，吸引用户的注意力。相信没人会不喜欢看可以带来快乐的东西，这就是幽默诙谐型正文开头的存在意义。

5．引用名言

在写新媒体文案时，使用名言名句开头的文案，一般会更容易吸引用户的眼光。因此，新媒体人在写作时，可以多搜索一些与文案主题相关的名人名言，或者是经典语录。如图 10-9 所示为文案开头引用名言的文案。

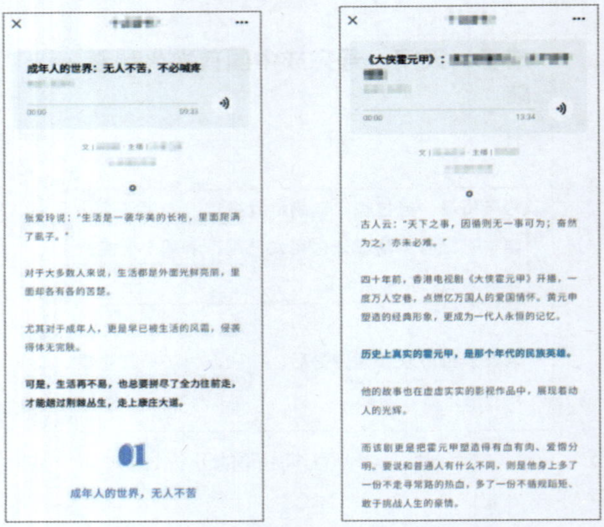

图 10-9　文案开头引用名言的案例

在新媒体文案的开头，撰写者如果能够用一些简洁、精练，同时又紧扣文案主题并且意蕴丰厚的语句，或者使用名人说过的话语、民间谚语以及诗词歌赋等语句，就能够使文案看起来更有内涵。而且，这种写法更能吸引用户，可以提高新媒体文案的可读性，以及更好地凸显文案的主旨和情感。

10.2.2　善用摘要

在部分新媒体平台中，新媒体人可以通过内容摘要，对整篇文案的重点内容进行提炼，从而起到激发用户阅读兴趣的作用。这部分内容对于一篇图文来说非常重要，因为发布图文之后，这部分内容摘要会直接出现在推送信息中。

新媒体人在编辑摘要时，语言要尽量简洁明了，如果摘要写得好，不仅能够激发用户对文案的兴趣，还能够激发用户第二次点击阅读文案。

需要特别注意的是，在一些新媒体平台中，摘要是需要进行设置的。例如，在微信公众号中，如果没有选择填写摘要，那么系统就会默认抓取正文前 54 个字作为文案摘要，如图 10-10 所示。

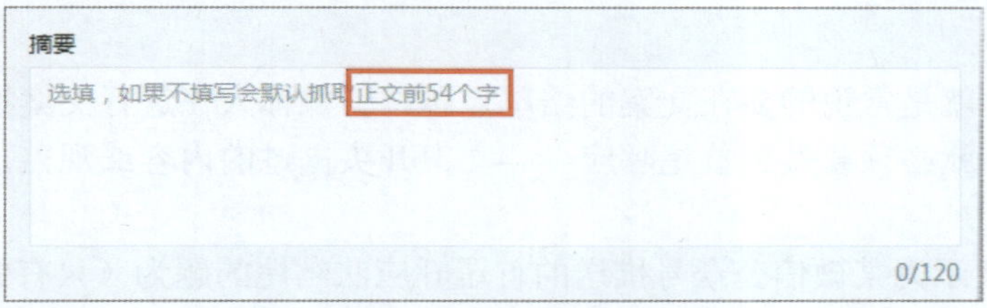

图 10-10　摘要的设置

10.2.3　出彩开篇，良好印象

正文开头是新媒体文案一个很重要的组成部分，决定了用户对这篇文案内容的第一印象，因此要对它极为重视。在新媒体平台，一篇优秀的文案，在撰写正文开头时一定要做到紧扣文案主题、陈述部分事实、语言风格吸引人、内容有创意。

如图 10-11 所示为某公众号发布的一篇文章。该篇文章有着精彩的开头，作者引用了奥地利著名剧作家在贝多芬墓前的演讲词，借“他曾活在世上，如今死去，却将永存在时间的尽头”一语，向用户表明了贝多芬的孤独与不朽，然后作者通过对贝多芬所处时代，以及他自身遭受的身心困境的描写，突出了贝多芬用创作对抗世界的决心。如此富含深意的开头，很容易让用户产生共鸣。

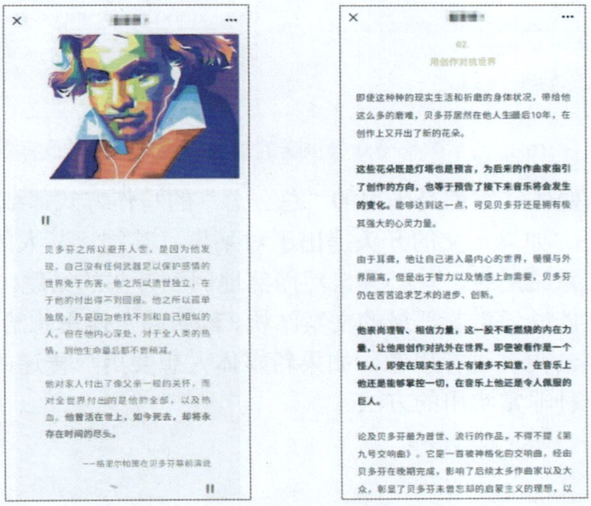

图 10-11　精彩的文案开头

10.3 结尾技巧

一篇优秀的新媒体文案，不仅需要一个好的标题、开头以及中间内容，同样也需要一个符合读者需求和口味的结尾。本节主要介绍四种文案结尾技巧。

10.3.1 首尾呼应

首尾呼应法，就是常说的要在文案的结尾点题。新媒体人在进行文案撰写时，如果要使用这种方法结尾，就必须要做到首尾呼应——文案开头提过的内容或观点，在正文结尾的时候再强调一次。

如图 10-12 所示为某微信公众号推送的首尾呼应法结尾的题为《只有做难的事，才更容易成功》的文案。该篇文案开头走一条“更难的道路”和“简单的道路”两种情况的对比，与文案的末尾“做难的事情”和“做简单的事情”的情况对比，相互呼应。

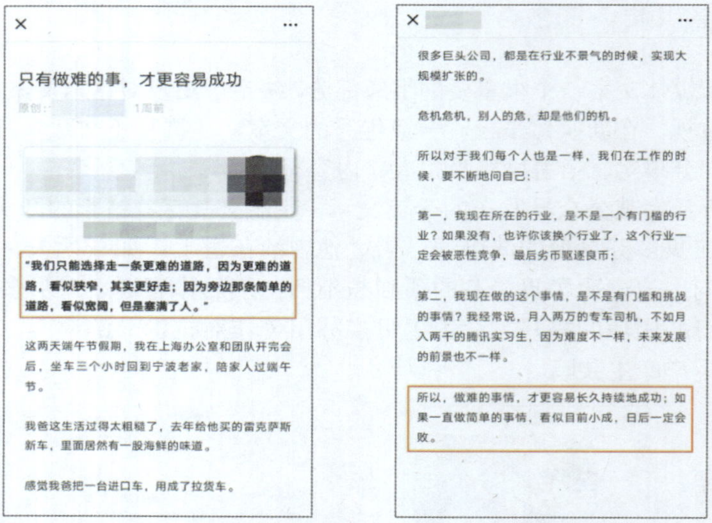

图 10-12　某微信公众号推送的首尾呼应法结尾的文案

一般来说，很多新媒体文案都是采用的“总分总”的写作方式，结尾大多根据开头来写，已达到首尾相应的效果。如果正文的开头提出了对某事、某物、某人的看法与观点，中间进行详细的阐述，到了文章结尾时，就必须自然而然地回到开头的话题，来一个完美的总结。

首尾呼应的结尾法能够凭借其严谨的文案结构、鲜明的主体思想给用户留下深刻的印象，引导用户对文案中提到的内容进行思考。如果新媒体人想要用户传递的信息留下深刻印象，那么首尾呼应法则是一种非常实用的方法。

10.3.2 结尾号召

新媒体人如果想让用户加入到某项活动中，就经常会在最后使用号召法结束全文。同时，在公益性的新媒体账号推送的文案中，这种结尾方法比较常见。

号召法结尾的文案能够在用户阅读完文案内容后，使得用户与文案的内容产生共鸣，从而产生强烈地加入到文案中发起的活动中去的欲望。如图 10-13 所示为某微信公众号推送的号召法结尾的文案案例。

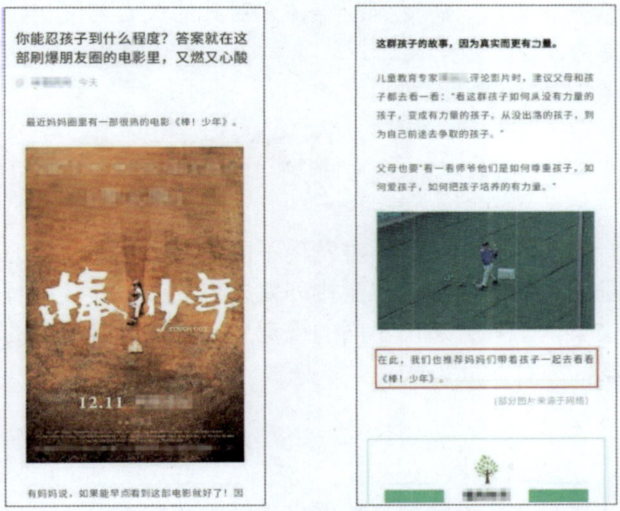

图 10-13　某微信公众号推送的号召法结尾的文案案例

10.3.3　激发情感

在用抒情法撰写文案结尾时，新媒体人一定要将自己心中的真实情感释放出来，这样才能激起读者情感的波澜，引起读者的共鸣。使用抒情法作为收尾，通常较多地用于写人、记事和描述的新媒体文案中。如图 10-14 所示为某微信公众号推送的以抒情法结尾的文案。

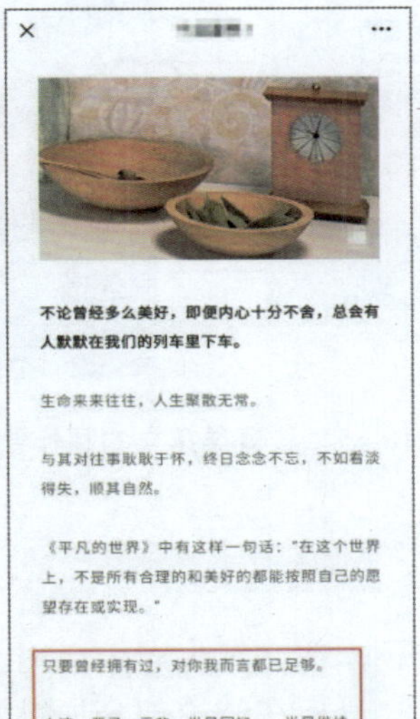

图 10-14　某微信公众号推送的以抒情法结尾的文案

10.3.4 表达祝福

祝福法是很多新媒体人在结尾时会使用的一种方法，因为这种祝福形式能给用户传递一份温暖，让用户在阅读完文案后，感受到新媒体人对其的关心与爱护，这也是非常能打动用户内心的一种文案结尾方法。

10.4 多种布局

在各类新媒体平台推送的文案中，不难发现不同类型文案的布局方式也有所不同，而这种布局的不同也导致呈现在用户面前的视觉排列效果也存在差异。了解并运用不同的文案布局方式，从而有利于文案撰写者打造出不同的视觉效果，增强其平台的吸引力。本节主要介绍新媒体平台推送文案的多种布局方式。

10.4.1 说好故事

故事式的新媒体文案正文是一种容易被用户接受的文案布局形式。一篇好的故事正文，很容易让用户记忆深刻，拉近品牌与用户之间的距离，生动的故事容易让用户产生代入感，对故事中的情节和人物也会产生向往之情。商家如果能写出一篇好的故事型正文，就很容易找到潜在客户和提高自己的信誉度。

打造一篇完美的故事文案，首先需要确定的是产品的特色，将产品关键词提炼出来，然后将产品关键词放到故事线索中，贯穿全文，让用户读完之后印象深刻。同时，故事类正文的写作要求如图 10-15 所示。

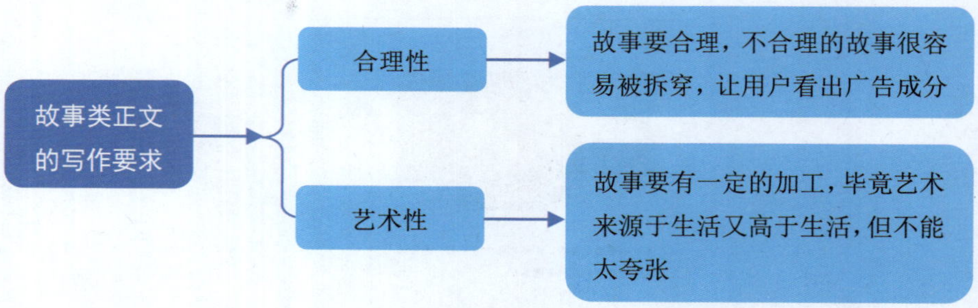

图 10-15 故事类正文的写作要求

10.4.2 总分结构

新媒体人常常在文案开篇就点题，在文案内容中运用“总分总式”的布局，在主体部分将中心论点分成横向展开的分论点，最后在结论部分加以归纳、总结和必要的引申。下面以图解的形式介绍“总分总式”文案正文的写作方式，如图 10-16 所示。

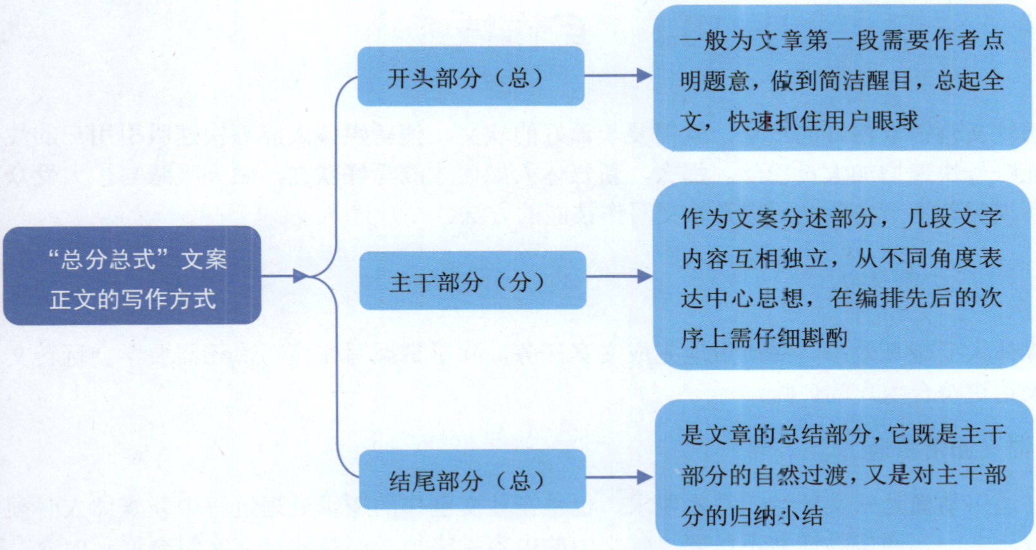

图 10-16　"总分总式"文案正文的写作方式

10.4.3　层层递进

层递式布局，即层层递进的正文布局，其优点是逻辑严谨、思维严密，按照某种顺序将内容一步步铺排，给人一气呵成的畅快感觉。但是其缺点也很明显——对于主题的推出不够迅速，若开头不能吸引用户，那后面的内容也就失去了存在的意义。

层层递进型正文布局的着重点在于其层递关系的呈现。文案正文的层层递进布局如图 10-17 所示。

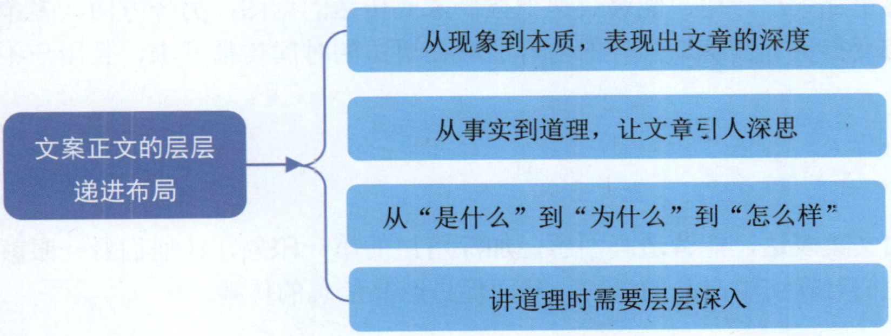

图 10-17　文案正文的层层递进布局

这种正文布局形式适合论证式的新媒体文案，层层深入、步步推进的论证格局能够增加文案的表现力。商家或新媒体人运用层递式结构要注意内容之间的前后逻辑关系，绝不可随意地颠倒顺序。

10.5 写作技能

要想软文营销取得好的效果，就需要一篇好的软文，使新媒体人能够快速吸引用户的注意力，让账号快速增加大量粉丝。那么，新媒体人如何才能写好软文，做到吸睛与扩大受众群体两不误呢？本节主要介绍提升软文写作技能的方法。

10.5.1 把握文字表达

新媒体人要想高效率、高质量地完成文案任务，除了掌握写作技巧，还需要学会玩转文字，让表达更符合用户的口味。

1. 语义通俗易懂

文字通俗易懂是软文营销的基本要求，也是在软文创作的逻辑处理过程中新媒体人必须了解的技巧之一。通俗易懂并不是要将软文中的内容省略掉，而是通过文字组合展示内容，让用户在看到软文之后，便心领神会。因为通俗易懂的文字，让用户一看就能明白短视频将要讲哪方面的内容。

2. 删除多余内容

成功的软文往往表现统一，失败的软文则是原因众多。在可避免的问题中，文字的多余累赘是失败的主因，其导致的结果主要包括内容毫无意义、文字说服力弱和问题模棱两可等。

解决多余文字最为直接的方法就是将其删除，这也是强调与突出关键字句最为直接的方法。删除多余的内容对于广告文案而言，是一种非常聪明的做法。一方面，多余的内容删除之后，重点内容更加突出，用户能够快速把握商家要传达的意图；另一方面，多余的内容删除之后，内容将变得更加简练，同样的内容能够在更短的时间传播开来，且用户不容易产生反感情绪。

10.5.2 加强个性表达

形象生动的文案表达，能营造画面感，加深用户的第一印象，让他们看一眼就能记住文案内容，激发他们对软文中产品的兴趣，从而促进产品信息的传播。

10.5.3 坚持立足定位

精准定位是软文营销的基本要求之一，每一个成功的营销都具备这一特点。如图 10-18 所示为女装的视频广告文案。

这广告文案的成功之处就在于根据自身定位，明确地指出了目标消费者是小个子女生。对写手而言，要想做到精准的内容定位，可以从四个方面入手，如图 10-19 所示。

图 10-18　女装的视频广告文案

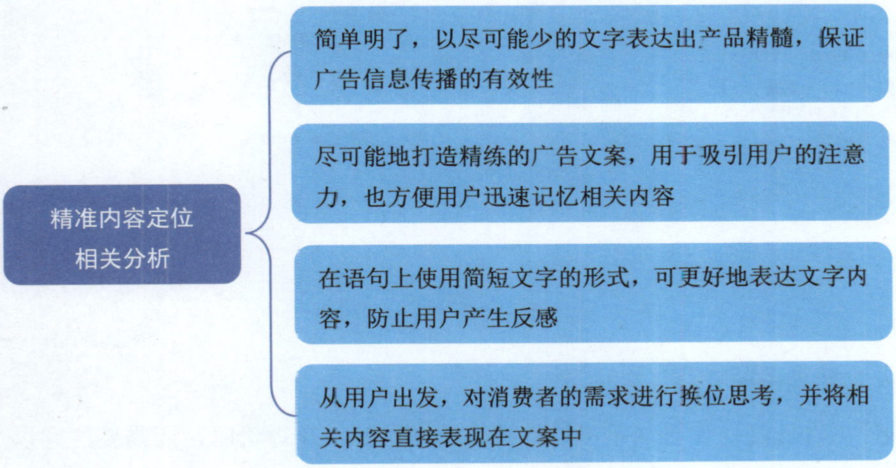

图 10-19　精准内容定位相关分析

10.5.4　评论文案技巧

说到文案，大多数商家可能想到的是公众号软文和短视频标题。其实，除此之外，在软文营销过程中，商家还有一个必须重点把握的文案部分——评论区文案。评论区文案的写作技巧主要有以下几个。

1．根据内容自我评论

当软文或文案中能够呈现的内容相对有限时，就有可能出现一种情况，内容需要进行补充。此时，商家便可以通过评论区的自我评论进一步补充说明。另外，在文章或短视频刚发布时，可能看的用户不是很多，也不会有太多评论。如果商家进行自我评论，也能从一定程度上起到提高用户评论数量的作用。

2. 通过回复评论引导用户

除了自我评价补充信息之外，商家在创作评论文案时，还需要做好一件事，那就是通过回复评论解决用户疑问，引导他们的情绪，从而提高产品的销量。

图 10-20 所示为某商家在短视频发布之后，通过回复评论引导用户，消除了用户的后顾之忧。而疑问得到解答之后，用户的购买需求自然会得到提升。

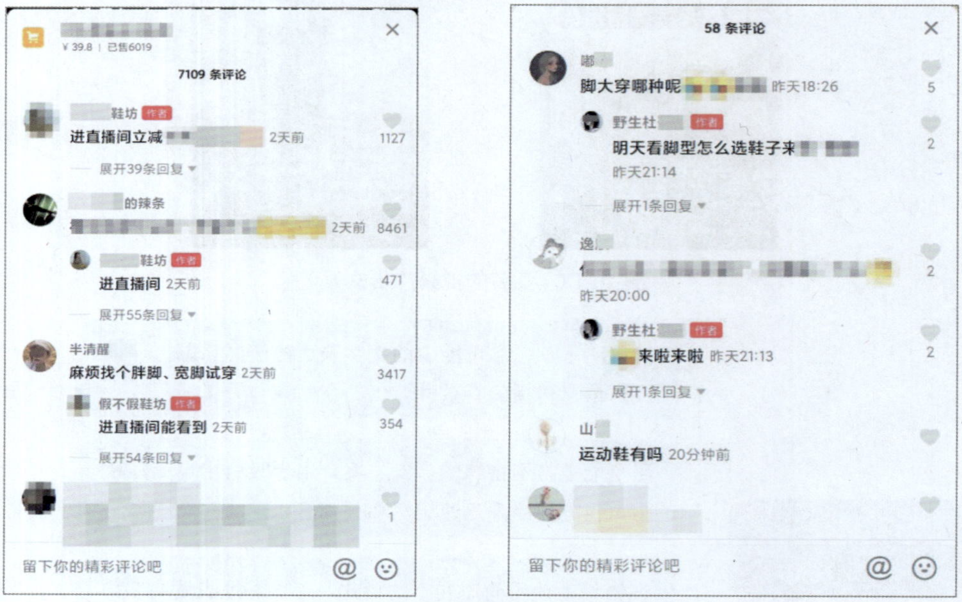

图 10-20　通过回复评论引导用户

3. 抖音评论注意事项

回复视频评论看似是一件再简单不过的事，实则不然。在评论时，还需要注意以下几个事项。

（1）第一时间回复评论。新媒体人应尽可能地在第一时间回复用户的评论，这么做主要是有以下两个方面的好处。

①快速回复能够让用户感觉到你对他的重视，这样能增加用户对你的好感。

②回复评论能够从一定程度上增加自身热度，让更多用户看到自己的内容。

那么，新媒体人如何做到第一时间回复评论呢？其中一种比较有效的方法就是在软文或短视频发布后的一段时间内，及时查看用户的评论。商家一旦发现有新的评论，便在第一时间做出回复。

（2）不要重复回复评论。对于相似的问题，或者同一个问题，新媒体人最好不要重复回复，这主要有以下两个原因。

①新媒体人的回复中或多或少会有营销痕迹，如果重复回复，那么整个评价界面便会一团乱，进而让用户产生反感情绪。

②相似问题、点赞相对较高的问题会排到评论的靠前位置，新媒体人只需对点赞较高的问题进行回复，有相似问题的用户自然就能看到。而且，还能减少评论的回复工作量，为商

家节省大量时间。

（3）注意规避敏感词汇。对于一些敏感的问题和词汇，新媒体人在回复评论时一定要尽可能地进行规避。当然，如果避无可避，新媒体人可以采取迂回战术，如不对敏感问题做出正面回答，用其他意思相近的词汇或谐音代替敏感词汇。

10.6　表达技巧

在文案写作和布局过程中，新媒体人想让文案能吸引众多粉丝，就需要掌握一些表达技巧。本节主要介绍文案撰写六大表现技巧。

10.6.1　营造场景

文案并不只是用文字堆砌起来就完事了，而是需要用文字创作出一篇带有画面的文案，让用户边读文字，边想象出一个与生活息息相关的场景，更好地勾起用户继续阅读的兴趣，如图 10-21 所示为营造阅读场景的文案。

这个故事，是小双讲给马虎的。

讲的时候，他娓娓道来，镇定自若，就像在讲别人的故事，或是什么笑话。

他越是镇定，银幕前的观众就被戳得越深。

或许我们看来的苦难，是孩子们认识这个世界时，不值一提的第一眼观望。

小双和马虎，一个是投球手，一个是击球手。

也像他们的性格，一个稳重沉默，一个爆裂张扬。

一静一动间，我们看到了十岁孩子看待世界的两面。

这样的故事，在这个队里还有很多，就像小双讲给马虎那样，电影也平静地讲给了我们。

图 10-21　营造阅读场景的文案

10.6.2　打造个性

常言道："文如其人。"指的是作者的文章充分体现出了其性格和文化修养等方面的典型特征。这句话也从侧面证实了作者笔下的文章也是有个性的。而新媒体平台上的文案在写作和推送的过程中，需要把这种个性特征无限放大，使其清晰地展现在用户面前，这是让文案具有高辨识度的一个重要方法和途径。

如图 10-22 所示为“手机摄影构图大全”微信公众号的两篇文案，它们都透露着一种个性化的风格，很容易就能让人判别出来。

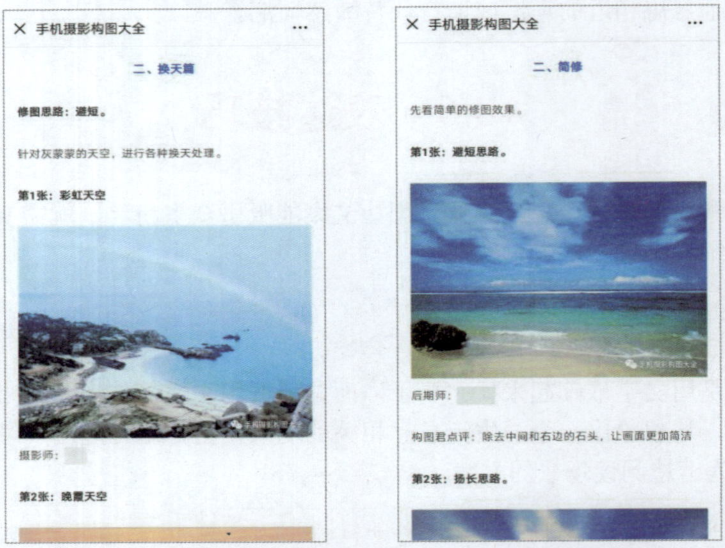

图 10-22　“手机摄影构图大全”微信公众号的两篇文案

另外，从新媒体平台的文案感召力方面而言，基于同类人之间的人格感召力，打造独特的个性风格，无疑是吸引有着相同性格特征的人的重要力量。

当然，在打造文案独特的个性风格时，也需要注意以下两个方面的问题，才能在写作时游刃有余，又能吸引更多粉丝注意和关注，如图 10-23 所示。

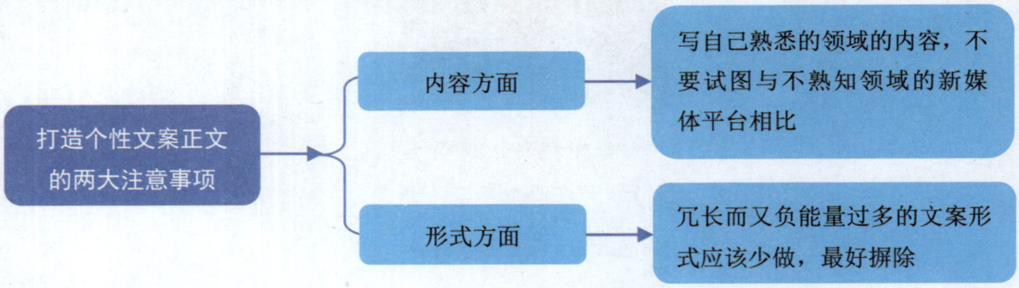

图 10-23　打造个性文案正文的两大注意事项

新媒体人在撰写正文时，要根据企业所处的行业，以及平台定位的订阅群体选择适合该行业的文案语言风格。合适的语言风格能给粉丝带来优质的阅读体验。以定位为传播搞笑内容为主的某公众号为例，其正文的语言风格必须诙谐幽默，并配上一些具有搞笑效果的图片。

10.6.3　举行活动

让用户参与到平台或活动中来，能够极大地提升新媒体平台的影响力和关注度，特别是让用户投票，它不仅可以调动用户积极参与到活动中来，还能使其成为传播源，吸引更多的粉丝。关于投票能够促进用户参与感的提升这一问题，可以从以下三个方面思考，如图 10-24 所示。

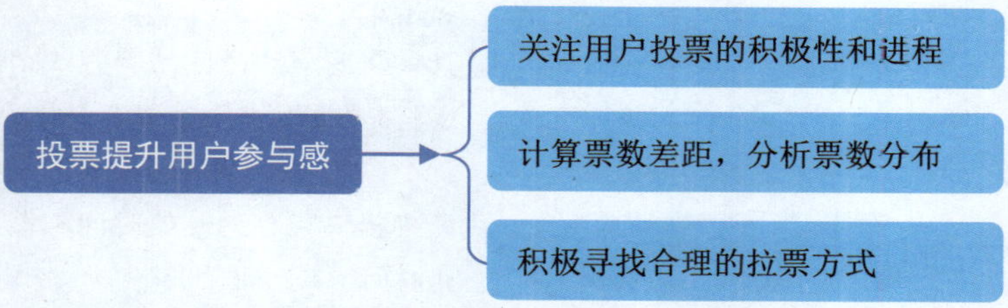

图 10-24 投票提升用户参与感

以微信为例，在其平台运营中，各种各样的投票层出不穷，如为偶像投票和为参赛作品投票等。这样的投票活动，是一种制造话题和关注点的有效方法，能很好地让用户参与并融入其中，积极关注活动的进展情况，并为活动扩大影响力提供支持。图 10-25 所示为微信平台上的投票活动信息。

在投票这一过程中，新媒体人可以在后台把其程序设置成关注新媒体账号后才可以投票。这样的做法可以吸引大量用户的朋友成为关注者，最终实现扩大受众群体目的。

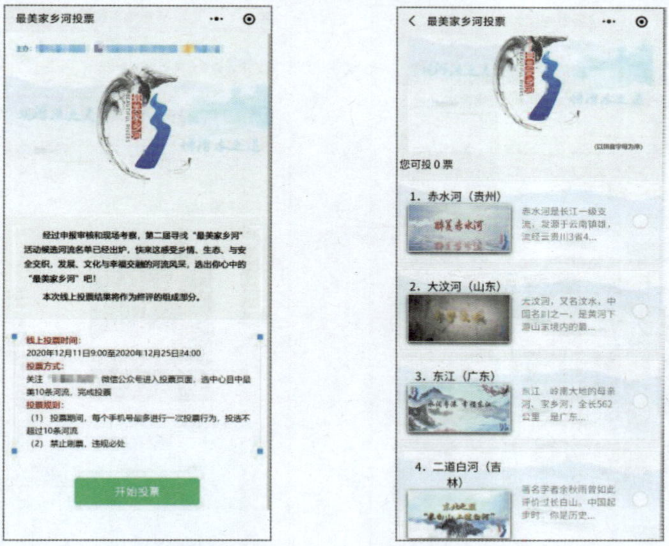

图 10-25 微信平台上的投票活动信息

10.6.4 直呈福利

文案实质上是用于推送企业产品或品牌信息的，所有与文案相关的活动，都要围绕这一目的展开。文案中关于企业产品福利活动的推送也是如此。因此，新媒体文案撰写者应该尽可能便捷、迅速地把意思清楚地传达给用户，才能形成预期的推送效果。

在推送福利信息时，新媒体人应该在文案中直白地说出来，而不应该为了追求所谓美感，把文案写成了娱乐性或文艺性的文案——这是不可取的，是一种本末倒置的行为。

企业或商家在推送产品或品牌相关福利活动信息时，应该在文案开篇就详细、直白地陈述出来。直白说出福利的文案内容主要包括三个方面，如图 10-26 所示。

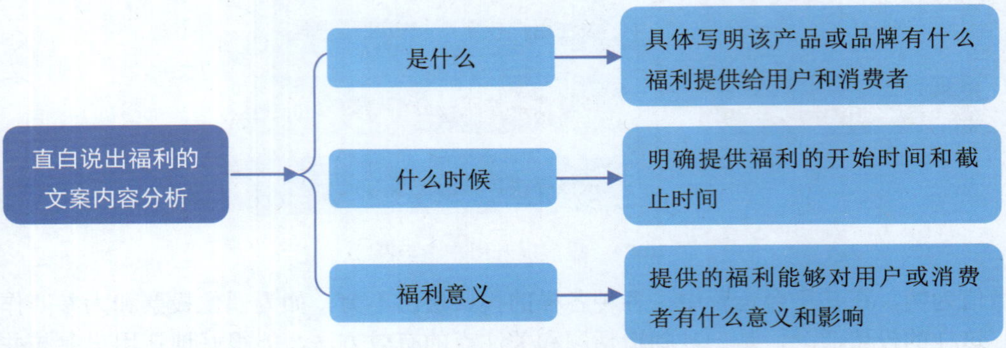

图 10-26　直白说出福利的文案内容分析

只有直白呈现图 10-35 所示的内容，才能让用户在点击阅读的时候有动力，才能坚持看下去，最终达到扩大受众群体的目的。如图 10-27 所示为“手机摄影构图大全”公众号发布福利信息的文案正文。

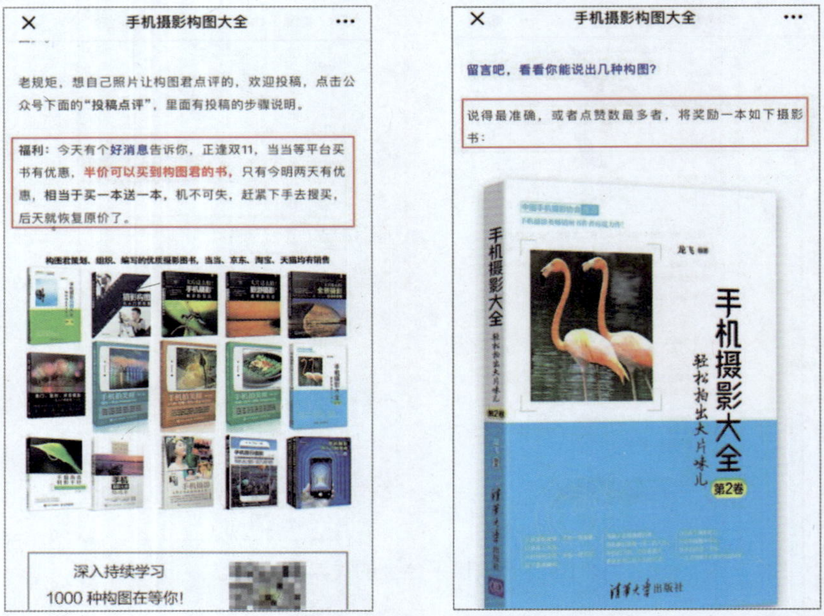

图 10-27　福利信息的文案正文

10.6.5　连载更新

人们在阅读时，总是趋向于寻找同一类型或主题的文章，力图全方位了解和熟悉有关该类型或主题的知识。因此，在文案的正文写作上，新媒体人可从此方面着手，着力打造一些经典的、具有代表性的专题，迎合用户的阅读兴趣和习惯。如图 10-28 所示为某公众号发布的连载系列内容。

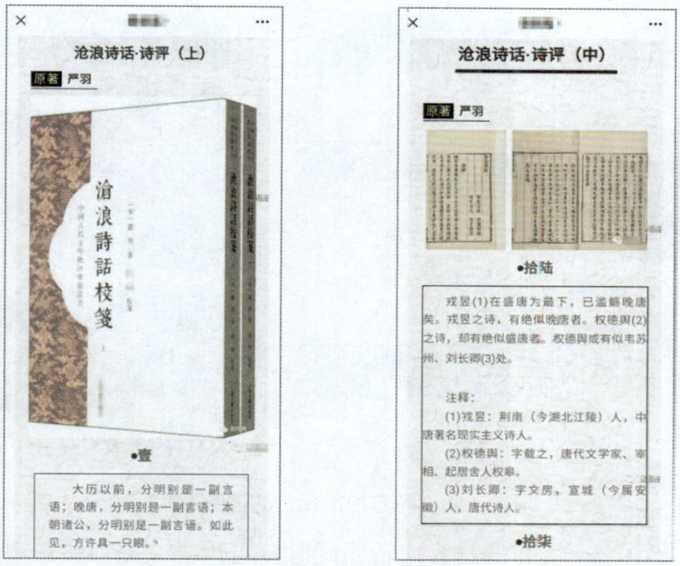

图 10-28　某公众号发布的连载系列内容

从图 10-37 中不难看出，这两期连载文案明显属于同一系列，新媒体人将过长的文案分成了两期连载。由此可知，利用连载类专题安排文案内容有着极大的优势，如图 10-29 所示。

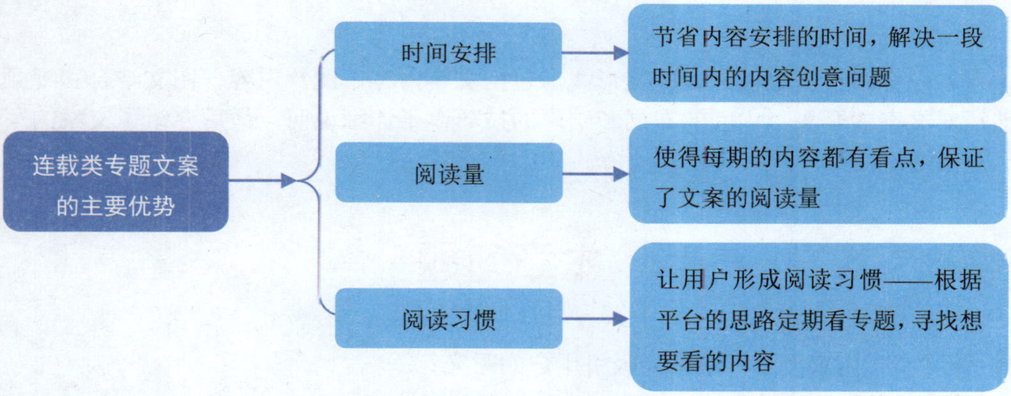

图 10-29　利用连载类专题安排文案的优势分析

10.6.6　提前预告

对于好的内容，新媒体文案撰写者一定要提前进行预告，这就像每部电影前的宣传方式一样，通过提前预告的方式让用户对内容有一定的期待性。而且新媒体平台运营的提前预告无须成本，是非常有效的一种推广运营方式。下面主要介绍内容提前预告的几个注意事项，如图 10-30 所示。

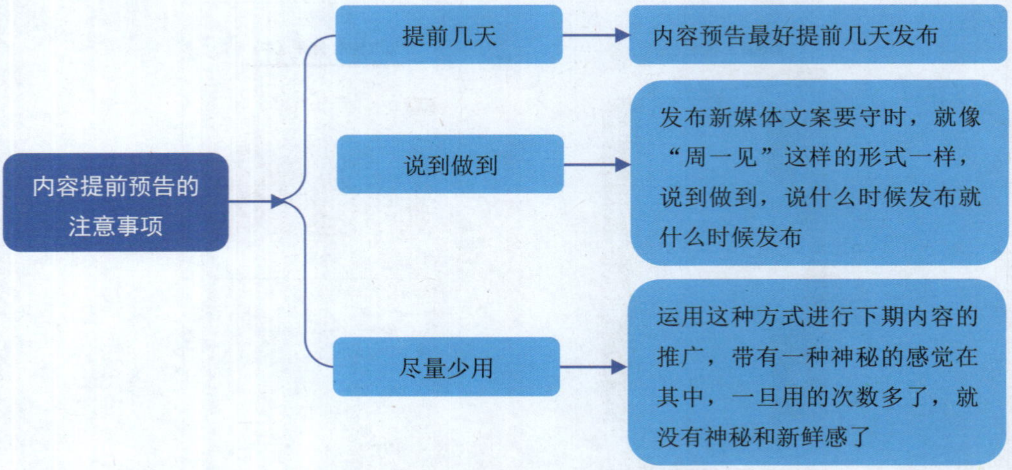

图 10-30　内容提前预告的注意事项

当新媒体人对接下来要发布的内容比较明确时，可以尝试提前预告内容。这样做可以给用户一些神秘感，让用户对接下来的内容多一分期待。

本章小结

本章首先介绍了新媒体六大文案形式，包括文字内容、图片内容、图文结合和视频内容等；然后对文案的开头、中间的布局和结尾的技巧作了详细说明；最后介绍了文案的写作技能和表达技巧。

本章习题

1. 纯文字式内容要怎样做才能吸引用户的眼光？
2. 什么是首尾呼应法？

第 11 章　新媒体实战操作

本章导读

移动互联网的发展，让新媒体应运而生，这种新型的媒体形式，催生了新的营销模式，更加大了传统媒体的转型，同时也让各大行业纷纷转身，利用新的媒体平台来提升自身的行业竞争力。因此，新媒体人需要掌握活动策划、视觉设计和数据分析等多个技能。

本章重点

- 新媒体活动策划
- 新媒体视觉设计
- 新媒体数据分析

11.1 新媒体活动策划

活动策划，是一个包含了多个阶段工作的活动过程，包括时间、流程、后续工作和其他方面等。本节从活动的各个阶段入手，一步步循序渐进地讲述如何进行活动策划。

11.1.1 策划活动的五个时间点

关于活动策划与时间的关系，主要表现在两个方面，一是策划活动总是会需要一个相应的时间，二是策划活动时选择的时间总是会借助一定的时间节点。可见，时间对于活动策划而言，不仅是必需的，同时也是具有选择性的。

这里的“选择性”，指的是只有策划活动时选择的时间是合适的，才能让活动策划达到甚至超出它预定的目标。

1．注意节假日

在我国，节假日有法定和非法定之分。其中，法定节假日是国家法律统一规定的、基于风俗习惯或纪念要求而让人们庆祝和度假的休息时间。这是受人们欢迎而喜爱的，因为一到法定节假日，就意味着人们可以休息和轻松地玩几天了。

我国的法定节假日包括 7 个，其中包括传统意义上的春节、清明节、端午节、中秋节以及元旦（元旦是我国传统节日，1912~1949 年将公历 1 月 1 日称之为新年，并不称之为元旦，1949 年之后才将公历 1 月 1 日改为元旦，而此前元旦指的便是农历大年初一。因此，元旦属于传统节日，只是其时间产生了变化而已），此外还有劳动节和国庆节。在这些节日里，很多人会产生消费行为。新媒体人可以借助这一时间节点进行主题运营，如图 11-1 所示。

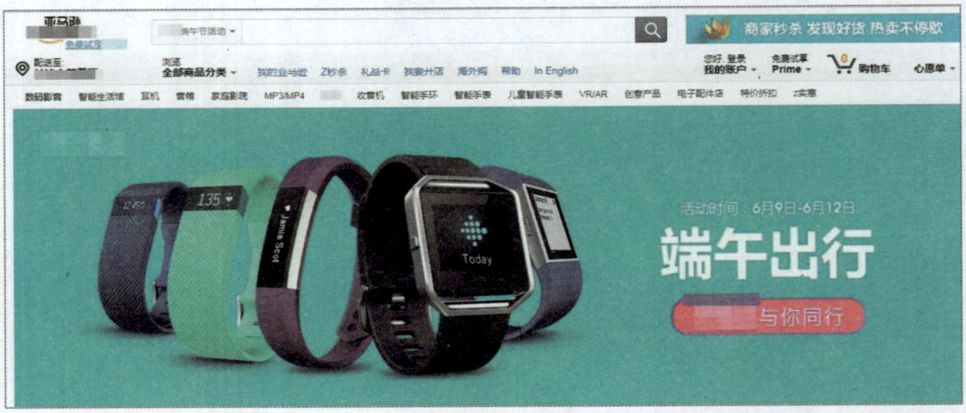

图 11-1　亚马逊端午法定节假日活动

在非法定节假日内，那些有着特殊含义的节日，如父亲节、母亲节、儿童节和七夕节等，也带给新媒体人以启发，从而开展运营活动。

2．关注季节变化

在日常生活中，不同的季节适合不同的活动。对新媒体人来说亦是如此，不仅不同季节可以策划不同的活动，还可以在季节变化上开展活动。这也是开展活动可以借势的好时机。

一年有四季，不同的季节，衣食两方面会有很大的变化。既然有变化，就有相应的对策。因此可以针对这一变化和对策安排不同的活动。这样的活动一般多与电商有关，在换季之时，可以进行上新或者清仓等活动。如图 11-2 所示为换季清仓活动。

当然，除了电商领域的换季清仓活动外，还有其他一些与季节变化相关的活动。如摄影领域，就有不同主题的活动可供新媒体人选择。如图 11-3 所示为春季上新宣传图。

图 11-2　换季清仓活动

图 11-3　春季上新宣传图

在利用季节变化这一时间节点进行运营时，不同的产品有着不同的时间选择。通常，从季节的阶段性考虑，可分为以下两种。

（1）选择季节初期或末期：这主要是针对有明显季节变化的运营产品而言的，如衣服。这一时期是推出新品活动和季节清仓活动的最佳时间：推出新品活动，有利于率先占据更有利的市场份额，提升市场竞争力；推出季节清仓活动，就有利于处理即将过季的库存产品，获取现金流，其办法是利用优惠促销让更多的用户消费更多的产品。

（2）选择季节中期：可分为两种情况分析，一是电商类新媒体平台，其推出的活动一般是促销活动，致力于通过运营为消费者提供需要的产品。二是内容类新媒体平台，其推出的参赛节目一般持续时间不会太长，而又有着与季节相关的主题，一般会选择在季节中期，有利于素材的获取。

3. 关注纪念日

新媒体人要开展运营活动，一般都会以时间为节点来进行。除了节日和季节变化外，还可以利用各种纪念日——这样可以完成活动运营目标，同时还可以提升自身的知名度和形象。活动方式的选择，既可以是没有确定纪念日的周年庆活动，还可以是确定某一天为纪念日的周年庆活动，如图 11-4 所示。

图 11-4　32 周年庆活动

除了以周年为单位的店庆活动外，还有一些与部分产品相关的纪念日活动。在这些纪念日中有些已经成为法定节日，如农历五月初五端午节。有些没有成为法定节日但也有着重要价值和意义的纪念日，如“世界读书日”。这一节日与“书籍”“阅读”息息相关，如书店、图书馆、线上图书商城、读书类平台等，都可选择“世界读书日”这一纪念日进行活动运营。

4．把握热点时间

“热点”，即广受社会群众关注的信息，包括社会热点、生活热点和娱乐热点等。这些信息出现之时，就是新媒体人开展活动的时间节点。

从这一点出发，新媒体人要做的工作还有寻找热点、怎样利用热点等。例如，春运是人们一直比较关注的热点，特别是对那些外出打工的人而言。从公布春运购票日期开始，他们都会热切关注春运动向。

当然，同一时间出现的热点有很多，新媒体人应该在搜集的基础上善于把自身运营目标与热点结合起来。然后及时开展活动运营，抓住热点时间这一活动理由和素材，成功实现活动运营目标。

5．借势大品牌日

新媒体人除了可以借助节假日、纪念日、季节变化和热点进行活动运营外，还可以“自造热点”，对品牌和产品进行包装，创造一个新的属于自身的包装节日。

如人们熟悉的“双 11”，就是淘宝平台炒出的一个节日。而随着淘宝平台在电商领域巨大的影响力，这一品牌包装节日已经跨越平台，成为众多商家和消费者参与的节日，而在这一节日期间进行的活动运营，更是波及大大小小的平台和商家。如图 11-5 所示为天猫“双 11”活动——“大牌美妆 1 元秒百元券”。

新媒体人除了可以利用那些扩大了影响的品牌包装节日进行活动运营外，还有一些品牌特定的节日。如某餐饮品牌，在亚洲开出了第一家臻选烘焙工坊，堪称“咖啡小世界”。在这一品牌包装的节日期间，新媒体人可以借势这一节日开展活动运营。

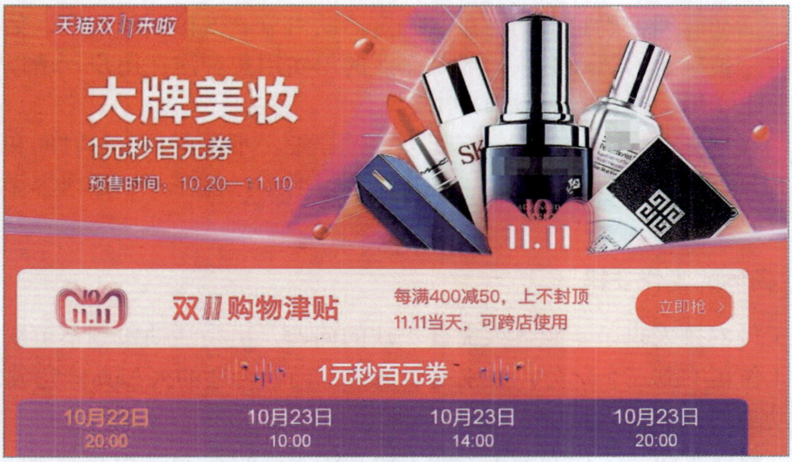

图 11-5　天猫“双 11”活动

11.1.2　策划活动的五大流程

活动之所以要策划，是为了让活动变得有意义，能为企业达到某些目的。活动从开展到结束，这个过程中的人员配备、活动地点、活动宣传等方面都需要一定成本的。若不进行一番策划安排就开展活动，那么很有可能出现活动成本增加和效果不明显等状况。

1．有一个明确的活动目标

新媒体人进行活动策划时，首先要明确活动的根本目标。活动目标不清楚，就无法构思具体的目标。在不清楚活动目标的情况下，新媒体人靠臆测组织活动策划工作，很可能让后续的工作无法进行。所以，新媒体人在接手活动策划工作时，一定要了解清楚活动的根本目标后再进行后续工作。

通常，不同的活动，其根本目标有可能不同，从而使得活动的策划方式也有所不同。活动策划方式如表 11-1 所示。

表 11-1　活动策划方式

根本目标	策划方式
宣传品牌形象	（1）邀请明星举行盛大的文艺晚会，再联系知名媒体进行转播 （2）冠名赞助明星综艺节目进行宣传
提升企业形象	由企业主导，开展公益活动，提升企业在社会大众心中的形象
获得盈利	可以在节假日以产品促销为中心，进行一场盛大的营销活动
宣传品牌+促销盈利	考虑将活动策划搬到互联网上进行，利用网络的强大功能来实现

2．策划大体活动方案雏形

企业在进行活动策划之前，需要将活动总体方案简单策划出来， 拟定一个大体的活动方案雏形，为后续工作指明方向。通常，在活动总体方案中至少要列出六个事项，分别是明确活动主题、确定活动时间、确定活动地点、确定活动对象、安排活动流程、估算活动经费。

在这六点中，被确定的活动对象一般是企业的忠实用户和潜在用户，所以活动的时间和地点要根据企业忠实用户的特点和需求来决定。

在进行活动策划之前，活动总体方案无须太过详细，不要花太多的时间和精力在策划活动前的准备上。只需满足三个要求即可：一是简单、明了、易懂；二是内容无须过多；三是方案要素全面。

3．严谨、具体的工作安排

制定活动工作安排表也是新媒体人需要关注的问题，更是活动策划不可缺少的一环。新媒体人需要将工作落实到三个部分，分别是合适的部门、合适的人和具体完成时间。

通常，活动工作安排表包括两个部分，即前期准备工作和当天工作安排。下面是以某企业在线下举办的新品发布会活动为例策划的工作安排表，如表 11-2 所示。

表 11-2　活动工作安排表

活动名称	某产品新品发布会		
活动主题	将某新产品正式向外推广		
活动开始时间	2020 年 12 月 30 日下午 13:30		
预算	分配部门	时间	日期
确定会场	人事部门	一个星期	10 月 29 日—11 月 2 日
购买会场使用物料	采购部门	两个星期	11 月 5 日—11 月 16 日
发送邀请函	人事部门	一个星期	12 月 17 日—12 月 21 日
会场设计	设计部门	两个星期	11 月 5 日—11 月 16 日
会场布置	设计部门	3 个星期	11 月 19 日—12 月 7 日
检查会场	审检部门	半个月	12 月 10 日—12 月 28 日 12:00
临时雇佣人员	人事部门	两个星期	12 月 17 日—12 月 28 日
宣传广告	产品宣传部	一个星期	12 月 24 日—12 月 28 日

▶ 专家指点

新媒体人在进行工作安排时需要细分工作表，严谨地将工作分配到合适的部门，且规定合理、具体的完成时间。在时间安排上，最好将具体工作精确到分钟，越精确越好，这样可以缓解工作落实慢的情况，避免活动当天出现意外。

4．活动具体流程安排

在活动策划中，活动具体流程表也是一个关键点。新媒体人需要将活动期间的流程安排到位，将它一一列举出来，让工作人员和参与人员知道活动大概的整体流程。这样活动才会更加严谨，更加容易举办成功。依然以线下的新品发布会为例，来大致了解活动具体流程表。活动具体流程表如表 11-3 所示。

表 11-3　活动具体流程表

活动名称	某产品新品发布会	
活动主题	将某新产品正式向外推广	
活动开始时间	2020 年 12 月 30 日下午 13:30	
事件	时间	具体描述
签到	12 月 30 日 13:30—14:00	记录参会媒体
主持人开场	12 月 30 日 14:30	主持人上台+轻音乐
节目	12 月 30 日 14:45	小型音乐会
介绍产品	12 月 30 日 13:15—14:30	介绍新产品性能、生产背景等内容
主持人谢幕	12 月 30 日 13:15—14:30	发布会即将结束
发布会结束	12 月 30 日 14:40	发布会全部结束

5．让人放心的活动经费去向

新媒体人需要将活动的经费罗列清楚。只有这样才能把控好活动经费的支出情况，才能让企业管理者快速了解活动经费的去向，从而放心地将活动经费交给新媒体人。

新媒体人需要根据活动类型、活动项目、企业具体情况制作真实、合理、详细的活动整体预算表。新媒体人在制作活动整体预算表时，需要遵循四大原则，具体分析如图 11-6 所示。

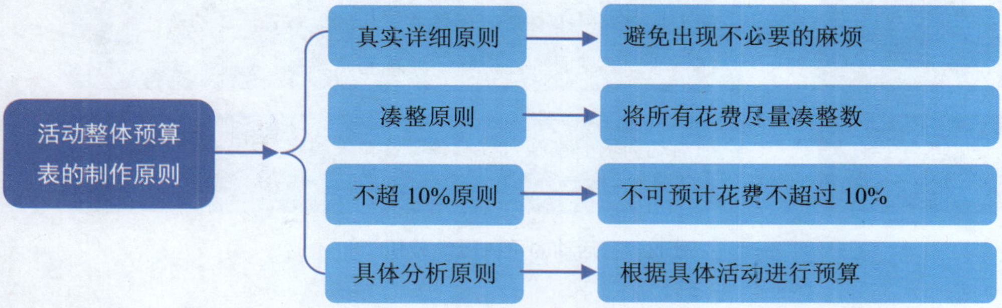

图 11-6　活动整体预算表的制作原则

11.1.3　如何让活动顺利进行

新媒体人举办一场活动，不仅需要投入人力、物力、财力，还需方方面面都考虑周全，避免出现不必要的失误。

1. 考察活动可行性

思考分析活动方案中设计的内容是否真实可行，这是新媒体人需要注意的一个方面。有关这一问题，仅仅是预算通过还不行，新媒体人还要考虑到现场、人员和法规等多方面的原因。通常，确定一个活动是否真实可行，应该从以下三个方面进行分析。

（1）是否具有可操作性。从实际操作性方面进行分析，需要考虑新媒体团队的运营能力这一主观条件和人力、物力等客观条件。

抛开运营能力，去聊活动无异于纸上谈兵。说得再好，讲得再棒，可带不好兵，打不赢仗，又有什么用呢？所以新媒体人不要一味地追求充满创造性、新奇独特的活动方案，而是要适当考虑到团队的运营能力。

人力、物力等客观条件，也是活动运营应考虑的一点。没有人力、物力等客观条件支持的活动无异于画饼充饥。所以新媒体人要考虑现有的资源，以整体活动的实现为根本。

（2）盈利能力。从绩效方面进行分析，首先需要考虑活动盈利能力。不管什么活动，都需要回报的。确保活动获得回报是新媒体人必须要考虑到的一点。另外，对活动目标价值的论证也是新媒体人要关注的一点，有价值的活动人们才会相信并参与进来，才值得投入成本去开展活动。

（3）是否可行。从可执行性方面进行分析，主要有以下四点，如图 11-7 所示。

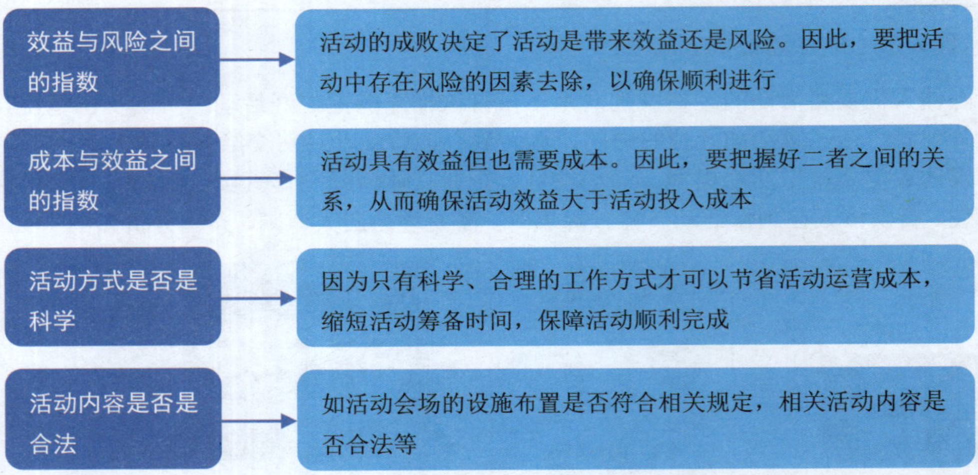

图 11-7　活动的可执行性分析

2. 制定备用方案

由于无法预测活动当天会发生的事情，因此新媒体人需要制定一份备用活动紧急方案。备用活动紧急方案与活动总体方案大致相同。例如，总方案的活动场地是室外，但活动当天可能下雨，因此可在备用方案中将活动场地改成室内，或者是在室外加一个雨棚，或者是准备一些简易的雨衣、雨伞等。又如，能在活动当天可能遇到情绪比较激烈的用户，因此需要有应对的措施，如聘用一些保安维护现场秩序等。

3．控制节奏，让活动完美收官

新媒体人对于活动节奏的控制十分关键，因为活动的节奏会直接影响到活动的效果。节奏太快，受众跟不上，只能放弃参与；节奏太慢，受众等不及，也会离开活动。合适的节奏才能增强活动效果。对活动节奏的控制需注意三个方面，即氛围节奏、时间节奏和流程节奏。

其中，流程节奏很好理解，指的是活动流程的各个环节需要在规定的时间内完成，不能让个别环节拖延或仓促进行。接下来将对控制活动节奏的其他两个方面进行详细讲解。

（1）把控氛围。控制氛围节奏的方式在促销活动中十分常见，通常都是运用“饥饿营销”的方法在消费者中形成一种强烈购买意愿的氛围，再激发消费者抢购。

例如，在某促销会上，对于有购买意愿的消费者先进行适当压抑，不让其购买，而是对等待购买的消费者不断宣传其产品如何好，消费者购买后会觉得特别值。当消费者被激起强烈的消费欲望并且有点不耐烦时，再开始销售产品。与此同时不断鼓吹产品，然后告诉消费者产品是最后一批了。通过这一系列的氛围节奏控制，原本计划只购买一件商品的消费者会多购买几件，原本打算看看的消费者也会立即购买。

（2）掌控时间。任何一种包含了时间和空间两个方面的立体艺术表现形式，都必然会经历起始、渐强、高潮、渐弱、落幕这五个阶段。这是一个经过了无数实验验证的规律，活动也不例外。在这五个阶段中，起始、高潮和落幕三个节点最能被观众记住。因此，活动策划者要善于控制活动的时间节奏，在活动的关键时间点将表现活动目的的关键内容呈现出来。

再以某促销活动为例。其一开始便打出“大甩卖”的噱头吸引顾客，然后在活动进行到高潮时，又打出“挑战全年最低价”的广告语再度吸引顾客抢购，最后在活动快结束时再打出“最后 1 天”等字样的广告语，营造紧迫感，让顾客忍不住再次抢购，让活动完美收官。

11.2　新媒体视觉设计

视觉营销（Visual Merchandising，简称 VM 或者 VMD）。随着短视频平台的迅速崛起，在网络营销中如何利用视觉营销提高品牌知名度、创造利益，是商家关注的重点，同时也是难点。本节主要介绍视觉营销的入门知识，以及视觉设计元素等内容。

11.2.1　名字应简单易记

商家的账号名字需要有特点，最好和定位相关，还能让人眼前一亮。例如，抖音上的“手机摄影构图大全”和“构图君”这两个账号，名字通俗易懂，还与定位有关，如图 11-8 所示。

在设置账号名字时有三个基本规则，商家尽量遵守这三个规则。它们在一定程度上影响着视觉营销的最终效果。

（1）名字不能太长，太长的话用户不容易记住。

（2）名字尽量不要用生僻字或过多的表情符号。

（3）最好能体现人设感，即看见名字就能联系到人设。

人设是指人物设定，包括姓名、年龄、身高等人物的基本设定，以及企业、职位和成就等背景设定。平台用户一看就知道你是做什么的，如果对用户业务有相关需求，便会直接关注你的账号。

图 11-8 通俗易懂的账号名字

11.2.2 头像是无形资产

随着社会物质生活水平的提高，用户的选择范围扩大，选择标准也越来越多元化，不仅注重各类新媒体平台提供信息的数量与质量，还对品牌整体视觉设计风格提出了更高的要求。

在视觉营销当中，商家或企业的品牌头像是用户第一眼就会注意的地方，它一般都会被放在最显眼的位置，如图 11-9 所示。

图 11-9 “天猫超市”头像标志

所以说，头像设计得是否合理，也可以成为用户要不要点进去浏览一番的重要判断标准。甚至有些品牌头像，已经成为某个品牌的重要符号，很多人在选择商品时，都会通过品牌头像判断品牌。客户可能不知道品牌的正式名称到底是什么，但他们一定会认识品牌头像，从而选择关注该品牌推出的短视频账号。

例如，如果直接报上某些汽车的品牌名字，可能大家还需要一段时间才能真正反应过来，部分对汽车品牌了解比较少的门外汉，可能都不知道其品牌名字的具体含义，可如果给他们看该汽车头像标志，很多人还是认识这个大名鼎鼎的汽车品牌的。

就现在的发展趋势而言，企业或商家品牌头像的作用越来越显著，甚至在视觉营销中，可以算得上是企业或商家的无形资产。由于头像可以说是企业或商家的名片，不能随意更换，因此企业或商家在设计头像时就应考虑如何使头像兼具美感和实用性。为了重视视觉效果的打造，品牌头像设计应遵循以下三大原则。

1．注重协调性与简洁性

在中国古代建筑中，建筑师十分注重“中轴线”原则。意思就是整个建筑的设计应该是对称的，是均等的。这种建筑形式之所以被主流所认同，也是因为具有协调性的东西可以最大程度地让人感到身心愉悦，看起来舒适。

品牌头像的设计最基本的一条原则就是协调性强。很多著名设计师都会选择简单均衡的方式设计品牌头像，这样能够突显出高贵与大气。很多时候，简单比繁复更加让人心动。如图 11-10 所示为北大校徽标志，最初的设计者鲁迅先生便是采用对称结构和篆书字体来设计北大校徽的。

图 11-10　北大校徽

2．头像应与品牌风格一致

在设计品牌头像时应注重与短视频账号定位或企业产品定位一致，树立鲜明的特色。例如某护肤品牌致力于植物萃取草本精华护肤，所以它的头像设计得非常清新自然，体现了将纯净的自然植物原料装进环保容器的设计理念，人们会直观地感受到护肤品的自然和温和。

再例如，某企业名称中含有“龙”这个字眼，于是设计师将“龙”这个元素融入了设计理念中，而该企业又是从事图书出版行业，“图书”这个元素自然而然地也出现在品牌头像中，如图 11-11 所示。

图 11-11　某企业的头像

商家在设计头像时，可以将设计重点放在体现新媒体平台的整体定位上，从而加深对用户的影响，提高用户的关注度。

3．注重文字排版

在进行品牌头像设计时，企业或商家常常会直接在头像中嵌入品牌名称，从而提高企业品牌认知度，避免了需要用户对图片与文字的双重记忆。用艺术字将名称作为品牌头像的商家不在少数。

如图 11-12 和图 11-13 所示为鲁迅先生设计的封面，他灵活地将艺术字体运用到书籍装帧设计中，尤其是《萌芽月刊》的设计，能让人真切地感觉到每个字都处于萌芽状态，仿佛能给人以希望。

图 11-12　鲁迅译著《艺术论》封面

图 11-13　《萌芽月刊》杂志封面

但从美感角度来说，方方正正的中文并不像流畅的英文那样好排版，看起来可能会有些呆板。所以，商家需研究如何设计头像，才能让其美学意义从五花八门的视觉营销当中脱颖而出，成为品牌一路向前奔走的领头羊。

在设计品牌头像时，除了要注重与商家发展定位与风格一致外，还应注重文字排版的和谐美观，切忌杂乱无章。总之，一个成功的、具有鲜明特征的品牌头像设计，其文字排版也是标志之一。

11.2.3　简介加入最佳服务信息

除了头像、昵称的设置，商家还可以在“编辑个人资料”界面中填写性别、生日/星座、所在地和个人介绍等个人资料。

在这些资料中，商家需要注意的是账号简介。短视频账号简介通常简单明了，一句话就可以突出重点。其主要原则是“描述账号＋引导关注”，其基本设置技巧如下。

（1）前半句描述账号特点或功能，后半句引导用户关注，一定要明确出现关键词“关注”，如图 11-14 所示。

（2）账号简介可以用多行文字，但一定要在视觉中心出现“关注”两个字。

（3）商家可以在简介中巧妙地推荐其他账号，但不建议直接出现“微信”两字，如图 11-15 所示。

图 11-14　在简介中引导关注

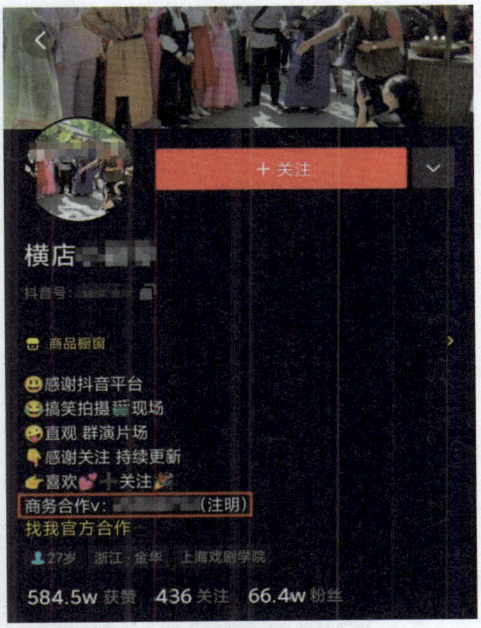

图 11-15　巧妙推荐其他账号

11.2.4　封面抓住用户喜好

封面能够影响用户对你的作品的第一印象，如果封面足够吸引人，还能够给你增加很多人气。封面要有主人公，商家可以参考电影海报的设计技巧。

商家可以结合要输出的内容展现特点。例如，抖音封面设置技巧如图 11-16 所示

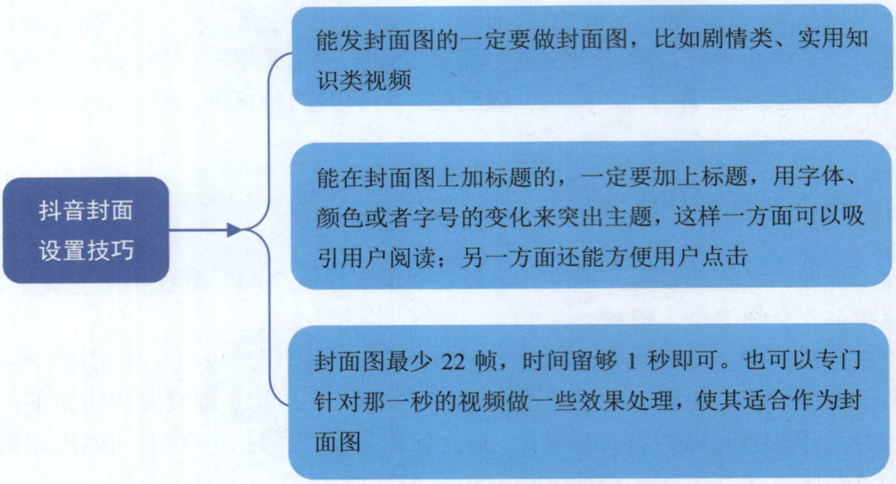

图 11-16　抖音封面设置技巧

某些平台可将封面设置为动态展现效果。以抖音为例，商家进入个人主页后，可以看到很多作品的封面都是动态展示的，以吸引用户点击观看。商家只需要进入抖音“设置”|“通用设置”界面，打开“动态封面”按钮即可，如图 11-17 所示。

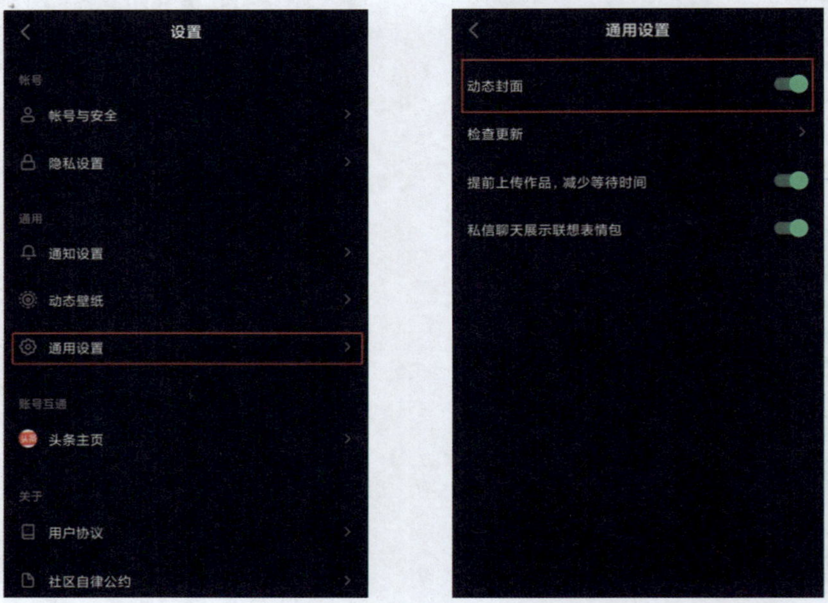

图 11-17　设置动态封面

11.2.5　标签小心引导账号营销

标签作为一种重要的符号，能引导商家进行营销，如果不规范使用标签，就容易影响商家在新媒体平台的公众形象，造成不必要的损失。商家在制定标签时应按照相应的制作标准开展工作。标签制作标准如图 11-18 所示。

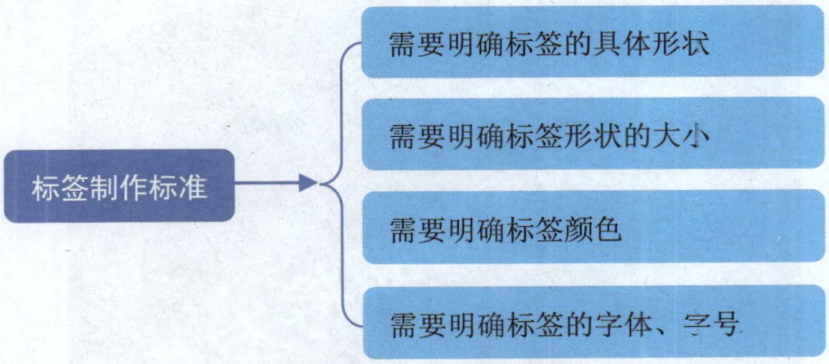

图 11-18　标签制作标准

如图 11-19 所示为抖音号“手机摄影构图大全”橱窗中的图书，该商家为了提升销售量，在商品图片上打上了“某某出版社”的标签。

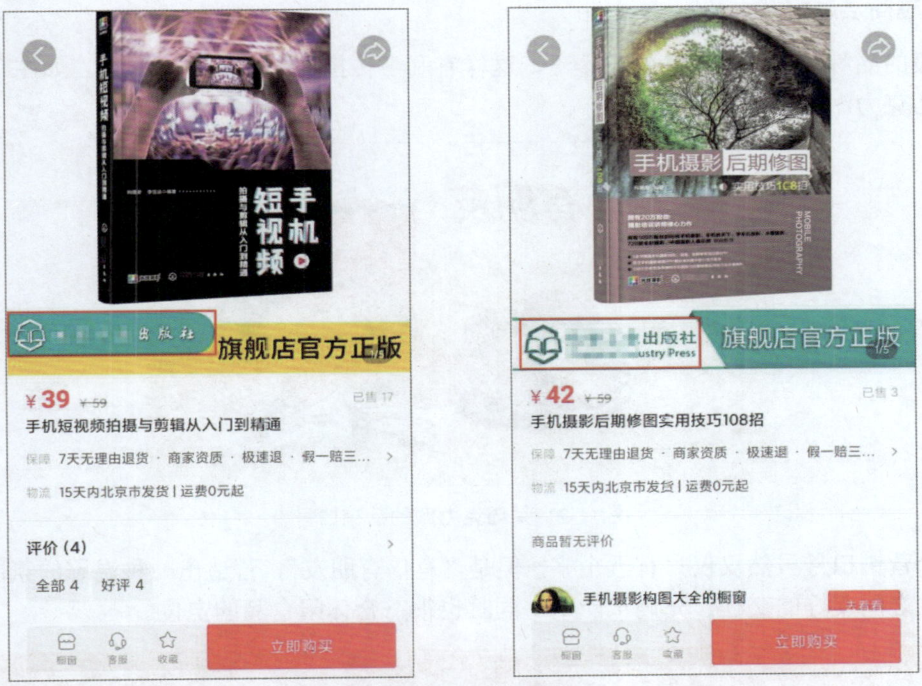

图 11-19　某产品标签图

11.2.6　口号加深用户记忆点

营销口号，顾名思义就是利用一句话对某个品牌进行总结。好的营销口号需要满足简单好记和押韵两个特点。如图 11-20 所示为某手机品牌口号，该口号为该品牌手机的推广起到了不可估量的作用。

成功的营销口号应具备易读易记的特点，听完一遍会不断在用户大脑中进行“单曲循环”，深深地刻印在他们的脑海中。让用户留下深刻印象，这就是营销口号应该起到的效果。营销宣传语应遵循以下几个原则。

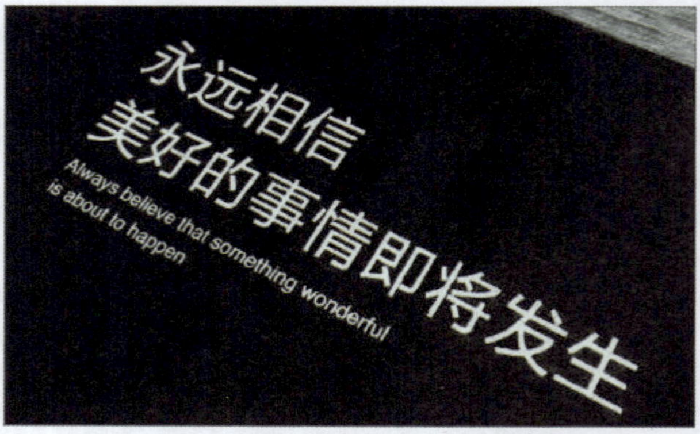

图 11-20　某手机品牌口号

1．**越简洁越好**

一般的品牌都会选择简洁的宣传语，这样有利于传播，扩大品牌影响力。如图 11-21 所示为某巧克力派的营销口号。

图 11-21 某巧克力派的营销口号

这个营销口号虽然仅仅只有五个字，但是“有仁有朋友”，营造出一种温馨的氛围，体现了人与人之间友好的交往，充满正能量，同时也很符合休闲食品的定位。

▶ 专家指点

好的营销口号应该和视觉营销相结合，不断地吸引用户，加深用户记忆点，树立品牌形象。

2．**在营销口号中点出品牌范围**

有一些品牌在构思营销口号时，会选择将品牌功能在其中点明，这样就能立马让买家知道品牌所销售的范围。例如某网站短视频广告选择的营销口号就是“找工作，上××直聘”，这就很明显地指出了该网站是一个招聘平台。

3．**带韵脚更方便记忆**

在幼年时期背诵诗歌的时候，小朋友们都比较喜欢有韵脚的诗词，因为朗朗上口更便于记忆。其实营销口号也是同样的原理，有韵脚的广告词念起来更顺口，多念叨几次也就记住了。例如某饮料的广告词为“让你心跳，不如尖叫”。这一句很多读者应该都是十分熟悉的，一般听到上半句就会顺口补出下半句来。

▶ 专家指点

企业或商家在设计营销口号时，应该尽可能地在营销口号中向消费者传递更多产品信息，帮助消费者了解自身品牌的定位以及主打风格，从而寻求消费者与品牌的契合点，激发消费者的好奇心。好的营销口号应是积极乐观向上的，因此，营销口号除了要朗朗上口、易于传播之外，还应注重其社会作用，注重社会正能量的传播。也只有具有激励作用的营销口号，才能为企业品牌注入活力。

11.3　新媒体数据分析

在进行新媒体数据分析的过程中，方法的运用很重要。新媒体数据分析方法主要有以下几个。

11.3.1　直接评判法

直接评判法，简单理解就是新媒体人根据自身的经验对数据进行分析和评估。通常来说，利用直接评判法分析数据要满足如下两个条件。

（1）新媒体人自身拥有丰富的经验，能够正确分析和评估数据。

（2）用于分析的数据要足够客观、直接，可以直观地评判数据的优劣。

图 11-22 所示为某新媒体账号 2020 年 9 月 1 日至 15 日的用户变化情况。可以看到该账号的净增关注人数除了 2020 年 9 月 5 日和 9 月 7 日之外，其他时间的数值都为正数，而且随后几天的数值也比较小。

用户变化情况（2020年9月1日至15日）				
时间	新关注人数	取消关注人数	净增关注人数	累积关注人数
2020/9/1	89	47	42	71629
2020/9/2	82	89	42	71671
2020/9/3	51	24	27	71698
2020/9/4	101	59	42	71740
2020/9/5	28	43	-15	71725
2020/9/6	29	26	3	71728
2020/9/7	30	31	-1	71727
2020/9/8	39	21	18	71745
2020/9/9	34	18	16	71761
2020/9/10	47	18	19	71780
2020/9/11	98	19	79	71859
2020/9/12	120	24	96	71955
2020/9/13	76	19	57	72012
2020/9/14	61	26	35	72047
2020/9/15	83	18	65	72112

图 11-22　某新媒体账号 2020 年 9 月 1 日至 15 日的用户变化情况

此时，便可以根据自身经验对数据进行评估。如果该新媒体账号的净增关注人数基本上都为正数，而且绝大多数时间的数值都超过了 30，那么就可以利用直接评判法，判断出 2020 年 9 月 5 日和 7 日该账号的运营数据出现了异常。可以对该时间段的运营情况进行分析，寻找导致数据异常的原因。

11.3.2 对比分析法

对比分析法，顾名思义就是通过不同对象的比较进行分析，了解彼此之间的差距，从而判断出运营的效果。

在数据分析过程中，比较常见的是对两组数据进行横向和纵向对比。横向对比是指对同一时间内的不同对象进行对比；纵向对比是指对不同时间段的同一对象进行对比。如图 11-23 所示为同一时间内两个账号的净增关注人数对比图。该图属于横向对比的一种形式。从该图中不难看出，账号 B 在 2020 年 7 月 1 日至 10 日的净增关注人数普遍要比账号 A 高一些。

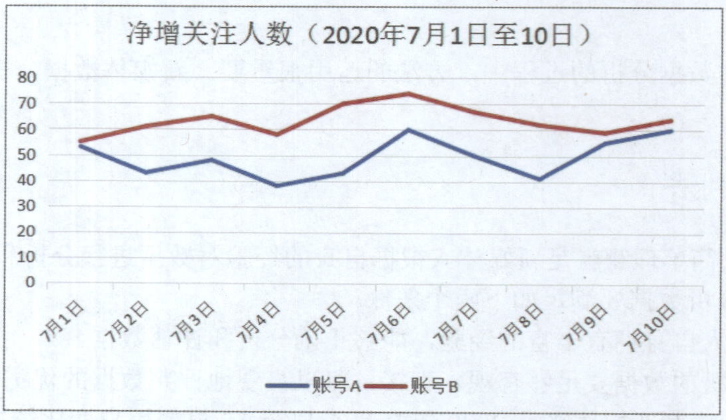

图 11-23 横向对比分析

如图 11-24 所示为不同时间段内同一账号的净增关注人数对比图。该图属于纵向对比的一种形式。从该图中不难看出，该账号 7 月的净增关注人数明显多于 6 月。

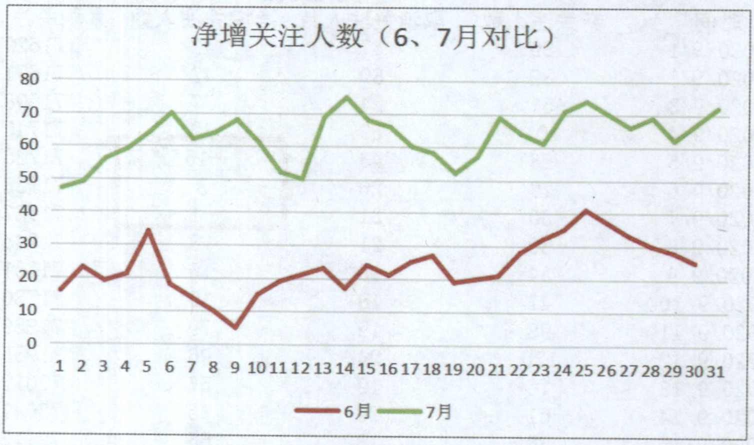

图 11-24 纵向对比分析

11.3.3　分组分析法

分组分析法，就是通过对分析对象进行分组，然后对各组别的数据进行分析和评估的一种方法。需要特别注意的是，利用这种方法进行数据分析时，分组要明确，数据既不能出现交叉，也不能出现遗漏。

如图 11-25 所示为某账号粉丝的星座分布图。该图根据账号粉丝所属的星座进行分组，然后对各星座粉丝的占比情况进行呈现。这属于一种典型的分组分析法。

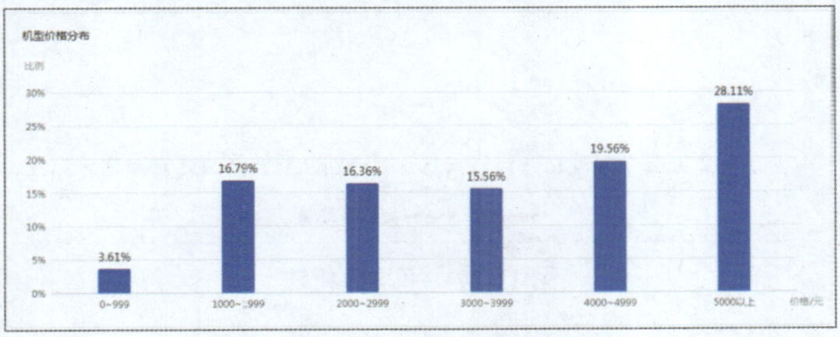

图 11-25　分组分析法

11.3.4　结构分析法

结构分析法，就是将各部分与总体进行比较，呈现各部分所占的比例的一种方法。如图 11-26 所示为某新媒体账号的年龄分布图，是利用结构分析法对数据进行呈现的。

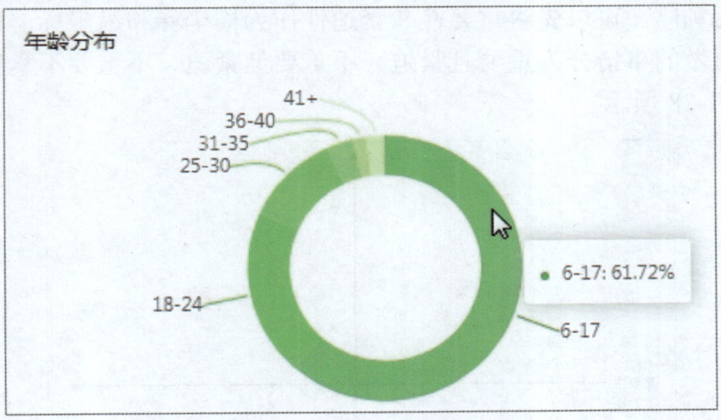

图 11-26　结构分析法

11.3.5　平均分析法

平均分析法是通过平均数值衡量具体数值与平均数值之间的关系，以及该数值的表现的一种方法。常见的平均数值包括算术平均值、几何平均值和对数平均值。因为平均数值是数据的均值，通常，具体数值会在平均数值附近移动。因此，平均数值能从一定程度上预测数据的发展趋势。

如图 11-27 所示为一张净增关注人数分析图。该图通过与算数平均值进行对比，分析（2020 年）7 月净增关注人数的数值表现。很显然，这是利用平均分析法进行的一种数据分析。

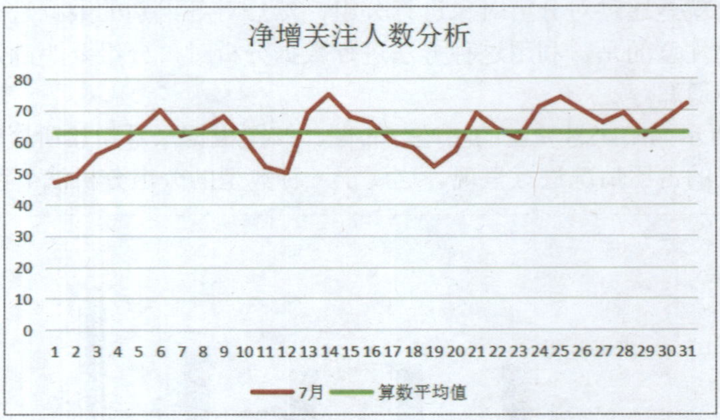

图 11-27　平均分析法

11.3.6　矩阵分析法

矩阵分析法就是将两个指标作为横坐标和纵坐标，将坐标轴分为四个象限，从而让新媒体人直观把握数据在这两个指标中的表现，并在对数据进行评估的基础上，寻找数据的解决方案。

举个简单的例子，根据重要性和紧迫性对将要做的事情进行分类，然后根据自身情况确定这些事情的先后顺序。可以先将重要性和紧迫性作为横坐标和纵坐标，将坐标轴分为四个象限，也就是将要做的事情分为重要且紧迫、不重要但紧迫、不重要不紧迫和重要但不紧迫四个类别，如图 11-28 所示。

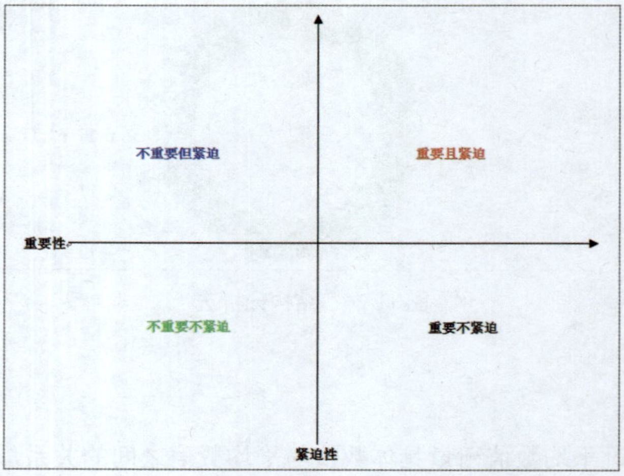

图 11-28　根据重要性和紧迫性划分象限

分类确定之后，接下来新媒体人便可以自身需求确定事情的先后顺序。如果新媒体人要尽可能地将事情全部完成，便可将紧迫性作为第一指标对各类事情的先后顺序排序，并在坐标轴上标上序号，让先后顺序更加直观，如图 11-29 所示。

同样地，新媒体人如果想先将重要的事情做完，也可以将重要性作为第一指标进行排序，如图 11-30 所示。

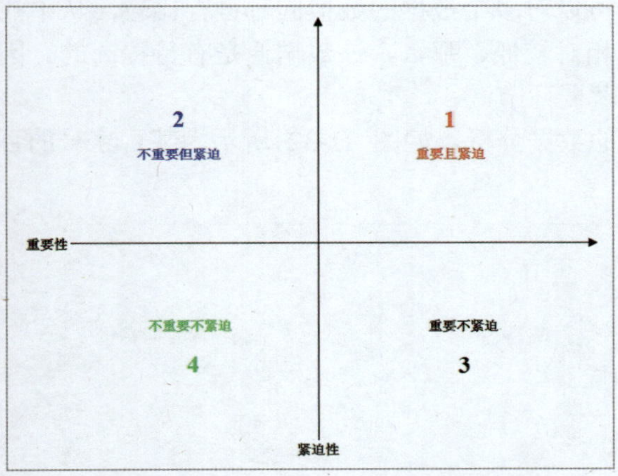

图 11-29　将紧迫性作为第一指标进行排序

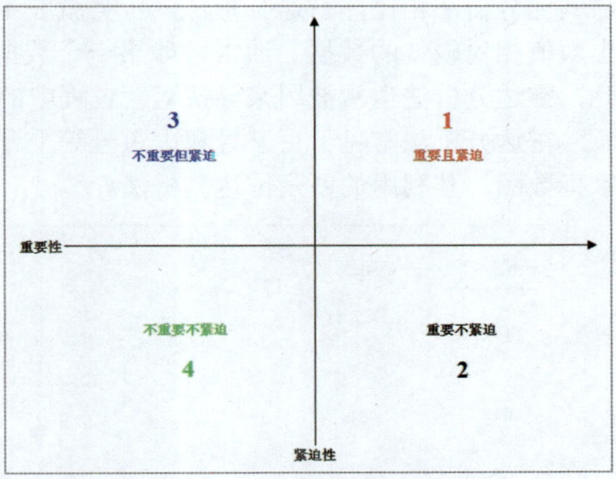

图 11-30　将重要性作为第一指标进行排序

参照同样的方法，可以借助两个指标对数据的重要性进行排序，直观了解哪些数据对自己来说更重要。

11.3.7　漏斗分析法

漏斗分析法就是利用一张漏斗图对多种数据依次进行呈现。通常，越重要的数据放在漏斗图的最下方。如图 11-31 所示为一张漏斗分析图。

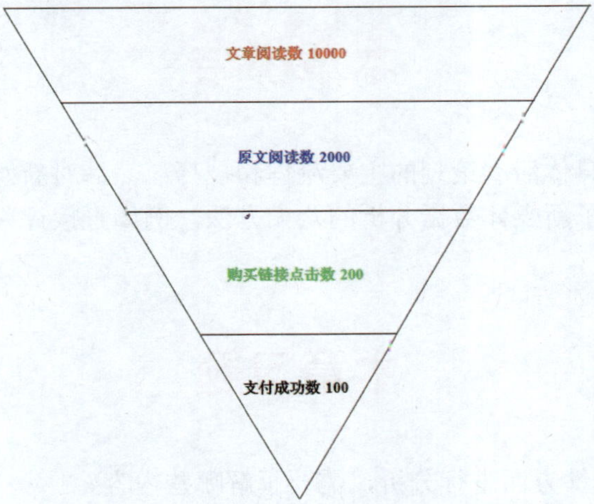

图 11-31　漏斗分析图

漏斗分析法是分析数据重要程度的一种有效方法。新媒体人在绘制漏斗分析图的过程，便在心中对数据的重要程度进行排序。漏斗分析图绘制完成后，新媒体人认为最重要的数据便会出现在漏斗图的最下方。因此，漏斗分析法也被认为是筛选关键数据的一种便捷方法。

11.3.8 雷达分析法

雷达分析法是通过一张图对各类数据进行直观呈现，并在此基础上对数据进行对比分析。与其他分析法相比，雷达分析法的优势就在于可以对多个数据的数值同时进行比较，从中找出数值相对较低的数据。通常，如果一个数据相对较低，那么，该数据便是有待提高的。因此，雷达分析法也常被用来寻找运营过程中的薄弱环节。

雷达分析法常见于百家号和大鱼号等平台的数据分析。如图 11-32 所示为某百家号的百家指数图，其利用的便是雷达分析法。

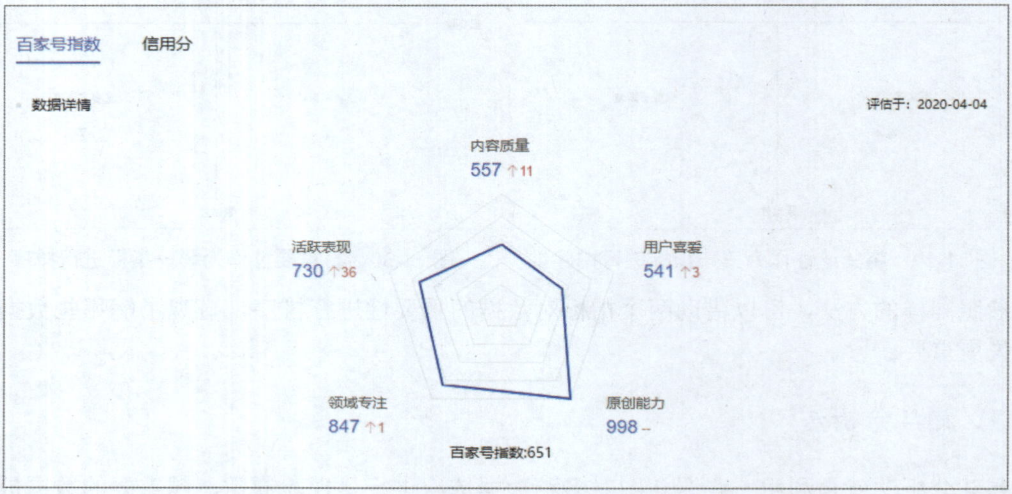

图 11-32　雷达分析法

本章小结

本章主要介绍了新媒体活动策划的主要流程和技巧；然后对新媒体的视觉设计作了详细解释和说明；最后介绍了新媒体数据分析的八大方法，例如直接评判法、对比分析法、分组分析法和结构分析法等。

本章习题

1. 从活动的可执行性方面进行分析，需要了解哪些内容？
2. 什么是直接评判法，利用直接评判法需要满足哪些条件？